Zu diesem Buch

«Privatreisen nach dem Ausland können ohne Vorliegen von Voraussetzungen, Reisepässe und Verwandtschaftsverhältnisse, beantragt werden.» Als Günter Schabowski, Mitglied des Politbüros der SED, diesen Satz am 9. November 1989 verlas, konnte er sich nicht vorstellen, daß noch am gleichen Abend der Sturm auf die Mauer losgehen würde: «Dazu reichte meine Phantasie nicht aus.»

Der Mann, der im SED-Staat eine glatte Karriere gemacht hatte, war der erste, der im erstarrten Politbüro Reformen forderte, und, unter dem wachsenden Druck der Bevölkerung, zusammen mit Egon Krenz, den Generalsekretär Erich Honecker stürzte. Jenen, die sich in der Nomenklatura der DDR genauer auskannten, war er schon früher aufgefallen: Er galt eher als pragmatisch denn dogmatisch, als reformgeneigt, aber auch zynisch, als ein Mann mit einer gewissen intelligenten Ausstrahlung, die sich von der grauen Garde der Politbüromitglieder abzuheben schien.

In diesem Band schildert Schabowski, wie die Entscheidung zur Maueröffnung zustande kam, wie im Politbüro Politik gemacht wurde und wie sich der «Putsch» vollzog; welche Rolle Gorbatschow bei dem Absturz spielte, wie das Triumvirat Honecker, Mittag und Mielke herrschte, wie die Wahlfälschung zustande kam und warum der wenig konsequente Erneuerungsversuch unter Krenz scheiterte.

Günter Schabowski ist nicht nur ein wichtiger Zeitzeuge. Als einer der Hauptakteure muß er sich auch der moralischen Verantwortung stellen. In seinen Antworten versucht er zu ergründen, was einen wie ihn dazu bewogen hat, sich an zentraler Stelle an einem Staat zu beteiligen, der versuchte, eine «humanistische Utopie» mit diktatorischen Mitteln durchzusetzen.

FRANK SIEREN, geb. 1967, arbeitet als freier Journalist u. a. für «Die Zeit», den Deutschlandfunk und die «Frankfurter Rundschau».

LUDWIG KOEHNE, geb. 1966, studiert in Oxford Philosophie, Politik und Psychologie.

Weitere Bände zum Thema bei rororo aktuell:

Rolf Henrich: Der vormundschaftliche Staat. Vom Versagen des real existierenden Sozialismus (12536)

Rudolf Herrnstadt: Das Herrnstadt-Dokument. Das Politbüro der SED und die Geschichte des 17. Juni 1953. Herausgegeben von Nadja Stulz-Herrnstadt (12837)

Walter Janka: Schwierigkeiten mit der Wahrheit (12731)
Der Prozeß gegen Walter Janka und andere. Eine Dokumentation (12894)

Günter Schabowski

Das Politbüro

Ende eines Mythos

Eine Befragung

Herausgegeben von Frank Sieren
und Ludwig Koehne

Rowohlt

rororo aktuell – Herausgegeben von
Ingke Brodersen und Hubertus Knabe

Originalausgabe

Veröffentlicht im Rowohlt Taschenbuch Verlag GmbH,
Reinbek bei Hamburg, November 1990
Copyright © 1990 by Rowohlt Taschenbuch Verlag GmbH,
Reinbek bei Hamburg
Alle Rechte vorbehalten
Umschlaggestaltung Büro Hamburg –
Jürgen Kaffer/Peter Wippermann (Foto: dpa)
Satz Times (Linotronic 500)
Gesamtherstellung Clausen & Bosse, Leck
Printed in Germany
980-ISBN 3 499 12888 8

Inhalt

Ende eines Mythos. Vorbemerkung

Je undurchdringlicher ein Mythos, desto zäher klebt er in unseren Hirnen. Er befriedigt unser Bedürfnis, Dinge, die wir nicht durchschauen, erklären zu können. In Zeiten des Umbruchs mit all seinen Unsicherheiten wuchern die Mythen. Auch in der Euphorie der friedlichen DDR-Revolution verdichteten sich Tatsachen und Gerüchte über den Geheimbund Politbüro und seine Mitglieder zu faszinierenden, aber diffusen Vorstellungen, die eine realistische Sicht verhinderten.

Eines dieser Fabelwesen aus dem Bereich der Führung spukte zu dieser Zeit auch uns im Kopf herum: Unter den «Bonzen» im Politbüro war uns Günter Schabowski aufgefallen, der sich von den anderen Politbüromitgliedern dadurch unterschied, daß er einen Anflug von intelligenter Ausstrahlung zu haben schien und nicht so weltfremd und dogmatisch wirkte wie seine eher grauen als roten Genossen im Machtzentrum des SED-Staates. Es beeindruckte uns, wie der Mann sich nach jahrelang verordneter Distanz aus der Reihe seiner Pappkameraden löste und im November 1989 auf der Treppe des roten Rathauses in Berlin mit Bürgern diskutierte, ohne sich von Pfiffen einschüchtern zu lassen.

Nachdem der Erneuerungsversuch unter Egon Krenz im Dezember gescheitert war, wollten wir wissen, was aus Schabowski geworden ist. Wir wollten einen, der mitverantwortlich gewesen ist, kennenlernen. Auf der Suche nach seiner Adresse wurden wir von vielen Seiten, aus Ost wie West, gewarnt: Schabowski, «die graue Eminenz im Hintergrund», sei einer, der mit besonderer Vorsicht zu genießen sei: von den einen als «Medienzar der Wendehälse» apostrophiert, von den anderen als «Scherge von Krenz» oder «cleverer und rücksichtsloser Machtzyniker».

Andere wiederum schilderten ihn als «Schmalspur-Gorbatschow», der als Berliner Bezirkschef, ohne repressives Gehabe, regiert habe. Doch was für ein Mensch ist Schabowski wirklich? Welche Rolle hat er im Herrschaftsgefüge gespielt? Wir wollten wissen, wie im Politbüro Politik gemacht worden war und wie sich der Umsturz vollzogen hatte. Es interessierte uns, wie es zur Maueröffnung gekommen war, die Schabowski verkündet hatte. Dabei war keineswegs sicher, ob Schabowski uns überhaupt in seine Wohnung in einem Mietshaus am Rande des ehemaligen Todesstreifens zwischen Brandenburger Tor und Potsdamer Platz einlassen würde. Auf dem SED-Sonderparteitag Anfang Dezember hatten wir schon einmal versucht, mit ihm Kontakt aufzunehmen, als er nervös mit Krenz in den Wandelgängen der Dynamosporthalle auf und ab ging. Damals hatte er uns brüsk abgewiesen. Beim zweiten Anlauf sollten wir mehr Glück haben.

Der Türöffner summt. Nachdem wir unsere Namen genannt haben, werden wir eingelassen. In der achten Etage öffnet sich die Tür. Schabowski auf Socken, in Jeanshemd, Jeanshose, eine Lesebrille baumelt um den Hals, in der Hand hält er einen Schraubenzieher. Er bittet uns hinein, nachdem wir uns ein wenig mißtrauisch begrüßt haben. Der Mann hat nichts Mächtiges mehr. Er wirkt müde, wenn auch angespannt. Seine Wangen sind eingefallen. Er hat in den letzten Wochen wohl einige Kilo Gewicht verloren.

«Schrauben Sie Ihre Schränke auch so zusammen?» fragt er und zeigt mit dem Schraubenzieher in den Flur, wo die Teile eines Kleiderschrankes liegen. Wir klettern eine enge Wendeltreppe hinauf in sein Arbeitszimmer unter dem Dach. Ein Graupapagei im Käfig legt fremdelnd den Kopf schief, als wir eintreten. Die vielen Bücher fallen auf. Auf dem Sofa liegt ein Handstaubsauger.

Warum wir gerade mit ihm sprechen wollten, will er wissen. Später erfahren wir, daß wir die ersten waren, die sich nach seinem Absturz für ihn interessiert haben. Einer wie er, der im Zentrum der SED-Macht gesessen hat, ist im neuen Deutschland eine persona non grata.

Schabowski erzählt. Vieles geht ihm durch den Kopf, so daß aus Antworten Monologe werden und wir kaum Gelegenheit zum Fragen haben. Vieles geht ihm durch den Kopf. Der Einundsechzigjährige hat Zeit zum Nachdenken, denn er findet keine Arbeit mehr. Er wirbt um Verständnis, aber er jammert nicht: «Ich will kein Mitleid.» Es überrascht uns, wie offen und präzise er die Fassungslosigkeit über seine Lage ausspricht. Allmählich begreifen wir, in welch komplexen ideologischen Strukturen dieser Mann verwickelt war. Was hat einen wie ihn dazu bewogen, sich an diesem Staat zu beteiligen, der mit diktatorischen Mitteln versuchte, eine humanistische Utopie durchzusetzen? Wir vereinbaren weitere Gespräche. Aus ihnen ist dieses Buch entstanden.

Die Befragung hat in weiten Teilen nicht so stattgefunden, wie sie sich im Buch darstellt, sondern wurde aus verschiedenen Gesprächen zusammengefügt und von uns mit kurzen Einleitungstexten versehen. Fragen, die nur dazu dienten, die Handlung voranzutreiben, haben wir gestrichen. Oftmals brachten jedoch Nachfragen erstaunliche Details zutage, führten manchmal aber auch dazu, daß wir uns in Kleinigkeiten verhakten, uns festfuhren, und Schabowski uns den Spiegel vorhielt: «Stellen Sie sich vor, Sie müßten eine wichtige Redaktionskonferenz schildern, die ein Jahr zurückliegt, und würden dann gefragt: Was hat Herr Müller für ein Gesicht gemacht, während Herr Meier sprach? Warum wurde Herr Schmidt Kaffee holen geschickt?» Schabowski brauchte Zeit, um das System, dessen Teil er war, und seine Biographie, von außen betrachten zu können.

Günter Schabowski wuchs nicht in einem Kommunistenhaushalt auf. Die Eltern, der Vater Klempner, die Mutter Reinmachefrau, waren in der Tendenz unpolitische Gewerkschaftler, die eher der Sozialdemokratie zugeneigt waren, weil sie ihnen nicht so stur und dogmatisch erschien. Ihr einziges Kind kam 1929 im vorpommerschen Anklam auf die Welt. Günter war ein fleißiger Schüler und durfte deshalb das Gymnasium besuchen, obwohl die 20 Mark Schulgeld das Familienbudget belasteten. Während des Krieges kam er in ein Kinderlandverschickungsheim, gegen Ende in ein Wehrertüchtigungslager in Sachsen, aus dem er 1945 zu Fuß zurückkehrte. Noch im selben Jahr bestand er das Abitur an seiner alten Schule, dem Andreas-Realgymnasium, das als eines der ersten in Berlin den Unterricht wieder aufnahm. Damit hatte er im Gegensatz zu den meisten seiner Altersgenossen ein Jahr gewonnen. Er wurde Lokalreporter bei der «Berliner Gewerkschaftszeitung», danach Volontär, Hilfsredakteur und schließlich Redakteur.

Günter Schabowski hat im repressiven SED-Staat eine glatte unkonventionelle Karriere gemacht. Dabei profitierte er von den Folgen «sozialistischer Unglücke». 1949 trat er der «Freien Deutschen Jugend» bei, drei Jahre später wurde er SED-Mitglied. 1953 wurde er mit 24 Jahren stellvertretender Chefredakteur der Gewerkschaftszeitung «Tribüne», nach einem Revirement in der Leitung des Blattes, das einem kapitalen Druckfehler in einem Artikel über Stalins Tod folgte. Darin wurde Stalin versehentlich als «Herr des Krieges» statt als «Herr des Friedens» bezeichnet. Schabowski hatte an diesem Tag zufällig frei und wurde befördert. In dieser Position kreiste er 14 Jahre in der Karrierewarteschleife, bis er 1967 für entwicklungsfähig befunden und zu einem Studienjahr an die Moskauer Parteihochschule geschickt wurde, wie es damals für nicht mehr taufrische Genossen üblich war. Als er am 21. August 1968 als stellvertretender Chefredakteur in die Büros von «Neues Deutschland» kam, war die Redaktion gerade dabei, eine Sondernummer nach dem Einmarsch in die CSSR zu produzieren. Wiederum waren es die Folgen eines Unglückes, die seinen Aufstieg im ND beförderten. Der Sekretär des Zentralkomitees für Agitation und Propaganda Günter Lamberz kam 1978 bei einem Hubschrauberabsturz ums Leben. Der bisherige Chefredakteur Joachim Herrmann übernahm dessen Geschäfte in der Partei, Schabowski wurde Chefredakteur und rückte später als Kandidat in das Politbüro, den innersten Machtzirkel, auf. 1984 wurde er Vollmitglied des Politbüros. Der Sturz eines Genossen begünstigte seinen weiteren Aufstieg. Als Honecker den skandalträchtigen Berliner Bezirkssekretär Konrad Naumann aus dem Politbüro geworfen hatte, durfte Schabowski, der im ND stets treu Bilder Honeckers gedruckt hatte, als Seiteneinsteiger 1985 den wichtigen Berliner Parteibezirk übernehmen, den er bis zur Revolution leitete.

Auch im Revolutionsgeschehen spielte Schabowski eine zentrale Rolle. Während bei den meisten seiner Politbürogenossen, die sich auf der richtigen Seite der Geschichte wähnten, noch Fassungslosigkeit angesichts der Massenflucht vorherrschte, war er der erste, der im erstarrten Politbüro Veränderungen forderte. Eigensinn statt Einheit: Zusammen mit Egon Krenz stürzte der Mann mit der glatten Karriere Erich Honecker und seine Hardliner und versuchte, Reformen einzuleiten.

Ist er also ein besonders schlauer Wendehals gewesen, der noch rechtzeitig umzuschwenken versuchte, um die eigene Haut zu retten? Ist Schabowski überhaupt glaubwürdig?

Was Schabowski dazu drängt, bei der Wahrheit zu bleiben, ist nicht nur die Irritation über seinen Absturz. Es ist auch die Scham, die die Erinnerung an den Genuß von Privilegien wachruft, die den Bürgern seines Staates verweigert wurden. Und es ist vor allem das Gefühl der

Schuld, Unrecht mitgetragen und die sozialistische Vision von Humanität und Gerechtigkeit verraten zu haben. Die Annäherung an die Wahrheit ist sein wichtigstes Kapital, um neuen Boden unter den Füßen zu finden.

Wir haben Schabowski im Laufe dieser Gespräche schätzen gelernt. Seine Selbstironie, sein kritischer Umgang mit der Vergangenheit, seine Neugier und Offenheit gegenüber Menschen, denen er begegnet, aber auch sein Stolz und sein Eigensinn, sich nicht bedingungslos demütigen zu lassen, sind Eigenschaften, die für ihn sprechen. Sie lassen sich mit seiner Schuld nicht verrechnen, sind aber Facetten, die die Persönlichkeit Schabowskis ausmachten. Dennoch bleibt: Schabowski war mitverantwortlich für ein repressives System, das gerade solche Tugenden nicht geduldet hat.

Nach dem Umsturz ist der Mythos, von dem das Politbüro und auch Schabowski als eines seiner Mitglieder gelebt haben, zerplatzt: Das Böse erwies sich als banal. Im Politbüro gab es Biederkeit, Stumpfsinn, Borniertheit, und seine Macht war die Macht der Gewohnheit. Stalinistische Repression als Verwaltungsakt totalitärer Idylle. «Nichts ist schematischer als der Amoklauf der Unbeirrbaren. Etwas Vorschriftsmäßiges, ja Bürokratisches haftet jeder Radikalität an, die sich auf nichts weiter beruft als auf Grundsätze. Wer von Prinzipientreue spricht, hat bereits vergessen, daß man nur Menschen verraten kann, Ideen nicht», schreibt Hans Magnus Enzensberger.

Es bleibt die Frage, welche Ursachen die radikale Prinzipientreue hat, die sich mit dem Verbrechen arrangiert.

Nichts spricht dafür, daß Menschen es künftig unterlassen werden, aus scheinbar guten Gründen repressive Systeme zu errichten, um andere Menschen zu unterdrücken. Doch wenn man sich der Ursachen des Dogmatismus bewußt ist, kann er zumindest früher erkannt und bekämpft werden. Dieser Erkenntnisprozeß vollzieht sich auch in einer Demokratie nicht automatisch. «Die Veränderung der menschlichen Figuration hängt aufs engste mit der Möglichkeit zusammen, Erfahrungen, die in einer bestimmten Generation gemacht worden sind, als gelerntes gesellschaftliches Wissen an die folgende Generation weiterzugeben. (...) Aber die Kontinuität der Wissenssammlung und -übertragung kann gebrochen werden. Die Zunahme des Wissens bringt keine genetische Wandlung des Menschengeschlechts mit sich.

Gesellschaftlich akkumulierte Erfahrungen können sich wieder verlieren», schreibt der kürzlich verstorbene Soziologe Norbert Elias in der Einleitung zu seinem Buch «Die höfische Gesellschaft».

Die Aufforderung zu lernen, um weiterzukommen, klingt eigentlich selbstverständlich. Doch wenn man sich umsieht, muß man sich wundern. Man kann den kurzsichtigen Triumph der kapitalistischen Wirtschaftsfalken vielleicht verstehen, den Triumph der Umweltsünder und aussitzenden Politiker, die, um ihre eigenen Fehlleistungen zu verdecken, selbstgerecht mit dem Finger auf die bösen Kommunisten zeigen und hämisch den Sieg von Ludwig Erhard über Karl Marx feiern. Es ist vielleicht menschlich, aber absurd. Nach dem Kollaps einer ideologischen Engstirnigkeit badet sich der Gegner in Selbstherrlichkeit, ohne sich zu fragen, wie man sich selbst verhalten hätte, wäre man östlich der Elbe zu Hause gewesen. Solange Lernprozesse mit unangenehmer Selbstkritik verbunden sind, ist Borniertheit wohl bequemer.

Diese Verbohrtheit ist keineswegs nur eine Domäne der westdeutschen Rechten. Noch bevor dieses Buch erschienen ist, haben sich DDR-Autoren darüber beschwert, daß eine Unperson wie Schabowski in diesem Buch ein Forum erhält. Die routinierten Antifaschisten, die der Bundesrepublik immer vorgeworfen haben, daß sie ihre Vergangenheit nicht bewältige, sind unerbittlich. Das Feindbild derer, die ihre sozialistischen Werte verraten haben, hat so zu bleiben, wie sie es sich geschaffen haben. Selbst Wolf Biermann, den man nun wirklich nicht zu den Dogmatikern zählen kann, lehnte im Mai 1990 in der «ZEIT» das Angebot von Egon Krenz, sich mit ihm zu treffen, entschieden ab: «Man muß nicht durch die Jauchegrube schwimmen, um zu wissen, was Scheiße ist.» Diese verhärtete Position entspringt der berechtigten Sorge, daß die Schuldigen ihrer Schuld entschlüpfen könnten. «Wie sollen auch die kleinen Leute zum Bewußtsein ihrer bescheidenen Schande kommen, wenn sogar die großen Verbrecher sich als Menschenfreunde spreizen?» Damit vermischt sich jedoch auch die Vorstellung, daß die Front nicht bröckeln darf. Der einmal als Wendehals Überführte darf sich selbst nach Einsicht in seine Fehler nicht wandeln. Ein Klima für eine offene Auseinandersetzung wird so verhindert.

Doch Menschen verändern sich oder gruppieren zumindest ihre Widersprüche um. Sie sind jedenfalls in der Lage, ihre Verfehlungen zu erkennen und als falsch einzusehen. Sie können lernen, mit ihrer Schuld umzugehen. Günter Schabowski ist mit seiner Vergangenheit öffentlich ins Gericht gegangen. Er will nichts verdrängen, sondern versuchen zu erklären, auch um sich zu rechtfertigen. Seine Aussagen wollen Widerspruch nicht unterdrücken. Er stellt sich zur Diskussion.

Frank Sieren
Ludwig Koehne
Trier/Oxford, im September 1990

Das Politbüro

Bis zum Herbst 1989 blühten die Spekulationen um das, was sich im Politbüro abspielen mochte. Die Genossen im innersten Zirkel der Macht, dem 21 Mitglieder und fünf Kandidaten unter der Führung von Generalsekretär Erich Honecker angehörten, ließen nichts darüber verlauten, was sie diskutierten oder wie sie zu einer Entscheidung gelangten. Die Funktionen des Machtzentrums der DDR ließen sich nur allgemein beschreiben.

Eine seiner Grundfunktionen bestand in der Auslegung des Kerndogmas. Das Politbüro war für die Interpretation der Glaubensgrundsätze der kommunistischen Ideologie zuständig und damit auch die Instanz, die «Abweichler» ausmachte.

1946 wählte der Parteivorstand der SED zum erstenmal aus seiner Mitte ein Politbüro. Seine damaligen Mitglieder, die sowohl aus der SPD (u. a. Grotewohl und Ebert) als auch aus der KPD (u. a. Pieck und Ulbricht) kamen, versuchten zunächst, einen «besondern deutschen Weg des Sozialismus» zu gehen. Doch auf Druck der sowjetischen Militäradministration setzten sich bald die Stalinisten um Walter Ulbricht durch. Als erstes Politbüromitglied fiel 1950 Paul Merker, unter der Beschuldigung ein Noel-Field-Agent zu sein, einer großangelegten Säuberungswelle zum Opfer. Jedes Mitglied wurde der strikten Parteidisziplin unterstellt. Minderheiten mußten sich bedingungslos unterordnen. Es war verboten, «Fraktionen» zur Durchsetzung alternativer Politikkonzepte zu bilden. Parteiintern galt die Losung «Von der Sowjetunion lernen heißt siegen lernen.»

Als die beiden Politbüromitglieder Zaisser und Herrnstadt 1953 nach Stalins Tod und im Zuge des Aufstandes vom 17. Juni Reformen forderten und den Rücktritt Ulbrichts verlangten, wurden sie ebenfalls entmachtet. Eine umfassende Säuberung des Parteiapparates folgte in den nächsten Monaten.

14

Im Reformklima, das nach dem 20. Parteitag herrschte, auf dem Chruschtschow die stalinschen Verbrechen anprangerte, gab es erneute Versuche, unter anderem von Karl Schirdewan, gegen Ulbrichts stalinistischen Kurs Reformen durchzusetzen, die Ulbricht wiederum in einer großen Säuberungswelle verhinderte.

Den Machtwechsel setzte erst der noch von Walter Ulbricht ins Politbüro geholte Erich Honecker durch, indem er eine bessere Politik versprach und so den Sturz des überalterten und in Moskau nicht mehr so gelittenen Ulbricht rechtfertigte. Honecker postulierte die Einheit von Sozial- und Wirtschaftspolitik: Im sozialistischen System müßten die Leute früher die Vorzüge des Systems spüren und nicht, wie bislang üblich, mit dem «Aufbau»-Argument auf die nächste Generation vertröstet werden. Mit dieser ideologischen Grundlinie brachte er es nicht nur zu einer gewissen Popularität in der DDR, sondern ihm gelang es auch, sich ungleich stärker als sein Vorgänger von Moskau zu emanzipieren, das wiederum Honeckers Weg als «Konsumideologie» verurteilte.

Die zweite Grundfunktion des Politbüros war die Umsetzung der ideologischen Basis in praktische Politik, um so die tägliche Funktionsfähigkeit des Staates zu sichern und zu kontrollieren. In einer Planwirtschaft ist das besonders schwierig, weil die komplexen wirtschaftlichen Prozesse bis ins Detail vorausgesehen und entsprechend organisiert werden müssen. Die Schuhindustrie bekam nicht nur vorgeschrieben, wieviel Schuhe sie zu produzieren hatte, sondern das Politbüro mußte im Fünfjahresplan festlegen, wieviel Schnürsenkel die Bürger in diesem Zeitraum zu verbrauchen hatten. Weil nicht sicher war, ob die Fakten, die für eine Entscheidung notwendig sind, das Politbüro und dessen Apparate auch immer erreichten, mußten sich zwangsläufig grundlegende Fehlentscheidungen häufen.

Theoretisch sollte dieses Problem zwar dadurch gelöst werden, daß Vertreter aller gesellschaftlich relevanten Gruppen unter der Führung der Partei im Politbüro an einem Tisch zusammensitzen. Die Mitglieder waren also Parteisekretäre des Zentralkomitees, Bezirkssekretäre in den Provinzen, Minister oder Führer von Massenorganisationen, wie die «Freie Deutsche Jugend» und die Gewerkschaft. Gleichzeitig wurde damit der Anspruch verbunden, daß das Politbüro die Gesellschaft repräsentiere. Praktisch hat dies nie funktioniert, weil die Interessenvertreter nicht voneinander unabhängig waren, sondern alle der-

selben Partei angehören mußten. Zwischen Staat und Partei wurde nicht getrennt.

Augenscheinlich haben unter der verfassungsgemäßen Führungsrolle der Partei einzelne Politbüromitglieder ihren Machtbereich entschieden ausgebaut. Erich Mielke ignorierte als Staatssicherheitsminister seinen Vorgesetzten, den ZK-Parteisicherheitssekretär Egon Krenz. Günter Mittag herrschte als ZK-Sekretär für Wirtschaft nahezu uneingeschränkt über zahlreiche Ministerien, und sogar über die Gewerkschaft.

Das Politbüro unterlag keiner demokratischen Kontrolle, erhob aber den Anspruch, daß seine Beschlüsse als verbindliche Anweisungen an die Gesellschaft aufzufassen seien. Wenn man den Aussagen mehrerer Politbüromitglieder vor dem Volkskammeruntersuchungsausschuß glauben schenken darf, regierte Honecker, mit Hilfe seiner Hauptschergen Günter Mittag und Erich Mielke fast wie ein absolutistischer Monarch: Willi Stoph berichtete im Untersuchungsausschuß der Volkskammer, daß er nur administrativ zu organisieren hatte, was das für Wirtschaft zuständige Politbüromitglied Mittag und der Generalsekretär ohne seine vorherige Zustimmung verfügten, obwohl Stoph als dem Ministerpräsidenten von der Rangordnung her die Entscheidungsbefugnis zukam. Wolfgang Herger, der Sicherheitsbeauftragte des ZK hat nach eigenem Bekunden nichts von den von Mielke und Honecker vorangetriebenen Planungen im Sicherheitsapparat mitbekommen. Sogar Joachim Herrmann, der für die Medien zuständige Parteisekretär für Agitation und Propaganda, führte seine rigiden Zensurpraktiken auf den Generalsekretär zurück. Er habe lediglich als getreuer Exekutor gedient.

Ihre politische Biographie teilte die Mitglieder in zwei Gruppen. Die Vertreter der Altherrenriege waren als junge Männer aktive kommunistische Widerstandskämpfer. Dazu zählen unter anderem der Generalsekretär Erich Honecker (geb. 1912), Kurt Hager (1912), der ZK-Sekretär für Kultur und Wissenschaft, Erich Mielke (1907), Minister für Staatssicherheit, der Präsident der Volkskammer Horst Sindermann (1915) und Willi Stoph (1914), der Vorsitzende des Ministerrates, Alfred Neumann (1909), stellvertretender Vorsitzender des Ministerrates. Dem gegenüber stand die Gruppe von Politbürogenossen, die erst in der Nachkriegszeit politisch aktiv geworden sind. Dazu gehören der jüngste, Egon Krenz (1937), Günter Schabowski (1929), Harry Tisch

(1927), der 1. Vorsitzende des FDGB, aber auch der ZK-Sekretär für Agitation Joachim Herrmann (1928) und der Wirtschaftschef Günter Mittag (1926). Doch waren dies wirklich zwei in sich relativ homogene Gruppen, die den Rahmen für das Machtspiel bildeten? Waren die Jüngeren flexibler und offener für oppositionelle Ideen in oder sogar außerhalb der Partei, mit denen sie ihr Herrschaftswissen ausbauten? Gab es bei ihnen womöglich schon versteckte Sympathie für demonstrierende Oppositionelle? Haben einige Politbüromitglieder versucht, «Glasnost», die offene selbstkritische Auseinandersetzung, die Gorbatschow ihnen vormachte, gegen den Willen der Alten ins Politbüro hineinzutragen?

Für die herrschende SED war der Jahrestag der Ermordung Rosa Luxemburgs und Karl Liebknechts traditionell das erste große Ereignis des Jahres. War Ihnen diese Demonstration wichtig? Was empfanden Sie, als die Opposition gerade diese Demonstration als erstes größeres öffentliches Forum für ihre Proteste gegen das System nutzte?

Die «LL-Demonstration», wie sie im Parteijargon hieß, war eine ausgesprochene Parteidemonstration. Es war die politische Kundgebung der Kommunisten im Unterschied zur Maidemonstration, an der überwiegend Parteilose, Gewerkschafter teilnahmen. An diesem Tag bekräftigten die Kommunisten im Gedenken an die ermordeten Führer ihre Treue zur Sache der Partei. Für die Genossen war das so etwas wie ein Zug zu einem geheiligten Ort.

Waren Sie stolz, da in erster Reihe mitmarschieren zu dürfen?

Stolz ist eine Empfindung, der ich mißtraue. Es gehörte sich so, daß der erste Sekretär in Berlin selbstverständlich mit in der ersten Reihe war. Sonst orientierte sich das Protokoll am Alphabet. Wenn es erfordert hätte, daß ich in der dritten Reihe gestanden hätte, wäre es auch in Ordnung gewesen.

Honecker selbst war von der LL-Demonstration immer sehr angetan. Er sang besonders laut und kräftig die revolutionären Lieder. Das hat ihn sehr bewegt, er ist ein gläubiger Kommunist. Diese Besonderheiten haben mit dazu beigetragen, daß sich auch bei vielen Genossen der Eindruck ergab, hier liege ein besonders infamer Versuch des Gegners vor, ausgerechnet die von der Reaktion ermordeten Luxemburg und Liebknecht durch das Luxemburg-Zitat «Freiheit ist stets die Freiheit des Andersdenkenden» zum Zeugen gegen uns zu machen. Das gehört mit zur Charakterisierung der Resonanz dieser Vorgänge. Üblich war in solchen Fällen, und darüber waren wir auch informiert, daß die Staatssicherheit zu den Leuten ging, die störende Aktionen angekündigt hatten, und sie aufforderte, das zu unterlassen, da sie andernfalls mit Repressalien, das heißt mit Verhaftungen rechnen müßten. Solche Vorgänge haben weder mich persönlich noch das Politbüro interessiert. Für uns war das keine Opposition im demokratischen Sinne. Für uns war das etwa das gleiche als wenn bei Ihnen jemand ein kriminelles Delikt begeht. Mit dem wird dann auch entsprechend verfahren. Darum kümmert sich auch bei Ihnen nicht der Justizminister. Eine Haltung, die mir heute als sehr zynisch erscheint.

Hat die Opposition wirklich überhaupt keinen Stellenwert innerhalb dieses Systems gehabt?

Daß wir diese Gruppen nicht als in der DDR gewachsenen Protest akzeptiert haben, sondern für westlich gesteuerte Querulanten hielten, die unser gutes System verunglimpfen, das leider noch unvollkommen ist, führte dazu, daß wir uns sofort bewußt oder unbewußt der gängigen Klischees bedienten und sie als sozialismusfeindlich ansahen: wer sozialismusfeindlich ist, kann nur ferngesteuert sein. Denn der Sozialismus bringt nichts «Artwidriges» hervor. Dieses Nichtakzeptieren gilt nicht nur für das Politbüro, sondern auch für weite Teile der Partei, die diese Menschen als Störenfriede der Sache betrachtete, der man sich verbunden fühlte. Die oppositionellen Gruppen wollten kritische Denkanstöße vermitteln, und sie haben Teilen der Bevölkerung sicherlich solche Impulse auch vermittelt. Besonders wirkten sie auf Menschen, die sich ablehnend, aber inaktiv verhielten. Doch die Genossen waren dadurch kaum verunsichert. Die Mitgliedschaft der Partei ist erst spät, als die Partei schon in einem desolaten Zustand war, auf die Opposition zugegangen. Zuvor hat sie auf solche Einsprüche überwiegend mit trotziger Abwehr reagiert.

Sie wollten diese Menschen also nicht verstehen?

Das war kein Vorsatz, aber im Grunde lief es darauf hinaus. Das habe auch ich erst spät begriffen. Heute bin ich der Meinung, daß der erste «Runde Tisch» am Tag nach der Zentralkomiteesitzung vom 18. Oktober hätte stattfinden müssen. Zumindest die Initiative dazu hätte kommen müssen. Ein Aufeinanderzugehen wäre schon in den Wochen des Septembers möglich gewesen, obwohl die Opposition uns damals sicherlich hätte abfahren lassen. Ein ehrliches Bemühen und eine wirkliche Erkenntnis der Prozesse, die sich im Volk abspielen, hätte uns dazu zwingen müssen, ohne Rücksicht auf unser eigenes ideologisches Prestige auf die Leute zuzugehen, selbst wenn die uns beim erstenmal gesagt hätten, leckt uns die Bollen. Doch das haben wir erst ganz vorsichtig angefangen zu erwägen, als die Wende schon vollzogen war. Wir hätten gemeinsam diskutieren müssen, so in der Art: «Setzen wir uns zusammen, was habt ihr für Vorstellungen? Das ist doch absurd, was ihr verlangt!» Bitte, wir hätten uns in die Wolle gekriegt. Dann wären wir nach Hause gegangen, die Dinge hätten gewirkt. Wir hätten wieder mit ihnen gesprochen. So hätte sich die Konspiration auch geistig formiert. Es wäre ein Stück Konzept zustandegekommen. Statt dessen haben wir im eigenen ideologischen Saft geschmort und kein ausgereiftes strategisches Konzept gehabt. Nur die Vorstellung, Reisepolitik muß man ändern, Perestroika muß man machen, die Wirtschaftsreform muß her. Doch wie, was, wo, mit welcher Intensität, mit welchem Tempo, mit welcher Zielsetzung, alles das hat uns gefehlt.

Gerade im Politbüro war die Idee vorherrschend, die Aktivitäten dieser Gruppen an den Rand der Gesellschaft zu drängen. Sie durften nicht dadurch zusätzliches Gewicht bekommen, daß sie zum Gegenstand von Gesprächen oder sogar wiederholten Erörterungen im Politbüro, in der Regierung oder dergleichen wurden. Natürlich hat es keinen solchen Beschluß gegeben, aber das war die Praxis. Das hieß jedoch nicht, daß die Politbüromitglieder nicht informiert waren. Sie wurden durch die Staatssicherheit informiert, die überall über Informanten und Zuträger verfügte. Aber das nahm im Grunde jeder nur für sich zur Kenntnis. Es war nicht so, daß, wenn uns eine Information über diese oder jene Gruppe erreicht hat, jeder bei der nächsten Sitzung des Politbüros dieses Papier auf dem Tisch hatte, um darüber zu diskutieren.

Wie liefen die Politbüro-Sitzungen denn ab?

Die Politbürositzungen liefen sehr gemessen ab. Bis auf die Oktobertage wurde in den letzten fünf Jahren genau zweimal heftiger diskutiert. Das erste Mal 1985, bei der Absetzung des Berliner Bezirkssekretärs, meinem Vorgänger Konrad Naumann, und das zweite Mal im September 1989, als wir schon im Krisendampf saßen. Die Beratungen fanden jeden Dienstag um 10 Uhr statt. Wir waren schon etwas früher da, und ziemlich genau eine Minute vor zehn kam Honecker hereinmarschiert. Zunächst verlas der Protokollführer, der Leiter des Büros des Politbüros, das Beschlußprotokoll der letzten Sitzung. Danach eröffnete Erich Honecker die Tagesordnung. Neben den Tagesordnungspunkten, die der Generalsekretär auf den Plan setzte, gab es bestimmte Routinefragen, die regelmäßig behandelt wurden, zum Beispiel Fragen der Planerfüllung. Alle Vorlagen gingen vorab durch die Hände des Generalsekretärs. Wie ich im Laufe der Jahre mitbekam, ging auch ein erheblicher Teil der Wirtschaftsvorlagen zuerst durch die Hände von Mittag, selbst wenn sie nicht unbedingt aus seiner Ecke kamen. Auch wenn ein stellvertretender Ministerpräsident eine Vorlage machte, bekam Mittag diese vorher zu sehen. Man hörte dann von diesem oder jenem Mitarbeiter, daß das mit Mittag schon besprochen sei. Da die Vorlagen im wesentlichen durch den Generalsekretär schon vorab gebilligt wurden, gab es im Grunde kaum noch Anlaß zu einer Debatte. Und bei uns regte sich auch kaum Widerspruch.

Dabei hat es viele Probleme gegeben, die es notwendig gemacht hätten, intensiv zu diskutieren. Wenn ich an meinen Bezirk denke, war das zum Beispiel eine Vorlage über die Beschleunigung des Berliner Wohnungsbaus, die 1984 beraten wurde. Dabei ging es um eine Erhöhung von zwanzig- auf dreißigtausend Neubauwohnungen jährlich. Damit war die Kapazität des Berliner Wohnungsbaus einfach überfordert. Doch solche Dinge wurden auf der Grundlage eines Elementarbeschlusses über die Forcierung des Wohnungsbaus ohne Diskussion grundsätzlich akzeptiert. Derjenige, der eine Vorlage über den Generalsekretär eingebracht hatte, stellte sich in der Regel für Fragen zur Verfügung. Die Anfragen sind dann von drei oder vier Leuten gekommen, die anderen haben fleißig mitgeschrieben. Es herrschte eine Art Klassenzimmeratmosphäre. Und gewöhnlich hatte der, der die Vorlage vorbereitet hatte, sich ohnehin schon im Vorfeld, z. B. bei mir, versichert, ob es irgendwelche Einwände gäbe. Damit konnte in die Diskussion von vornherein keine Spannung aufkommen.

War das nicht langweilig?

Das war nicht der Punkt. Immerhin ging es um weitreichende Entscheidungen. Daß es keine Grundsatzdebatten gab, haben wir nicht einmal negativ gesehen. Für viele von uns war das ein Zeichen besonders solider Vorarbeit, bei der die «einheitliche Auffassung der Führung» hergestellt worden war. Ein ähnlicher Arbeitsstil herrschte auch im Zentralkomitee. Das Politbüro wird vom Zentralkomitee gewählt. Es ist also formal dem Zentralkomitee rechenschaftspflichtig. Eigentlich ist das Zentralkomitee das höhere Organ, das entscheidende Beschlüsse zu fassen und das Politbüro zu kontrollieren hat. Aber schon längst – und nicht nur in der DDR – hatte sich das Verhältnis zwischen beiden umgekehrt. Das aus Wahlen hervorgegangene

Politbüro saß gewissermaßen als Kappe auf dem Zentralkomitee. Es war die ausschlaggebende Entscheidungsinstanz. Die Beschlüsse des Zentralkomitees waren wesentlich vorbestimmt durch die vom Politbüro vorgegebene Richtung. Schon bei der ersten Tagung des Zentralkomitees nach der Wende kam dieser Punkt übrigens zur Sprache und spielte eine herausragende Rolle. Es wurde gefordert, dieses Verhältnis wieder umzukehren und zu einer Situation zu kommen, die einer innerparteilichen Demokratie entspricht. In beiden Gremien hatte es auch vorher schon ab und zu leise Unmutsäußerungen gegeben, die aber keine wesentliche Rolle gespielt hatten.

Unsere Arbeit bestand darin, die Vorlagen im Vorfeld so gut abzustimmen, daß es zu keinen Komplikationen kommen konnte. Wir, das Politbüro, waren eine Truppe, die sich im Prinzip einig war über die generelle Richtung. Damit wurden wir auch kollektiv verantwortlich für diese Entscheidung, wie sich nach Honeckers Sturz zeigte – worüber sich der einzelne oft gar nicht im klaren gewesen war, solange er in dieser schwülen Atmosphäre «mitentschied».

Es gehörte mit zu der Realitätsbewältigung dieses Gremiums, daß von Zeit zu Zeit einzelne kritische Tatbestände im Politbüro diskutiert wurden und aus einem Einzelfall ein besonderer Fall gemacht wurde, an dem dann demonstriert wurde, wie es nicht sein darf. Solche Vorgänge ließen deutlich erkennen, wie Realitätsverdrängung betrieben wurde.

Werktätige aus dem Kreis Bischofswerda hatten sich beispielsweise beim Generalsekretär darüber beschwert, daß die Fleischversorgung nicht funktioniere. Also kam das ins Politbüro. Warum ist die Fleischversorgung so schlecht? Weil in dem Ort im Sommer alle Fleischer gleichzeitig in Urlaub gegangen waren. Die Läden waren zu, und es gab kein Fleisch. An diesem Beispiel wurde zweierlei demonstriert: Erstens wurde deutlich gemacht, wie aufmerksam die Führung die Lage im Land beobachtet. Und zweitens: wenn es Probleme in der Fleischversorgung gibt, dann sind sie nicht darin begründet, daß die Erzeugung, Lagerung oder Verteilung nicht funktioniert, sondern darin, daß man örtlich schlecht wirtschaftet, indem man allen Fleischern gestattet, zur gleichen Zeit in Urlaub zu fahren. «Das ist eine Praxis, die von ungenügender Sorge um die Menschen zeugt», war die rügende Feststellung. So wurden die Kreisparteiorganisation und der Kreisrat getäupt, weil sie schlecht gearbeitet hatten.

Solche Fälle wurden von Zeit zu Zeit von Honecker selbst auf die Tagesordnung gesetzt. Einmal hatte er zum Beispiel Fotos bekommen von tausenden Fahrrädern, die in Potsdam im Freien vor sich hin rosteten, weil keine Dachziegel vorhanden waren, um das löchrige Dach des Depots zu reparieren. Also wandte sich Honecker zu Mittag und sagte: «So geht das nicht, wo sind die Dachziegel?» Mittag hörte sich das schweigend an und mußte sich dann darum kümmern. Zwar konnte ihm nichts passieren, aber ärgerlich war so ein Fall doch. Also donnerte er bei nächster Gelegenheit diejenigen im ZK-Apparat zusammen, die solche Briefe an Honecker weitergeleitet hatten.

Wenn Diskussionen im Politbüro keine große Rolle gespielt haben, wie charakterisierte sich denn dann der Unterschied zwischen einem Kandidaten und einem Vollmitglied, abgesehen von der Tatsache, daß der Kandidat kein Stimmrecht hatte?

Da ist de facto kein großer Unterschied gewesen. Selbst in den Abstimmungen war es nicht wichtig, weil Entscheidungen im Politbüro in der übergroßen Zahl einstimmige Entscheidungen waren. Es ging nur ganz selten um Sachverhalte, bei denen die Entscheidung durch Debatte und durch ein bestimmtes Stimmenverhältnis zu erzielen gewesen wäre. Daher konnten sich die Kandidaten wie Mitglieder des Politbüros fühlen.

Ich muß hinzufügen, daß es diese merkwürdige Teilung in der Tradition der deutschen Kommunisten früher nicht gegeben hat. Diese Unterteilung wurde aus den Organisationsprinzipien der KPdSU abgeleitet. Erich Honecker hat diese Zweiteilung auch nicht für wesentlich gehalten. Er hat von einem Kandidaten gleiches gefordert wie von einem Mitglied des Politbüros. Ein Kandidat, der sich öffentlich zu irgendeiner politischen Frage abweichend geäußert hätte, wäre von Honecker genauso hart zur Verantwortung gezogen worden wie ein Vollmitglied. Es war eine kapillare Unterscheidung, die keine Bedeutung hatte und darin begründet war, daß bestimmte gesellschaftliche Funktionen im Politbüro zweckmäßigerweise präsent sein sollten. Der Vorsitzende einer großen Gewerkschaftsorganisation wie des FDGB sollte, um der Rolle dieser Organisation gerecht zu werden, eher Mitglied des Politbüros sein als Kandidat. Es hat schon eine Rolle gespielt, eine Art Rangordnung nach außen zu demonstrieren. Die Position des Chefredakteurs des «Neuen Deutschland» zum Beispiel, die ich innehatte, war zwar wichtig und wurde aus dem Zentralkomitee herausgehoben, aber sie mußte nicht unbedingt mit der Rolle eines Politbüromitgliedes verbunden sein. Vor allem auch deshalb, weil Joachim Herrmann, der Sekretär für Agitation, als Voll-Mitglied für die Medien zuständig war. Manche Kandidaten hatten mehr repräsentative Funktion. Zum Beispiel Margarethe Müller, die zwanzig Jahre lang nur Kandidatin war und keine zentrale Funktion innerhalb der Partei oder des Staatsapparates ausübte und letztlich eine Art Alibi-Frau war. Sie war eine tüchtige Landarbeiterin gewesen, die sich zur Leitung eines Agrarunternehmens emporgearbeitet hatte. Vertreten waren im Politbüro: der Ministerpräsident, der Gewerkschaftsvorsitzende, und die gewissermaßen geschäftsführenden Sekretäre des ZK. Alle Ressorts des ZK-Apparates sollten auf diese Weise im Politbüro vertreten sein. Die Abteilungen des ZK waren ähnlich strukturiert wie die Regierung. Es gab auch Querverbindungen zu allen Massenorganisationen. So spannte sich, über den staatlichen Organen, ein zweites Netz der Macht über das Land.

Welche Rolle spielte für Honecker die Ideologie als Machtinstrument?

Honecker war kein Ideologe, er hat sich der Ideologie bedient. Stalin war Ideologe. Er hat selbst Ideologie fabriziert, was ihm den Machterhalt erleichtert hat. Honecker hantierte mit eher simplen Formeln. Macht ist immer mit Ideologie verknüpft. Dieser Konfessionalismus ist eine Bedingung für das Einschwören der Mannschaft. Darüber war sich natürlich auch Honecker im klaren, obwohl er kein Ideologe oder gar Visionär war. Aber ihn kennzeichnete eine unbeirrbare Überzeugtheit von der Berechtigung der Sache, die er verfocht. Ferner war ein übersteigertes Selbstbewußtsein ein Element seines Machtinstinktes. Das entwickelte sich in einer merkwürdigen Beziehung zu denen, die anfänglich mit ihm kooperiert hatten, dann mehr und mehr zu seinen Jüngern geworden waren und ihm schließlich nur noch nach dem Mund redeten. Die zurückhaltendste Art des Auftretens dieser Jüngerschaft war noch zu schweigen. Ich muß gestehen, daß auch ich oft geschwiegen und die Auseinandersetzung über Probleme im Politbüro nicht betrieben habe.

Eine wichtige Taktik, mit der Honecker seine Macht behauptete, war die Isolierung der einzelnen Politbüromitglieder. Das schlimmste Vergehen war Fraktionsbildung. Diesem Gesetz haben wir uns alle unterworfen. Man hätte eher Sodomie betreiben als sich der Fraktionsbildung schuldig machen dürfen. Wir haben uns zwar alle unsere Spielräume verschafft, ich zum Beispiel in der Berliner Parteiorganisation. Aber eine Gruppe oder nur zwei Mitglieder, die enge Diskussionen prinzipieller oder gar existentieller Art geführt hätten, hat es im Politbüro nicht gegeben. Niemand konnte sicher sein, ob eine Offenbarung von bestimmten Vorstellungen oder Zweifeln gegenüber einem Politbürokollegen nicht an die falsche Adresse geriet. Honecker war in dieser Richtung ein großer Stratege. Schon wenn zwei oder drei besonders harmonierten, war das ein Verdachtsmoment. Er hat dann meist den einen gegen den anderen ausgespielt, den einen kritisiert, den anderen gelobt.

Ich hatte mit ihm kaum Kontakt. Außerhalb der Politbürositzungen saß Honecker meist nur mit Mittag zusammen. Sicherlich wegen der prekären Wirtschaftslage. Damit waren die Möglichkeiten, jemandem im direkten Umgang auszuzeichen, Belobigungen zu verteilen auf die Politbürositzungen und das gemeinsame Mittagessen beschränkt. Was die Kritik anbelangte, war Herrmann der von Honecker meistkritisierte Mann im Politbüro. Gleichzeitig zeigte Herrmann eine ausgeprägte Loyalität zu Honecker, die nicht zuletzt auf dem Altersunterschied und natürlich auf der langjährigen Zusammenarbeit in der FDJ beruhte. Das hat es kaum bei jemand anderem gegeben.

Auch wenn all dies recht kümmerlich scheint, es funktionierte. Symptomatisch ist, daß ich in Wandlitz kein Haus von innen gesehen habe, nur das von Herrmann. Als ich Chefredakteur des «Neuen Deutschland» war, war es schon manchmal nötig, sich am Sonntagnachmittag zusammenzusetzen. Aber als ich in die Berliner Bezirksleitung wechselte, hörte das schlagartig auf. Es hat auch keiner unser Haus gekannt.

Wir waren alle isoliert. Das war die Situation. Honecker hockte nur mit Mittag und – seltener – mit Mielke zusammen. Ich kann mir jedoch nicht vorstellen, daß sie uneingeschränkt Bescheid wußten. Die Entscheidungsgewalt hat Honecker kaum an Mittag abgetreten. Honecker war ein selbstbewußter Mann, der allerdings vor lauter Selbstbewußtsein bald den gleichen Fehler wie Ulbricht beging: er wähnte sich in allen Fragen kompetent. Auf dem Bau wußte er Bescheid, weil er Dachdecker gelernt hatte, in die Landwirtschaft hatte er auch schon mal hineingerochen. Als Superwirtschaftswissenschaftler fühlte er sich zwar nicht gerade, aber er achtete immer darauf, daß die letzte Entscheidung in diesem Bereich bei ihm lag.

Aber sein eigentliches Strategiefeld war die Kaderpolitik. Er traf größtenteils einsame Entscheidungen. Dazu mußte er den Apparat genau kennen. Er war ein Mann des Apparates.

Eine dieser für einen Außenstehenden nicht zu durchschauenden Kaderentscheidungen fällte Erich Honecker wohl 1985, als er Konrad Naumann, den bisherigen ersten Bezirksvorsitzenden von Berlin seines Amtes enthob und aus dem Politbüro warf. Ein Sturz, den die SED schon lange Jahre nicht mehr gesehen hatte. Nachfolger für den größten und wichtigsten Bezirk in der DDR wurden dann Sie, was wiederum sehr ungewöhnlich war, da Sie keinerlei Erfahrung in der Parteiorganisation hatten, sondern aus dem Journalismus kamen. Wie haben Sie es denn geschafft, daß Honecker die Entscheidung zugunsten Ihrer Person gefällt hat?

Diese Frage hat mich bei meiner Ernennung natürlich auch beschäftigt. Vor allem, weil ich zu Honecker bis dahin keine besonders enge Beziehung hatte. Als ich Chefredakteur des «Neuen Deutschland» war, gehörte es zu den normalen Abläufen, daß ich dienstags nach der Politbürositzung zusammen mit Joachim Herrmann zu Honecker ging. Es gab da eine ganz strenge Reihenfolge. Mielke hatte den Vortritt, wir saßen dann mitunter bis zu zwei Stunden bei Herrmann im Zimmer und warteten, bis die Zeit für unsere Audienz gekommen war. Als wir vorgelassen wurden, ließ Honecker sich über das, was an Tagesinformationen für den Tag oder die Woche anlag, informieren. Dabei guckte er sich auch die Seitenspiegel des «Neuen Deutschland» an. Honecker war in dieser Hinsicht ein Fanatiker. Er hatte mehrere Hobbies, und ein Hobby war die Zeitung. Er nahm starken Einfluß auf die Zeitung, was ihr nicht gut bekommen ist. Er liebte es nicht, wenn man ihm widersprach, vor allem nicht auf Gebieten, wo er selbst amateurhaften Ehrgeiz entwickelte. Aber andererseits respektierte er begründeten Widerspruch. Ich habe mir das manchmal erlaubt, obwohl ich noch nicht etabliert war. Es ist möglich, daß er mich deshalb für einen brauchbaren Mann hielt. Doch hat er das niemals in einem Gespräch zu erkennen gegeben. Er war ohnedies kein extrovertierter Mann. Er beobachtete, zog seine Schlüsse und entschied. Kaderentscheidungen waren einsame Beschlüsse des Generalsekretärs. Da hatte keiner mitzureden. Er ließ die Leute im Ungewissen über seine Position. Das tat er auch bei den Spekulationen um seine mögliche Nachfolge, die schon seit Jahren angestellt wurden und bei denen immer drei oder vier Namen eine Rolle spielten. Ihm mag es lieb gewesen sein, daß auf diese Art und Weise eine Art Spannungsverhältnis entstand. Seine Taktik, auch im Fall Krenz, bestand darin, mehrere junge oder jüngere Leute gegeneinander ins Feld zu schikken, so daß er denjenigen, der sich zu sicher wähnte, immer wieder verunsichern konnte.

Honecker hat nie eine Begründung für seine Kaderentscheidungen gegeben. Doch bei Naumann war die Sachlage klar: Anlaß für den Rauswurf war ein Vortrag, den er vor der Akademie für Gesellschaftswissenschaften gehalten hat. Dort hatte er in der ihm eigenen, grobschlächtigen Art u. a. Wissenschaftler und Künstler angegriffen, sie seien hochbezahlte Nichtstuer. Darüberhinaus griff er die Medienpolitik scharf an, weil ihn mit dem dafür zuständigen Jochen Herrmann seit längerem eine herzliche Intimfeindschaft verband. Der Direktor der Akademie, Otto Reinhold, schrieb daraufhin dem Generalsekretär einen empörten Brief und beschwerte sich darüber, daß ein Mitglied des Politbüros sich in einer so unqualifizierten Weise geäußert habe. Honecker nahm den Brief zum Anlaß, um den Fall Naumann im Politbüro zur Diskussion zu stellen. Es war einer der seltenen Fälle, daß im Politbüro richtig diskutiert wurde. Jeder nahm Stellung – und Naumann hatte kaum Freunde. Es wurde eine leidenschaftliche Diskussion im Politbüro, in der einige anders als üblich aus sich herausgingen, weil die Großtuerei von Naumann sie schon lange geärgert hatte. Seine Art wurde als Illoyalität gegenüber der Führung betrachtet. Seine Saufgelage kamen zur Sprache, bei denen er zu prahlen pflegte, daß er bald den Laden übernehmen würde und einige sich dann gratulieren könnten. Honecker hatte natürlich von diesen Dingen erfahren und sich sicherlich schon längere Zeit mit dem Gedanken getragen, das Problem Naumann zu lösen. Er fühlte sich auch durch Naumanns enge Beziehung zu dem damaligen sowjetischen Botschafter Abrassimow provoziert. Honecker und Abrassimow vertrugen sich nicht. Der Botschafter führte sich noch immer auf wie ein sowjetischer Hochkommissar und wollte nicht kapieren, daß die DDR inzwischen ein souveränes Land mit einem eigenen Staatsoberhaupt war. Eine solche Rede, wie Naumann sie gehalten hat, wäre normalerweise kein hinreichender Anlaß gewesen, jemanden aus dem Politbüro zu entfernen. Honecker war sehr bedacht auf die Einheit und Geschlossenheit der Führung, weil das zugleich Ausweis seiner eigenen Stabilität war. Ein Mann, der ein festgefügtes Politbüro unter sich hat, ist ein stabiler Generalsekretär. Ein Mann, der ständig Leute auswechseln muß, gibt damit zu erkennen, daß es mit seiner Stabilität nicht weit her ist. Deshalb hieß es in der ZK-Erklärung zu Naumanns Abgang: aus gesundheitlichen Gründen und nicht etwa aus politischen Meinungsverschiedenheiten.

Naumann ist ursprünglich ein Gefolgsmann von Honecker gewesen, einer seiner Zöglinge. Er war unter Honecker einer der führenden Funktionäre des Zentralrates der Freien Deutschen Jugend und wurde nach der Machtübernahme Honeckers erster Bezirkssekretär von Berlin. Er ist aber dann «vor Erfolgen von Schwindel befallen» worden, wie eine einschlägige Phrase aus dem Lehrgang der Geschichte der KPdSU lautet, und hat Tendenzen des Größenwahns entwickelt. Naumann war als Typ eine Ausnahme im Politbüro, die anderen waren eher Langeweiler. Jedenfalls wurde der Mann gestürzt, und nun war der Posten des ersten Bezirkssekretärs vakant.

Ich weiß bis heute nicht, wie Honecker auf mich gekommen ist. Ich hatte zur Absetzung Naumanns mitdiskutiert und eingeworfen, daß er nicht so schlaff auf seine Absetzung reagieren solle. Dort ein Großmaul, hier nicht mal in der Lage zu sagen, was er wolle. Er hätte ja eine leidenschaftliche Erklärung abgeben können. Nichts dergleichen. Dann hat Honecker zusammengefaßt: «In Ordnung, wir können die Debatte wohl abbrechen. Ihr wollt, daß er geht.» Und dann ist Naumann gegangen, und Honecker hat laut zu bedenken gegeben, daß man jetzt schnell jemanden finden müßte, der den Neuen macht. Es sei ja ein wichtiger Bezirk.

Ich hatte mich schon uninteressiert zurückgelehnt. Der Fall Naumann war erledigt. Ich hatte eine der seltenen dramatischen Sitzungen der letzten Jahre erlebt. Wir rätselten in dem Augenblick, ob er jemanden aus der Republik dorthin setzen würde, obwohl die Berliner schwerlich einen Sachsen goutieren würden. Und plötzlich sagt er: «Ich schlage vor, den Schabowski dorthin zu setzen.» Stille. Ich dachte, mich tritt ein Pferd. Aber auch Jochen Herrmann, der Sekretär für Agitation, mein Vorgesetzter sozusagen, schien davon total überrascht. Ich schließe daraus, daß es wieder ein einsamer Ratschluß

Honeckers war. Wenn Herrmann was gewußt hätte, wäre das an seiner Mimik abzulesen gewesen. Er hätte mir zugezwinkert. Die anderen starrten auch nur vor sich hin: Ich bin zu ihnen als Journalist gestoßen. Was hat der überhaupt hier zu suchen als Journalist? Jetzt wird der auch noch erster Sekretär von Berlin. Das wurde nicht gerade als Abstieg angesehen. In den Augen Honeckers war die Befassung mit der Organisation die eigentliche Krone der politischen Arbeit. Ich habe mich natürlich gefragt, was Honecker zu dieser Entscheidung bewogen haben mag. Möglicherweise hat eine Rolle gespielt, daß er mir Kommunikationsfähigkeit zutraute. Honecker hatte ja mit Hemmungen zu kämpfen, was seine Redefähigkeit betraf.

Ähnlich wie mich holte er auch den Seiteneinsteiger Häber überraschend ins Politbüro. Derlei Beschlüsse entsprachen seiner – ich möchte es so nennen – Spielernatur. Einerseits war er ein Mann des Apparates, der erst einmal streng auf die Einhaltung gewisser Regeln und Konventionen achtete, ohne die das innere Gefüge eines Mammutunternehmens, wie es das ZK ist, einfach nicht zusammengehalten werden kann. Anderseits beanspruchte Honecker, auf diesen Apparat gestützt, für sich selbst gewisse Spielräume, die es ihm erlaubten, vom Schema abzuweichen und zuweilen verblüffende Entscheidungen zu treffen.

Honecker war 1971 mit einem überzeugenden Konzept angetreten. Die Einheit von Wirtschafts- und Sozialpolitik war ein Kurs, den die meisten begrüßten. Er besagte im Grunde nichts anderes, als daß Schluß sein müsse mit der Ökonomie als Selbstzweck, bei der gegenwärtige Generationen immer darauf vertröstet wurden, daß spätere Generationen es einmal besser haben würden. Die Leute sollten dies heute schon spüren: Wir haben einen Punkt der materiell technischen Sicherung der Gesellschaft erreicht, an dem erzielte Erträge wieder unmittelbar in den sozialen Bereich zurückfließen können. Eine gute, aber nicht risikolose Überlegung. Denn die einzelnen Punkte seines ersten sozialpolitischen Programms waren nicht hundertprozentig materiell abgesichert. Er ging von der Vorstellung aus, daß dies die Arbeitsproduktivität stimulieren würde.

Kernstück war das Wohnungsbauprogramm, weil die Wohnungssubstanz stark zerstört war. Also sollten die Leute wenigstens eine Wohnung haben, damit sie ihre individuelle Lebenssphäre ausbauen könnten. Das war auch ein Punkt, in dem Honecker der vorherrschenden sozialistischen Ideologie widersprach. Das Programm sollte einen stimulierenden Einfluß auf die gesamte Volkswirtschaft haben. Man brauchte Baustoffe, Möbel, Gardinen usw. Wir erhofften uns auch einen Einfluß auf den Bevölkerungszuwachs. Mitte der siebziger Jahre stellte sich heraus, daß die materiellen Potenzen der DDR damit überfordert waren. Nun setzte wieder dieses systemimmanente Moment der Selbstrechtfertigung ein. Honecker wollte keinen Fleck auf dem sozialistischen Hemd. Wir sind gut. Das System ist sozial und effektiv für die Menschen. Das System ist das einzige, das für sich in Anspruch nehmen kann, den Sozialismus zu praktizieren. Das war von Honecker durchaus nicht zynisch gemeint. Er gab sich wie ein Patriarch, der zu wissen glaubt, was für seine Sippe gut ist. In einem demokratischen System wären die Probleme offener zur Sprache gekommen. So ist die Situation nur von einzelnen Wirtschaftsfunktionären warnend angemerkt worden, ohne daß Korrekturen einsetzten. Statt dessen wuchsen die Probleme, als andere Programme hinzukamen, wie die Mikroelektronik und die Chemie. Das Projekt schlug schließlich in eine Belastung um, blieb aber dennoch Priorität. Wer es wagte, gegen das Wohnungsbauprogramm zu argumentieren, der trat nicht nur gegen Honecker, sondern auch gegen die Interessen der Arbeiter an. Ganz abgesehen davon, daß wir überhaupt nicht auf die Idee kamen. Die Idolatrie um Honecker verbot es, ihm Fehler anzurechnen.

Konnten die Taktiken des Generalsekretärs das moralische Problem der Repressionen überspielen? Wie hat die Führung Repressionen gerechtfertigt? Hat Sie die Tatsache, daß eine Mauer oder Minen die Menschen daran hinderte zu reisen, nicht stutzig gemacht?

Ausschlaggebend war, daß ich in der Bewertung fast jeder Frage, davon ausging, was nützt der DDR. Die DDR erfüllt einen historischen Auftrag. Ich dachte an das System, nicht weil das System für sich genommen so wichtig sei, sondern weil wir dessen Daseinsberechtigung immer auf die Menschen bezogen haben. Ich glaube, daß letztlich nur über dieses System Lebensformen geschaffen werden könnten, die das Prädikat «Menschenwürdig» verdienen. Zunächst war da die Tatsache, daß sich diese Gesellschaft aus einer komplizierten Ausgangssituation heraus mit den anderen sozialistischen Gesellschaften formieren mußte. Die Strukturen, die für die Neuordnung einer solchen

Gesellschaft prägend waren, mußten im Experiment gesucht und mit Hilfe der sogenannten Klassiker gefunden werden. Das kann Beschränkungen im Interesse einer guten Sache nötig machen. Und da man nicht jeden einzelnen von der Notwendigkeit dieser Beschränkungen überzeugen kann, ist die Gesellschaft zu bestimmten Abschottungen und Restriktionen gezwungen. So haben wir damals gedacht. Konkret haben wir uns in einer Situation befunden, in der uns der Abfluß von Arbeitskräften, ausgelöst durch die besseren Bedingungen, die die kapitalistische Bundesrepublik den Menschen zu bieten schien, uns nicht ermöglichte, unser Gesellschaftsexperiment unter Laborbedingungen durchzuführen. Wir fühlten uns gerechtfertigt, weil es darum ging, das sich in Entwicklung befindliche System zu schützen und diese wichtige gesellschaftliche Veränderung im Sinne des gesellschaftlichen Fortschritts durchzusetzen.

Natürlich war man betroffen, wenn jemand beim Versuch, die Sperranlagen zu überqueren, umgekommen ist. Aber es war keine Erschütterung, die sich zu Zweifeln in die Legitimität unserer Sache auswuchs. Es war tragisch, aber nicht wir waren daran schuld, sondern die, die mit den Verlockungen des Westens winkten. So sahen wir das. Man darf nicht vergessen, zu dieser Zeit grassierte Kalter Krieg zwischen beiden deutschen Staaten und eine maßlose Propaganda von beiden Seiten. Solche tragischen Vorkommnisse wurden bei uns abgebucht unter der Rubrik «Opfer des Klassenkampfes». Ich kann nur immer wieder betonen, die Grundhaltung war eine tiefe Überzeugtheit von der Richtigkeit der moralischen und politischen Berechtigung der Existenz der DDR. Das war die Bezugsebene für alles, was sich abspielte. Hinzu kamen die Praktiken des Kalten Krieges, durch die eine vordergründige Herabsetzung des jeweiligen Gegners erreicht werden sollte. Damit suggerierten wir uns immer wieder, daß wir uns in einer wirklichen Klassenkampfsituation befänden, einer Situation also, die Opfer mit sich bringe, und in der man auch Opfer verlangen könne. Das war die Raison. Entscheidend war, daß der Sozialismus und die DDR in ihrem Bestand bewahrt blieben und gefestigt würden.

In den 70er und 80er Jahren überwog bei der Beurteilung solcher Erscheinungen wie der Republikflucht die Besorgnis um ökonomische Rückwirkungen. Wir hielten solche Vorgänge für organisiert, schoben sie einer Propaganda oder gar direkter Abwerbung zu, deren

Ziel die ökonomische Schwächung der DDR war. Nachdem man die DDR nicht durch die Hallstein-Doktrin hatte in die Knie zwingen können, versuche der wütende Gegner nun, mit immer neuen Mitteln, vor allem der ökonomischen Überlegenheit, Menschen an sich zu ziehen, die nicht wußten, auf welch ein Abenteuer sie sich einließen, wenn sie sich in eine Welt und Gesellschaft begäben, die einen Schritt in die historische Vergangenheit darstellte. So haben wir argumentiert. Natürlich haben wir die Mauer nicht als Wohltat für das Volk empfunden. Kein Staat ist glücklich darüber, seine Schwäche mit der Errichtung einer Mauer offenbaren zu müssen.

Die Bezeichnung «antifaschistischer Schutzwall» versuchte natürlich, an die Erfahrungen der Menschen anzuknüpfen, die für sie besonders negativ besetzt waren. In den sechziger Jahren verband noch ein erheblicher Teil der Bevölkerung mit Faschismus konkrete Vorstellungen. Das war nützlich. Hier sollte ein Wall aufgetürmt werden gegen eine potentielle Wiederholung solcher Gefahren. Veränderung des Sozialismus sei so etwas wie Faschismus – so der Tenor. Das wurde erleichtert durch neofaschistische Tendenzen, die sich in der Bundesrepublik abzeichneten. Es hat ja in den 50er und 60er Jahren nicht wenige Skandale gegeben. Führende Politiker mußten plötzlich bekennen, daß sie auf eine höchst belastende Weise Berührung mit dem faschistischen System hatten: der Schreibtischtäter Globke, ein Vertrauter Adenauers, die Affären um Oberländer und Lübke, der Fall Filbinger, die Nazi-Richter. Daß in der Bundesrepublik die faschistische Vergangenheit inkonsequent aufgearbeitet wurde, hat die Interpretation solcher Vorgänge wie den Mauerbau wesentlich erleichtern und begründen geholfen. Selbst bei der jüngeren Generation von Intellektuellen oder Künstlern, die sich kritisch zur Partei verhielten, war die antifaschistische Tugend der Kommunisten unbestritten. Als Honecker dann in den 70er Jahren die Geschäfte übernahm, trat die Mauer auch in der Optik weiter Teile der Bevölkerung zeitweilig etwas in den Hintergrund, weil Honecker den Kurs verfolgte, die DDR zu emanzipieren. Die DDR wurde in dieser Zeit zum vollwertigen Mitglied der Völkergemeinschaft.

Parallel dazu wirkte das sozial-ökonomische Programm. In den Betrieben war zu spüren, daß es in dieser Phase einen echten Popularitätsgewinn für Honecker gab. Der Druck hat also nicht stetig zugenommen, es hat in den 70er Jahren auch eine zeitweilige Entspannung gegeben. Damit will ich nicht sagen, daß das Grundproblem, das durch die Mauer evident wurde, behoben war. Doch es bestand die Illusion, auf diese Weise das Problem «Mauer» aus der Welt zu schaffen. Das glückte aber nicht. Die Mauer war im Grunde eine Metapher für ein System, das nur bestehen kann, wenn es sich selbst abschottet. Öffnung ist danach nur möglich, wenn sich die Welt in ein gleichartiges geschlossenes System verwandelt. Solange das nicht der Fall ist, muß man sich separieren. Oder man schließt sich im Rahmen eines Lagers ab. Doch da stößt das System wiederum auf Schwierigkeiten, weil das Leistungsgefälle zwischen den einzelnen Ländern unterschiedlich und die Gefahr akut ist, sich nach Art eines kommunizierenden Systems nach unten zu nivellieren. Das war eine Quelle für Spannungen innerhalb des Systems, des Lagers.

Spannungen grundlegender Art entstanden wohl, nachdem Gorbatschow innerhalb des Bündnisses eine Politik der Öffnung betrieb. Wie hat das Politbüro intern darauf reagiert, daß Gorbatschow an die Macht kam?

Bei dem Amtsantritt von Gorbatschow 1985 hatten wir bestenfalls vage Vorstellungen von ihm. Im Politbüro war Werner Felfe der einzige, der ihn ein wenig kannte, weil Gorbatschow und er Landwirtschaftssekretäre waren. Er beschrieb ihn als patenten Mann. Doch selbst Felfe hatte Gorbatschow nur einmal getroffen. Wir hatten uns vorher an den Spekulationen in den Westmedien über die Nachfolge nicht beteiligt. Dies ziemte sich nicht nach dem Verhaltenskodex der kommunistischen Parteien. Bei Krenz war es ähnlich gewesen. Er wurde zwar im Westen als Kronprinz gehandelt, jedoch nicht in unserer Partei. Wehe, es hätte jemand im Beisein von Honecker so getan, als sei Krenz sein designierter Nachfolger. Die Tatsache, daß Krenz Honecker im Urlaub vertreten durfte, besagte überhaupt nichts, weil er jedesmal danach wieder auf den Platz zurückmußte, auf den er gehörte. Nicht viel anders war die Situation vor dem Machtwechsel in der UdSSR. Gorbatschow hielt sich auch noch zu Zeiten Tschernenkos diszipliniert zurück. Sonst hätte er kaum noch 1984, bei einer Beratung mit dem Politbüro der SED, auf Honecker eingeredet und ihm bedeutet, daß er seine ersehnte Reise in die BRD nicht antreten dürfe. Von Perestroika war da noch nichts zu spüren.

Nach dem Tod von Tschernenko war Gorbatschow plötzlich da. Wir hatten zwar kein fest umrissenes Bild von ihm, dachten aber: Gott sei Dank, nun wird sich an der unerträglichen Erstarrung der sowjetischen Politik etwas ändern. Das war auch Reflex einer doch überheblichen Einstellung der DDR: die DDR ist nicht erstarrt, sondern ist wirtschaftlich stabil und international als Friedensstaat im Kommen.

Zunächst wurden wir nicht recht schlau daraus, was Gorbi eigentlich wollte. Wir Jüngeren hatten zweifellos Sympathie für die unbefangene Art, mit der er redete. Es war interessant, sollte aber auch zu Mißverständnissen und Spannungen führen. Das zeigte sich, als Gorbatschow 1986 zu unserem Parteitag kam. Er ging offen auf die Menschen zu und diskutierte unbefangen in seiner gewinnenden Art mit ihnen. Es schien sich zunächst ein normales Verhältnis anzubahnen, bis er Honecker fragte: «Erich, warum redet ihr eigentlich nicht von sozial-ökonomischer Beschleunigung?» Das empfand Honecker als Anmaßung: «Der junge Mann macht ein Jahr Politik. Der hat es gerade nötig, die Klappe aufzureißen. Nachdem zu Beginn seiner Amtszeit noch drei Gramm Fleisch im Schaufenster lagen, ist nun überhaupt keines mehr zu sehen. 12 Jahre Stagnation nach eigenem Bekunden, und jetzt stellt er diese Frage. Weiß er denn nicht, daß die DDR schon seit 1971 ein sozialpolitisches Programm hat mit Wohnungsbauprogramm und allem Drum und Dran? Daß es eine Einheit von Wirtschafts- und Sozialpolitik gibt? Warum will er uns nahelegen, den Begriff der sozial-ökonomischen Beschleunigung zu übernehmen? Wir raten doch der Sowjetunion auch nicht, unsere Termini zu übernehmen.» So etwa räsonierte Honecker inwendig.

Es kam bei ihm so an, als versuchte der neue Mann wiederum, uns Vorschriften zu machen. Honecker war nicht uncouragiert im Ausloten eigener Spielräume. Die Breschnew-Zeit hatte dazu Gelegenheit gegeben. Als sich die Sowjetunion nach der Nato-Nachrüstung einigelte, war die auf der 7. Tagung des ZK von Honecker verkündete Position «Jetzt erst recht» geradezu ein Affront für die sowjetische Führung. Während Gromyko in Bonn erklärte, daß nie wieder verhandelt werden würde, stellte sich Honecker einen Tag später hin und erklärte: «Wir müssen jetzt erst recht Gespräche führen.»

Im Laufe der Zeit wurde mir klar, daß Gorbatschow anfänglich ein Wissensdefizit über die DDR hatte. Seine Mitarbeiter, der Apparat, informierten ihn wohl lückenhaft. Es wurde geschwätzt, es wurden

Erfahrungen ausgetauscht, doch keine neuen Denkansätze. Gorbatschow hatte uns, glaube ich, nicht belehren wollen, wie Honecker annahm, sondern er meinte mangels besserer Information tatsächlich, daß er etwas erfunden habe, was auch für die DDR wichtig sei. Im Verlauf des Parteitages wurde er dann darüber informiert, daß das, was sich in der Sowjetunion in bescheidenen Ansätzen zu entwickeln begann, in der DDR schon ziemlich entfaltet vorhanden war. Das hat natürlich die Tendenz zur Überheblichkeit bei Honecker und Mittag verstärkt.

Ein weiterer wichtiger Punkt, der das Verhältnis zu Gorbatschow beeinflußt hat, waren unsere Beziehungen zur BRD. Als stärkstes westeuropäisches Wirtschaftsland und wichtigster Nato-Verbündeter der USA nahm die BRD im Denken und in der Politik Honeckers einen dominanten Platz ein. Für den Saarländer schien ein offizieller Empfang in dem anderen deutschen Staat die Krönung seiner Laufbahn. Der einstige Dachdecker mit dem Strohhut würde ins Saarland als der Erste Mann des anderen deutschen Staates zurückkehren, den die BRD solange in die Mangel genommen hatte. Das bedeutete für ihn unerhört viel, auch weil er sich als der BRD-Experte des sozialistischen Lagers empfand. Keiner wisse über die BRD so gut Bescheid wie er, Honecker. Er sah sich als derjenige, der die Bundesrepublik klassenmäßig zu beurteilen wußte und für die Differenzierung der politischen Kräfte sorgte: er redet mit der SPD und bringt sie vom Raketenkurs der Nato-Nachrüstung ab. Zugleich hält er Kontakt zur CDU und zu den GRÜNEN. Er meinte, es gäbe außer ihm niemanden, der so clever und gleichzeitig so prinzipiell und parteilich die Positionen des sozialistischen Lagers vertrete.

Auf dem XI. Parteitag 1986 traf sich Gorbatschow mit dem Politbüro zu einer Tour d'horizon. Als man auf die Außenpolitik zu sprechen kam, verkündete Gorbatschow im Beisein aller Politbüromitglieder wieder seine These: «Lieber Erich, ich weiß, du hast die Absicht, in die Bundesrepublik zu reisen. Doch ich muß dir sagen, daß wir dies nicht für gut halten.» Das war seine Art, Dinge offen anzusprechen. Er wollte einen Konsens herbeiführen und seinen Freund Honecker dazu bringen zu sagen: «Du hast recht, Mischa, wir gehen nicht zu den Revanchisten und Raketenrüstern.» Deshalb fragte Gorbatschow: «Was soll ich meinem Volk sagen, wenn du jetzt die revanchistische BRD besuchst?» Darauf entgegnete Honecker: «Und was soll ich meinem Volk sagen, das den Frieden will?» Damit war eine dauerhafte Verstimmung zwischen beiden eingetreten.

Honecker konnte sich erlauben, dem obersten Kreml-Mann eine solche Antwort zu geben. Während des Treffens mit Tschernenko 1984 war die Position noch verhaltener gewesen. Damals war die Tonlage: «Wir fügen uns eurem Wunsch, halten jedoch die Idee weiter für realisierbar.» Bei Gorbatschow gab es kein Lavieren mehr: «Ich bestehe darauf, dorthin zu fahren.» Erst ein Jahr später hat die Sowjetunion ihren Segen gegeben, weil Gorbatschow begriff, daß der Faktor BRD nicht einfach ausgeblendet werden konnte, sondern ein Besuch von Honecker sogar ökonomische Vorteile haben könnte.

Im Politbüro war das Thema Gorbatschow tabu. Es wurde allenfalls am Rande mit gelegentlichen spitzen Bemerkungen von Honecker berührt. Doch hinter den Kulissen, bei meinen Leuten in der Berliner Parteiorganisation, mit denen ich offene Gespräche führte, verstärkten sich die Erwartungen in eine Veränderung der Politik, besonders als 1986/87 der Begriff Perestroika auftauchte. Vor allem die künstlerische Intelligenz, also die Intellektuellen, die Wissenschaftler, sehr emphatisch die Theaterleute fühlten sich durch den neuen Stil der Offenheit angezogen. Ihre Sympathien verbanden sich mit dem Glasnost-Begriff, der Transparenz der Verhältnisse. Das berührte sie besonders, weil einer der Widersprüche zwischen den Menschen und der Führung in der DDR gerade die fehlende Freimütigkeit war. Der Begriff Perestroika wurde diffuser rezipiert: was bedeuteten schon Umwandlungen politischer und ökonomischer Strukturen?

In ökonomischer Hinsicht schien die DDR den anderen sozialistischen Brüdern ohnehin einiges voraus zu haben. So war damals noch die Legende. Seit Honeckers Machtübernahme 1971 war ihm von sowjetischer Seite immer vorgeworfen worden, er hänge den Menschen zu viel Speck vor die Nase. Der Vorwurf, den Suslov und andere in ihren Reden formulierten, ohne die DDR direkt anzugreifen, hieß Konsumideologie. Mit diesem Winkelzug wollten sie ihren eigenen Mangel ideologisch kompensieren. Wenn die Leute mehr zu kaufen wünschen, dann muß man diese Bedürfnisse als Konsumideologie verteufeln. Dieses Vorwurfes hat sich Honecker immer verdächtig gemacht, weil er aus seiner proletarischen Grunderfahrung heraus, die durch seine Kindheit in einem Bergarbeiterhaushalt geprägt war, durchaus einen Sensor für die materiellen Bedürfnisse der arbeitenden Menschen hatte. Darüber hinaus wurde er in der Breschnew-Ära wegen seiner «Westkontakte» verdächtigt – auch von solchen sowjetischen Kollegen, die heute alle überzeugte Perestroika-Leute sind.

Die Intelligenz in der DDR fühlte sich von Gorbatschow stimuliert. Was Honecker für wichtig hielt, sein sozialpolitisches Programm, verblaßte im Vergleich zu dem ideologischen Bewußtseinswandel, den Glasnost auslöste. Zum Beispiel fragten sich die Künstler und ihr Publikum im Theater, warum ein Stück, das in der Sowjetunion aufgeführt werden durfte, in der DDR verboten war. Die Reisefrage kam ins Gespräch, denn es wurden Genehmigungen aus nicht nachvollziehbaren Gründen erteilt oder nicht erteilt. Glasnost bewirkte auch den Wandel in den sowjetischen Medien. Sie fingen an, Dinge zu beschreiben, die bisher tabu waren. Ein solches Tabu war die Auseinandersetzung mit den Stalinschen Verbrechen. Wir hatten bislang alles mit der Floskel abgetan, daß wir uns bereits mit den Parteitagsbeschlüssen von 1956 zum Personenkult der Problematik entledigt hätten: «Warum jetzt wieder rückwärtsgewandte Diskussionen. Wir müssen doch nach vorne schauen! Keine kommunistische Partei, die etwas auf sich hält, kann es sich leisten, über Fehler zu diskutieren statt voranzuschreiten.» Unter der Einwirkung von Perestroika begannen die Leute aber, allmählich ihre eigenen Maßstäbe zu entwickeln und an die SED-Führung anzulegen. So entstand eine immer größere Kluft zwischen der Stimmung an der «Basis», unterhalb der Ebene des Zentralkomitees oder der Kreisleitungen, und den Führungsgremien. Das Politbüro verbreitete Durchhalteparolen statt Glasnost.

Nur auf sich gestellt hätte Honecker seinen Anti-Gorbatschow-Kurs nicht durchhalten können. Welche Rolle hat zum Beispiel Mittag im Politbüro gespielt? War er sein Hilfssheriff?

Mittag war der Mephisto des Politbüros. Ein Mann mit großem Durchblick, doch, wenn ich das so formulieren darf, zutiefst antiökonomisch. Großes ökonomisches Wissen ist das eine, Einsicht in die Erfordernisse des vielschichtigen Spiels der ökonomischen Prozesse ist etwas anderes. Da Mittag das Moment der Selbstregulierung völlig ignorierte und verkannte, reduzierte er seine Politik auf reine Kommandostrukturen.

Mittag respektierte den Generalsekretär, nicht zuletzt auch deshalb, weil er bei der Machtübernahme von Honecker in der Rangordnung zurückgestuft worden war. Er wurde stellvertretender Ministerpräsident. Die Mannschaft Honecker war also nicht mit Mittag als Wirtschaftsmann angetreten. Ich habe dazu keine konkreten Indizien, aber bekannt war, daß Mittag ein ganz eifriger Parteigänger Ulbrichts gewesen ist. Er galt als der eigentliche Konstrukteur des «NÖS», des «Neuen ökonomischen Systems» der Planung und Leitung der Volkswirtschaft. Das war ein Versuch Ulbrichts gewesen, eine effektive Wirtschaftsstruktur mit Hilfe moderner Methoden und Mittel zu schaffen, wie Kybernetik, Heuristik usw., um endlich den wirtschaftlichen Stein des Weisen zu finden. Die enge Parteigängerschaft zu Ulbricht war sicherlich ein Motiv für Honecker, Mittag erst einmal zurückzusetzen. Aber die erwarteten Fortschritte in der Volkswirtschaft, die notwendig waren, um die Einheit von Sozial- und Wirtschaftspolitik durch ökonomische Leistungen zu finanzieren, blieben aus. Deshalb besann sich Honecker Mitte der 70er Jahre auf Mittag und setzte ihn wieder als Wirtschaftssekretär ein. So emsig, wie er Ulbricht gedient hatte, diente er fortan Honecker. Mit dem Ergebnis, das wir heute vorliegen haben. Aber zunächst schien Mittag der Mann zu sein, der die Quadratur des Kreises eher zu lösen vermochte als sein Vorgänger Krolikowski.

Mittag war von dem Gefühl der Dankbarkeit beseelt, weil Honecker ihn wieder an den Hof geholt hatte. Er hat seine Kenntnisse dazu benutzt, auf der einen Seite willig das für die DDR viel zu groß gefaßte Projekt des Sozialprogramms zu realisieren, und hat bei Honecker gleichzeitig immer wieder die Illusion genährt, daß man mit seinen Tricks und seiner Kenntnis die Quellen anbohren könne, die für die Realisierung eines solchen Programms nötig waren. Honecker war ein harter, durchsetzungsfähiger Mann, und Mittag war es nicht minder. Er wußte, daß er die ökonomische Halbbildung Honeckers zur Konsolidierung seines persönlichen Einflusses nutzen konnte, was um so leichter war, als die beiden miteinander harmonierten. Mittag hat ihn teilweise so inspiriert, daß Honecker meinte, es seien seine eigenen Überlegungen.

Mittag beherrschte alle Spielarten des Umgangs mit der Macht souverän. Er hatte eigene Kontrollapparate, darunter auch einen Apparat zur Beobachtung der Medien, damit ja nichts Kritisches über die Wirtschaftspolitik der DDR veröffentlicht würde. Das war eine Linie, die Honecker voll geschluckt hat. Es entstand eine Art Kumpanei zwischen den beiden. Die Unterdrückung kritischer Sachverhalte entstammte der Auffassung beider, daß man die Probleme, die der arme Sozialismus hat, vor der Welt abschirmen müsse. Das wurde u. a. damit begründet, daß sich die DDR in sensiblen Außenhandelsbeziehungen befinde, so daß kritische Äußerungen über den einen oder anderen Bereich der Produktion die Position der DDR auf den internationalen Märkten schwächen würde.

Also nicht kritisch, sondern «konstruktiv» hatte man zu sein. Wenn Mittags Überwachungsapparat kritische Nebentöne ortete, denunzierte er das bei Honecker: «Da hat sich wieder irgendeine Bezirkszeitung öffentlich zu meckern erlaubt, daß die Qualität wichtiger Zulieferprodukte nicht ausreiche – wollen die uns ruinieren auf dem Markt?» Und Herrmann bekam dann flugs einen Rüffel. Ihm wurde vorgeworfen, daß er die Medien nicht richtig im Griff habe. Nicht selten ist es auch passiert, daß die Westmedien über Veröffentlichungen in der DDR-Presse informierten, wenn dort jemand den Versuch einer kritischen Analyse unternommen hatte. Dann hat die Führung das aufgerollt. Man muß wissen, daß ein großer Teil des ZK-Apparates Mittag unterstand. Fast jeder Wirtschaftsbereich hatte seine eigene Abteilung. Es gab die Abteilungen «Leichtindustrie», «Schwerindustrie», «Chemieindustrie», «Elektroindustrie», etc., alles Abteilungen mit eigenen Apparaten, die nicht produzierten, sondern nur dazu da waren, die entsprechenden Bereiche zu kontrollieren. Sie kontrollierten die Minister und griffen in die Betriebe ein. Obwohl sie formal nur für die innerbetriebliche Parteiorganisation zuständig waren, haben sie überwiegend das Wirtschaftsgeschehen kontrolliert. Da saßen auch Leute drin, die die Zeitungen nach unzulässigen Tönen durchforsteten, wenn Mittag das so wollte.

Als Berliner Bezirkssekretär war ich u. a. zuständig für die Betriebe in Berlin und mußte mir ständig die Apparate von Mittag vom Leib halten. Wenn es Probleme gab, habe ich nicht dauernd mit Mittag telefoniert, sondern die Hauptkontakte bestanden zwischen meinem Wirtschaftssekretär Heinz Albrecht, meinem späteren Nachfolger in der Berliner PDS, und dessen Verbindungsleuten im Apparat von Mittag. Ich hielt Albrecht dazu an, diesen Kontakt zu pflegen. Das war insofern wichtig, als Mittag immer bestrebt war, seinen Einfluß gegenüber den Bezirkssekretären geltend zu machen. Er kritisierte die Produktion eines Betriebes, der nicht richtig funktionierte, und machte dafür den jeweiligen Bezirkssekretär verantwortlich: Die dortige Bezirksleitung ist nicht auf Draht, sie kümmert sich nicht um diese Frage. Allerdings ohne daß es explizit formuliert wurde. Das gehörte zu dieser Technik. Durch die Beziehungen, die Albrecht zu Mitarbeitern einer Abteilung von Mittag unterhielt, wußten wir meist frühzeitig, wenn Mittag im Politbüro wieder einen Berliner Betrieb angreifen wollte.

Mittag versuchte nach außen jede Kritik abzuschirmen. Wenn Kritik zu üben war, dann übte er sie. Er war der Boss der Wirtschaft. Da hatte ihm niemand reinzureden. Mitunter war es ihm unangenehm, daß in den Monatsberichten der Bezirksleitungen ohne seine Kenntnis kritisch auf Schwierigkeiten hingewiesen wurde. Er schlug dann überraschend zurück, indem er eine Information zur Planlage aus der Tasche zog, die augenscheinlich nur in dem jeweiligen Bezirk behoben zu werden brauchte. So wurde der jeweilige Generaldirektor oder Provinzfürst nach Strich und Faden abgebürstet und konnte froh sein, wenn er nur einen schlechteren Platz im Kontrollheft bekam. Für Mittag waren alle Bezirkssekretäre widerspenstig, die eigene Vorstellungen hatten und nicht kuschten. Wer Schwierigkeiten offenbarte, mußte sich gut absichern und in den Monatsberichten, die an den Generalsekretär gingen, mit Verbesserungsvorschlägen aufwarten. Honecker hat diese zur Kenntnis genommen und die Berichte, mit einer Randbemerkung versehen, an Mittag weitergeleitet. Der bekam dann den Auftrag, nachzuhaken.

Was sich bei diesen Beratungen an eigentlich objektiven systembedingten Kalamitäten offenbarte, wurde von Mittag zu subjektiven Unzulänglichkeiten der Generaldirektoren oder Bezirkssekretäre erklärt. Ich habe das selbst zu spüren bekommen.

So rückte Modrow das bekannte Aufgebot von Revisoren auf den Pelz, weil er in einem Bericht auf irreale Leistungsanforderungen im Wohnungsbau hingewiesen hatte. Ähnliches passierte anderen Bezirksleitungen auch. Wir hatten in Berlin wiederholt in unseren Informationen auf die brüchigen Zulieferketten hingewiesen, die den Berliner Betrieben nicht anders als denen in der Republik die Planerfüllung enorm erschwerten. Mittag revanchierte sich in einer Politbürositzung, indem er Berlin für die mangelhafte Versorgung der Bezirke mit Zwieback verantwortlich machte. Berlin verfüge über die modernste Fertigungsstraße, meinte er, aber bringe nicht die Leistung. «Da ist Schlamperei im Spiel.» Die Bezirksleitung – und das bedeutete Schabowski – habe sich nicht darum gekümmert. Doch meine Leute hatten aus Mittags Apparat vorab von der Attacke erfahren. Also war ich gewappnet. Ich schilderte, daß die zitierte modernste Fertigungsstraße ein DDR-Eigenbau sei, der vom ersten Tag an seinen Widerwillen gegen Zwieback offenbart habe. Die Maschine war weder imstande, den Teig angemessen zu rösten, noch die Produkte einwandfrei zu verpacken. Die Kollegen hätten sich unablässig bemüht, das Ding gesundzureparieren, aber es hätte ihnen widerstanden. Honecker blickte fragend zu Mittag. Die Fakten waren überzeugend, so daß Mittag und Stoph den Auftrag erhielten, einschlägige Technik aus dem «KA», dem kapitalistischen Ausland, zu beschaffen. Wenige Wochen später fuhr Mittag einen neuen Angriff: die «Berliner Zeitung» hatte in einem größeren Artikel untersucht und angeprangert, daß und warum die Konsumgüterproduktion unzureichend sei. Die Stoßrichtung ging gegen den von Mittag inspirierten bürokratischen Wirtschaftsapparat. Im Politbüro griff er die Bezirksleitung, also mich, an, daß sie das Erscheinen des Artikels nicht verhindert habe. Er verlangte die Absetzung des Redakteurs. Honecker ergriff seine Partei: Wenn es schon Schwierigkeiten gibt, gehörten die nicht in der Zeitung breitgetreten. Er bekräftigte, der Mann müsse abgesetzt werden. Da der Auftrag quasi an mich erging, hatte ich es in der Hand, es nicht dazu kommen zu lassen. Der Journalist blieb auf seinem Platz.

Man könnte noch etliche Beispiele dieser Art anführen. Es war lächerlich und zugleich ein Nervenkrieg. Und es war bezeichnend für den obskuren Subjektivismus unserer «wissenschaftlichen Planwirtschaft».

War Mielke auch ein solcher Intrigant?

Mielke war ein anderer Typ. Eine bezeichnende Episode: Mielke war der einzige, der regelmäßig im Casino von Wandlitz das Frühstück zu sich nahm. Wenn jemand von der Bedienung vorbeihuschte, rief er sofort «Wer ist da?». Er mußte alles wissen, alles unter Kontrolle haben. Seitdem ich über den Umfang seiner Umtriebe informiert bin, bin ich mir sicher, daß diese Veranlagung schon pathologisch war. Es heißt ja, daß er dem Altersschwachsinn verfallen ist. Aber das müssen die Ärzte besser wissen. Solange ich ihn erlebt habe, deutete nichts auf einen derartigen Verfall hin. Im Politbüro hat er sich in manches reingemischt und die Leute auf scheinbare und tatsächliche Verletzung ihrer Pflichten aufmerksam gemacht.

Mielke war aufbrausend, von sich überschlagender, verhaspelnder Diktion. Er besaß eine Art Primusmentalität, war einer, der keine Kritik vertragen konnte; seine zweifelhaften Dienste wollte er dem Generalsekretär in höchster Vollendung darbieten. Er hat sich jedoch häufig kritische Anmerkungen eingehandelt. Er war kein hochfliegender Geist, kein Stabsoffizier. Er hatte mehr von einem Feldwebel an sich, was die Rigorosität anbelangte, mit der er seinen Apparat zweifellos in der Hand hatte. Und der Apparat war nicht nur ein geklonter «Mielke-Haufen». Er war zum Teil mit intellektuellen Kapazitäten besetzt, die Mielke übertroffen haben. Von der Materie und der Psychologie seines Apparates jedoch habe ich mehr aus den Büchern John le Carrés, als von ihm selbst erfahren.

Ich hatte im Grunde wenig mit Mielke zu tun. Gerade in Berlin hat er Sicherheitsprobleme auch nicht aus den Händen gegeben, sie nicht einmal mit mir besprochen. Er versuchte, sich mir gegenüber immer mal wieder als oberster Parkwächter aufzuspielen, indem er mir vorwarf, daß irgendeine Straße nicht aufgeräumt sei. Am Rande einer Politbürositzung kam er zum Beispiel auf einen Bäckerladen zu sprechen, der an der Protokollstrecke in Weißensee lag und der ein mit Schwamm durchsetztes Stück Mauerwerk hatte. Es war wie ein Dialog aus einem absurden Theaterstück. Bei Renovierungen war das Haus gestrichen worden, der Schwamm hatte aber wieder durchgeschlagen. Das war Mielke aufgefallen. Jetzt schwätzte er dauernd von diesem Bäckerladen. Ich sagte ihm: «Das kannst du dir schenken, den Bäckerladen mit dem Schwamm kenne ich, weißt du, wieviel Bäckerläden es mit Schwamm gibt, die nicht an der Protokollstrecke liegen?» Darauf antwortete er: «Ja, aber der Sozialismus, wir müssen doch ...» Ich sagte dann: «Na ja, ich will dir ja nur sagen, daß das, was dich stört, an vielen anderen Ecken andere Leute auch stört. Es gibt nun mal kein sicheres Mittel für im Mauerwerk befindlichen Schwamm, dann kannst du höchstens das Mauerwerk abreißen. Das können wir aber nicht in ganz Berlin machen. Wenn du Kacheln zur Verfügung stellst, dann lasse ich das Mauerwerk rausstemmen und wir legen schöne Kacheln drüber.» «Ja, Kacheln kann ich dir besorgen.» Ich hatte das eigentlich nicht ernst gemeint. Wir haben das dann aber verändert. Er mußte sich dauernd in irgendwelche Dinge einmischen, an denen er zeigen konnte, daß er der bestinformierte Mann der DDR war, der sowohl die große Politik im Blick hatte als auch die kleinen Kacheln.

Die Staatssicherheit bestand nicht nur aus Mielke. Wie waren Sie mit anderen Ebenen der Staatssicherheit verstrickt?

Ich verstehe, daß Sie von mir mehr Einblicke in die Interna der Staatssicherheit erhoffen. Ich hatte, bevor ich ins Politbüro kam, nie direkt persönlich mit der Staatssicherheit zu tun gehabt. Es hat zwar auch für die Medien Verantwortliche im Ministerium für Staatssicherheit gegeben. Die hatten allerdings in erster Linie sicherzustellen, daß mit der Drucktechnik nichts schiefging, daß über die Technik politische Fehler in die Zeitung gelangten oder feindliches Material produziert würde. Die Redaktion war ja selbst eine politische Institution ersten Ranges. Niemand war besser befähigt als die Redaktion selber, ihre Texte zu kontrollieren. Das war nicht Sache der Sicherheit. Das hat die Partei selber, im «ND» sogar der Generalsekretär, zu begutachten gehabt.

In meiner Eigenschaft als erster Sekretär von Berlin hatte ich Kontakt mit dem Vorsitzenden der Bezirksverwaltung der Staatssicherheit, der direkt dem Ministerium für Staatssicherheit unterstellt war. Er war Mitglied der Bezirkseinsatzleitung (BEL), die unter meinem Vorsitz zusammentrat. Unsere Beziehung gestaltete sich nicht so, daß ich mit dem Mann persönlich verkehrte oder daß er mich zu Extraaudienzen in der Bezirksleitung aufgesucht hätte. Unsere Kontakte beschränkten sich auf die Sitzungen der BEL. Ich hatte nicht das Bedürfnis, tiefer in diese Dinge einzudringen. Über die Sitzungen der BEL hat es Protokolle gegeben, die mit Sicherheit irgendwo verfügbar sind. Daraus kann man entnehmen, daß außer den Lageberichten, in denen dieser Mann über oppositionelle Gruppen und dergleichen berichtet hat, die wir als deren Beschäftigung, aber nicht als unsere Sache zur Kenntnis genommen haben, nichts Brisantes besprochen wurde. Der Rest der Sitzung wurde mit Fragen der materiellen Vorbereitung auf den sogenannten «Ernstfall», also mit Mobilmachungsfragen, verbracht. Gegen diese Sandkastenspiele hatte ich ohnehin eine innere Abneigung.

43

Was ich zu meinen Beziehungen zur Stasi gesagt habe, das gilt auch für die Mehrzahl der anderen Politbüromitglieder. Ich gehe davon aus, daß kaum einer von uns persönlichen Kontakt zum Apparat der Staatssicherheit hatte. Das MfS war dem Zugriff der Kontrolle des Politbüros im Grunde entzogen, weil das Politbüro ohnedies kein wirkliches kollektives Entscheidungsgremium war. Das Politbüro tat in den wesentlichen Dingen das, was der Generalsekretär vorgab. Alles andere hätte als Zerwürfnis gegolten und für die Urheber mit dem Vorwurf des Versuches der Spaltung geendet. Der Schlüssel zu Struktur und Aktivitäten des Sicherheitsapparates als eines der wichtigsten Machtinstrumentarien lag in den Händen von Honecker und war Mielke zur Verwaltung übertragen. Honecker hat diese Kompetenz nicht geteilt. Es ist keine Vorlage ins Politbüro gekommen, in der gesagt wurde: «Wir müssen jetzt den Sicherheitsapparat von 50000 auf 100000 Mann erhöhen», nichts dergleichen. Das ist alles nur Gegenstand von Absprachen zwischen Honecker und Mielke gewesen. Nach jeder Politbürositzung haben sich beide zu einem längeren Gespräch getroffen. Da müssen solche Fragen behandelt worden sein. Davon hat das Politbüro jedoch nichts erfahren. Das ist beschämend genug, aber eine Tatsache. Ich habe in der Zeit, als ich im Politbüro war, von Mielke nicht eine einzige Vorlage gesehen, außer Ernennungen und Beförderungen von Offizieren des Staatssicherheitsdienstes aus Anlaß des Jahrestages der Gründung des Ministeriums.

Sie konnten nicht, wie im Falle von Mittag, über Umwege mit ihm in Kontakt treten?

Wozu? Ich muß aber sagen, daß vieles von dem, was jetzt ruchbar geworden ist, bis hin zu der Tatsache, daß unsere Telefone abgehört wurden, mich niederdrückt. Wer weiß, welche unserer Äußerungen und Kontakte registriert worden sind und zu welchem Zweck das geschehen ist. Ich vermute, für den Fall, daß man über jemanden entsprechendes Material hätte zur Verfügung haben wollen. Ein solcher Fall hätte eintreten können, als Krenz und ich die Konspiration gegen Honecker anstrengten. Wie das hätte ausgehen können, ist mir beim Lesen des Herrnstadt-Dokumentes über die Ereignisse vom Juni 1953 klargeworden.

Gab es keine Gelegenheiten, bei denen man reden konnte, ohne daß die Staatssicherheit mithörte? Die Mitglieder haben doch auch außerhalb des Politbüros beim Mittagessen zusammengesessen, wie Sie vorhin kurz angedeutet haben.

Eigentlich war da nur das tägliche Mittagessen. Ich bin nicht immer dabeigewesen, aber ich hatte das Recht, zu dieser Tafelrunde zu erscheinen, die aus den im ZK ansässigen Politbüromitgliedern bestand. Es herrschte eine feste Sitzordnung bei diesen Essen. Da ich als letzter zu diesem Kreis hinzugestoßen war, saß ich am unteren Ende des Tisches. Es war ein Tisch in der Nähe des Fensters der Kantine, in der auch die Abteilungsleiter des Zentralkomitees und die zugehörigen Personenschutzleute aßen. Der Raum war gewöhnlich mit zwanzig, dreißig Menschen besetzt.

Honecker hatte seinen Platz am Kopf des Tisches. Links von ihm pflegte gewöhnlich Hermann Axen zu sitzen, rechts Mittag, dann Hager, Dohlus, Inge Lange, Felfe und Jarowinsky. Mielke nahm nie an diesen Essen teil. Er saß vermutlich in der Normannenstraße und hat an den gerade frisch gelieferten Tonbändern gefummelt. Neugierig wie er war, rief er danach diesen oder jenen an, um zu erfahren, was beim Mittagessen besprochen worden sei.

Es war eine Art Küchenkabinett. Man konnte dort durchaus Dinge an den Mann bringen, wenn man wollte, man konnte Reklame für sich machen. Honecker erzählte öfter, daß er gerade mit einem ausländischen Politiker zusammengetroffen sei, der sich über die DDR beeindruckt gezeigt habe. In diesem Zusammenhang fiel dann auch schon mal eine Bemerkung, die er im Politbüro in der Regel vermied, wie zum Beispiel: «Habt ihr das gelesen, über den Alkoholbeschluß in der Sowjetunion, jetzt saufen sie schon das Parfum aus. So etwas ist doch Unfug.» Oder er berichtete, daß er den sowjetischen Botschafter von irgendwelchen Dingen, die sich in der DDR abgespielt hatten, informiert habe. Er erwähnte beiläufig, daß Gorbatschow gerade angerufen habe und ihn endlich einmal vorab über eine Abrüstungsinitiative informiert habe. Er gab auch Schwänke aus seiner Jugendzeit zum besten oder wie er sich aus dem Zuchthaus Brandenburg befreit und in der Zeit des Drunter und Drüber in Berlin Unterschlupf bei einer bekannten Familie gefunden hatte. Manchmal unterhielten sich Hager und er auch über die Zeit des antifaschistischen Widerstands.

Mitunter war Inge Lange Gegenstand eines leicht ironischen Geplänkels, wenn sie in irgendeinem Zusammenhang auf die Belange der Frauen verwies. Es verlief relativ temperiert und hatte für Außenstehende nichts Überdrehtes. Jemand, der häufig an diesem Tisch litt, war Joachim Herrmann, weil wieder irgendwelche Unzulänglichkeiten der Medienberichterstattung erwähnt wurden. Da gab es ab und an sehr unzufriedene Bemerkungen. In der letzten «Aktuellen Kamera» oder im «Neuen Deutschland» sei die oder jene protokollarische Veranstaltung nicht richtig wiedergegeben worden. Herrmann hat das stumm, aber mit einer ärgerlichen Aufwallung zur Kenntnis genommen. Eine Debatte mit Honecker darüber hätte zu nichts geführt. Honecker hätte dann nur noch nachgesetzt. Außerdem war Herrmann nicht der Mann dazu, er war eher bestrebt, die Intentionen des Generalsekretärs auszuführen. Aus innerster Überzeugung.

Auch in Wandlitz sind wir uns kaum einmal über den Weg gelaufen. Das hätte ohnehin nur am Wochenende passieren können. Da sind die meisten aber auf ihre Datschen gezogen. Wenn Honecker gelegentlich in Wandlitz herumspazierte und ich kam ihm mit unserem Hund entgegen, dann habe ich mich schon seitwärts in die Büsche geschlagen, damit ihn unser Hund nicht wieder anspringt. Die Vorstellung, daß dort ein Cliquenverhältnis geherrscht haben müsse, ist falsch. Wir sind nach Hause gekommen, haben uns in unsere Häuser begeben und dort unsere rare Freizeit verbracht. Es hat nicht einmal zum Nachbarhaus familiäre Kontakte gegeben. Ich kannte, wie gesagt, bis vor der Wende nur das Haus von Herrmann, der in der Zeit, als ich Chefredakteur war, mein Vorgesetzter war. Hin und wieder war es nötig, das eine oder andere zu besprechen.

Aber es gab doch in Wandlitz nicht mal Zäune zwischen den Häusern, da muß man sich doch irgendwie begegnet sein, wenn man abends den Rasen gemäht hat?

Nein. Wir haben keinen Rasen gemäht in Wandlitz. Das erledigten die angestellten Gärtner. Es hat auch keiner ein Interesse daran gehabt, privat miteinander zu verkehren. Mir reichte, daß man die Woche über in diesem Apparat miteinander zu tun gehabt hatte, ich hatte keine Lust, am Wochenende noch mit Hager, mit Dohlus oder Tisch Kränzchen zu veranstalten. Ich brauche zu bestimmten Zeiten meine Abgeschiedenheit. Das war in Wandlitz günstig. Wir lebten so, wie ein normaler Mensch lebt, gänzlich unkollektivistisch. Honecker sah das nicht ungern.

Er wollte nicht, daß Politbüromitglieder sich zusammentaten und dicke Freundschaften entwickelten. Daraus konnte immer eine Paarung entstehen, die vielleicht eine politische Dimension bekommen hätte. Es gab auch keine Geselligkeitstreffen des Politbüros. Es haben Familientreffen einzelner Politbüromitglieder stattgefunden, wenn Jugendweihe war oder jemand Geburtstag hatte. Dann hat mancher seine Verwandtschaft und seine Freunde nach Wandlitz eingeladen. Dabei war es nicht üblich, daß andere Politbüromitglieder zu den Anwesenden zählten. Wenn Honecker Geburtstag hatte, hat er bestenfalls noch Mittag eingeladen, Herrmann schon nicht mehr.

Mielke hat jedes Jahr im Palasthotel einen Ball veranstaltet. Vor der Veranstaltung rief er mich und alle anderen Politbüromitglieder mehrfach an und bekniete uns, auch ja zu kommen. Er brauchte diesen Ball als Prestigeveranstaltung für seinen Fußballclub FC Dynamo Berlin, zu dessen Ehren er gegeben wurde. Der FC Dynamo Berlin war der Club der Staatssicherheit und der Club der Volkspolizei, also der inneren Ordnungskräfte. Das Fest lief immer nach dem gleichen Schema ab. Man saß an Tischen, es wurde getanzt. Mielke hielt eine dröhnende Rede, in der er seine Fußballmannschaft hochleben ließ. Da ich kein Fußballer bin, stand ich diesem Milieu und der Stimmung dort distanziert gegenüber und langweilte mich. Außerdem rollte ein Kulturprogramm ab, zu dem nicht mehr ganz taufrische Schlagersänger aus dem Westen geholt wurden. Die bekam Mielke etwas billiger. Dazu gab es noch österreichische Schrammelmusik. Aber sonst war da nichts. Wir waren ein langweiliger Verein. Auch Krenz war nicht der Typ für solche Veranstaltungen. Das haben die Alten aber gerochen. Uns hat niemand angeboten, eine Jagd zu nehmen. Ich hätte das auch abgelehnt, weil mir an diesem Killer-Zeitvertreib nichts liegt. Solche Angebote wären denkbar gewesen. Aber die haben sich abgeschirmt. Aus der Dauer der Zugehörigkeit im Politbüro ergab sich eine Schichtung. Einige waren schon zwanzig Jahre und länger in diesem Milieu. Sie haben sich im Laufe der Zeit ihre eigene Welt geschaffen. Zunächst bescheiden, dann wurde hier angebaut und da angebaut, das wurde aufgestockt, da kam ein Grundstück hinzu, dort wurde eine Datsche errichtet. Aber davon sprachen sie nicht. Stoph kommt doch nicht zu mir und erzählt, daß er sich im Naturschutzgebiet angesiedelt hat. Honecker schon gar nicht. Mielke hielt ohnedies alles geheim.

Also war Ihre Tugend der Mangel an Gelegenheit?

Ich habe mich nicht darüber beschwert, daß sie mich nicht in ihre Jagdgefilde eingeführt haben. Es war nur die Feststellung eines Tatbestandes. Ich habe kein Bedürfnis in dieser Richtung gehabt. Aber ich verfügte über eine Datsche an einem See, für die ich 165 Mark im Monat Miete zahlte, die allerdings in keinem Vergleich zu den Häusern anderer Politbüromitglieder stand, von denen ich später aus der Zeitung erfuhr. Eine Menge DDR-Bürger verfügen über eher bessere Datschen. Früher hatte Axen meine Datsche genutzt. Als für ihn ein Haus an der Ostsee gebaut wurde, hat man sie mir überlassen. Ich habe die Datsche dann ohnehin nur zwei- oder dreimal im Jahr aufgesucht. Zu mehr war keine Zeit. Weiter gingen meine Bedürfnisse auch nicht. Ich bin auch kein Jäger. Mir ist, wie gesagt, diese Nimrodleidenschaft fremd, Tiere zu erschießen und sich Leichenteile als Trophäen an die Wand zu nageln.

Haben Sie Wandlitz nachgetrauert, als Sie es im November 89 verlassen mußten?

Das kann ich nicht sagen. Ihre Frage impliziert die Vorstellung, daß dort Traumverhältnisse geherrscht haben. Meine Familie und ich lebten noch ein dreiviertel Jahr, nachdem ich Kandidat des Politbüros wurde, in Berlin. Doch es wurde mir dann nahegelegt, nach Wandlitz zu gehen, vor allem aus Gründen des Personenschutzes. Wir haben also unsere Möbel verkauft und sind in das Haus Nr. 19 gezogen, in dem schon Möbel standen.

Krenz und ich haben dann 1989 den Auszug aus Wandlitz selbst betrieben, weil mit Wandlitz eine Gettosituation verbunden war, selbst wenn sie die Annehmlichkeiten eines goldenen Käfigs bot. Wir hatten ja auch unsere Bekannten und Freunde in Berlin zurückgelassen. Es war halt umständlich, sie nach Wandlitz zu holen. Meine Sorge war nur – angesichts der Wohnungslage –, wo und wann wir in Berlin unterkommen könnten. Vorübergehend wohnten wir in einem Gästehaus der Regierung. Aber das war auch ein unleidiger Zustand. Wir lebten aus Koffern. Ich mußte sehen, wie ich für meine fünfköpfige Familie eine Wohnung in Berlin auftreibe.

Wandlitz war Teil eines Privilegiertensystems. Wir konnten dort in einem Laden Sachen erwerben, die entweder für die Bevölkerung gar nicht erhältlich waren oder nur gegen Westgeld in Intershops. Das war eine korrumpierende Situation. Ich hatte auch immer ein ungutes Gefühl dabei, und der Vorwurf, den ich mir machen muß, ist, daß ich diesem unguten Gefühl nicht nachgegeben und versucht habe, solche Dinge zu ändern. Aber es waren eingefahrene Regelungen, was natürlich keine Rechtfertigung ist, und die Versuchung war groß, dies Unbehagen zu verdrängen. Es war einfach unsauber, was sich dort in Wandlitz angesichts der Versorgungsprobleme in der Republik abgespielt hat. HiFi-Technik, Videorecorder, Parfums, Kleidung, Anzüge, in Farben und Form speziell für betagte Politbüromitglieder wurden dort verkauft. Deos und Seife konnten wir im Verhältnis ungefähr 1:2 erstehen. Es war ein Irrsinn, der dort in Wandlitz betrieben wurde, daß in Westberlin Nahrungsmittel eingekauft wurden, beispielsweise Brot und Käse. In der DDR gab es ein außerordentlich reichhaltiges Käseangebot – zig Sorten Schmelzkäse. Wir hätten das genauso bei uns beziehen können.

Der Zerfall

Auch 1989 wurde in der DDR wieder eine Wahl manipuliert. Es war ein Routinevorgang, in dem die Liste der «Nationalen Front», der Zusammenschluß von SED und Blockparteien, Massenorganisationen und Verbänden, mit 98,85 Prozent das übliche Ergebnis erzielte, wie der Wahlleiter Egon Krenz am Abend des 7. Mai verkündete. Doch die erstarkte Opposition hatte in den Wahllokalen mitgezählt. Sie sprach zum erstenmal öffentlich von Wahlfälschung. Zwar schwieg das Politbüro zu dem Vorwurf, doch Konflikte ließen sich nicht mehr dämpfen. Wie wurde die Fälschung organisiert? Wer war dafür verantwortlich? Vor allem Vertreter der Kirchengruppen suchten Antworten auf diese Fragen.

In den nachfolgenden Demonstrationen an jedem 7. des Monats unterstrichen einzelne couragierte Gruppen ihre Forderung nach Aufklärung der Vorgänge. Aber den ganzen Sommer über war die Teilnahme an einer Demonstration in der DDR immer noch gefährlich: die Sache einer Minderheit. Noch am 7. September wurden 80 Personen und damit über die Hälfte einer Gruppe festgenommen, die gegen die Wahlfälschung protestiert hatte. «Freiheit ist immer die Freiheit des Andersdenkenden» – diese Worte von Rosa Luxemburg, die noch Mitte Januar, zum 70. Jahrestag der Ermordung von Rosa Luxemburg und Karl Liebknecht, das Motto von nur einigen hundert verfolgten Demonstranten in Leipzig und Berlin gewesen waren, wurden im Laufe des Sommers zum systemkritischen Slogan von immer mehr Menschen. Mit der Reiseverordnung, die am 1. Januar 1989 in Kraft getreten war und ein Beschwerderecht gegen die Ablehnung von Ausreiseanträgen für DDR-Bürger vorsah, ließen sie sich nicht mehr abspeisen. Im März demonstrierten in Leipzig erstmals 600 Ausreisewillige.

Nach dem Massaker an chinesischen Studenten auf dem Pekinger Platz des Himmlischen Friedens am 4. Juni verteidigte das SED-Zen-

*tralorgan «Neues Deutschland» das Vorgehen der chinesischen Füh-
rung. Erster Abgesandter der SED im isolierten Peking war, was kaum
beachtet wurde, Hans Modrow. Ihm folgte im Juli Günter Schabowski.
Er traf als erster aus dem SED-Politbüro mit dem neuen KP-Generalse-
kretär Jiang Zemin zusammen. Schabowski hatte von Generalsekretär
Erich Honecker den Auftrag, Hintergründe über die Niederschlagung
der Demokratiebewegung in Erfahrung zu bringen. Rund vier Wochen
später versicherte Politbüromitglied Egon Krenz, der Sekretär für
Sicherheit, Jugend und Sport, KP-Chef Jiang Zemin in Peking, «wer
wie die VR China und die DDR die gleichen gesellschaftlichen Ziele im
Interesse des Volkes» verfolge, stehe auf der «Barrikade der sozialistischen Revolution auch dem gleichen imperialistischen Gegner» gegenüber. Diese Solidaritätsbekundung löste Empörung und später bei der
Opposition die Befürchtung aus, Krenz könne auch für die DDR eine
Pekinger Lösung befürworten.*

*Der Abbau des ungarischen Grenzzaunes, der schon am 2. Mai be-
gann, und die damit verbundene Lockerung des Grenzregimes hatten
im Sommer Folgen, mit denen niemand gerechnet hatte. Am 4. August
wurde in Bonn inoffiziell mitgeteilt, daß sich etwa 150 DDR-Bürger in
der Botschaft der Bundesrepublik Deutschland in Budapest aufhielten,
um ihre Ausreise zu erzwingen. 14 Tage später mußte auch die Botschaft in Prag wegen Überfüllung geschlossen werden. Die ungarische
Führung versuchte die Lage zu entspannen, indem sie 108 Botschafts-
flüchtlinge vom Roten Kreuz über Wien in die Bundesrepublik bringen
ließ.*

*Die Massenflucht begann. Über 3000 DDR-Bürger flüchteten über
die ungarische grüne Grenze. Am 11. September gab Ungarn unerwartet dem Druck nach und öffnete seine Schlagbäume. Alle DDR-Bürger
durften in ein Land ihrer Wahl ausreisen. Die Regierung ließ sich bei
ihrer Entscheidung «von den allgemein anerkannten internationalen
Prinzipien der Menschenrechte» leiten. Innerhalb von drei Tagen verließen 15000 DDR-Bürger ihr Land. Die amtliche Nachrichtenagentur
ADN sprach von «organisiertem Menschenhandel». Zur gleichen Zeit
formierte sich das «Neue Forum», die erste in der ganzen DDR wir-
kende Oppositionsgruppe. In Ost-Berlin meldete sich erstmals die
Bürgerbewegung «Demokratie jetzt» zu Wort. Am 1. Oktober wurde
die landesweite Oppositionsgruppe «Demokratischer Aufbruch» ge-
gründet. Inzwischen hatte das «Neue Forum» beantragt, als öffentliche*

Vereinigung zugelassen zu werden. Das Innenministerium lehnte ab und bezeichnete die Gruppe als «staatsfeindlich». Daraufhin kam es zur ersten Massendemonstration. In Leipzig verlangten rund 8000 Menschen Versammlungs- und Meinungsfreiheit. Das furchtlose Auftreten der Opposition und die ungarische Grenzöffnung hatten das Selbstvertrauen der Menschen gesteigert.

Im Politbüro kam es am 12. September zur ersten Auseinandersetzung über die Massenflucht. Günter Schabowski verlangte erregt eine Erklärung der Führung, in der Probleme offen angesprochen werden. Seine Forderung wurde mit der Begründung abgelehnt, daß Diskussionen grundsätzlicher Natur nur in Anwesenheit des Generalsekretärs zu führen seien. Der Zwischenfall im Politbüro drang nicht an die Öffentlichkeit. Ruhe war die erste Bürgerpflicht im vormundschaftlichen Staat. Honecker hatte zu diesem Zeitpunkt das Krankenhaus nach einer Galleoperation zwar schon verlassen, konnte seine Amtsgeschäfte jedoch erst am 25. September wiederaufnehmen. Egon Krenz war während der Auseinandersetzung im Urlaub.

Vom Balkon der Prager Botschaft verkündete Bundesaußenminister Hans-Dietrich Genscher am 30. September, daß die dort campierenden Flüchtlinge freikommen würden. Nach Verhandlungen mit DDR-Vertretern am Rande der UNO-Vollversammlung in New York erreichte er die Ausreise für die rund 3000 Flüchtlinge. Die DDR-Führung verlangte allerdings, daß die Ausreise per Bahn über die DDR erfolge. Es war die erste wichtige Entscheidung Honeckers nach seiner Genesung. Er ließ den Vorgang als «Ausweisung» bezeichnen. Schon kurz darauf zeigte sich, daß die von der Führung erhoffte Entspannung der Lage zum 40. Jahrestag der DDR nicht eintrat. Obwohl tschechoslowakische Polizeikräfte die Botschaft abzuriegeln versuchten, waren binnen drei Tagen wieder rund 7500 Flüchtlinge auf dem Botschaftsgelände und erwirkten die zweite Massenausreise, die am 4. Oktober begann. Nun war die Bahnstrecke bekannt. Der Flüchtlingszug durch die DDR mußte verriegelt werden, weil Tausende Menschen auf ihn aufspringen wollten. Das führte im Bahnhof von Dresden zu gewalttätigen Auseinandersetzungen, ein Vorgang, über den sich der dortige Bezirkssekretär Hans Modrow später im Politbüro erregt beklagte. Rund 3000 Bürger forderten freie Ausreise. Zum erstenmal seit der Niederschlagung des Arbeiteraufstandes am 17. Juni 1953 kam es in der DDR wieder zu Straßenschlachten.

In Stasimitteilungen wurde darauf hingewiesen, daß diese Wahl von den oppositionellen Gruppen ganz besonders stark kontrolliert werden würde. Sind Sie daraufhin wachsam geworden?

Ich rechnete damit, daß die Unruhe im Land sich im Wahlergebnis widerspiegeln würde. Diesen Trend bestätigten auch die Berichte der Staatssicherheit, aber darauf war ich im Grunde nicht angewiesen. Wir hatten unsere eigenen Informationen im Berliner Parteiapparat. Wir haben uns im Sekretariat wöchentlich vor der Wahl mit dem mutmaßlichen Wählerverhalten befaßt. In den Wohngebieten war eine erhebliche Anzahl von Unmutsäußerungen bekannt geworden. Die Bürger waren unzufrieden mit der Reisepraxis, mit Entscheidungen, die sie nicht durchschauen konnten. Viele taten offen kund, daß sie nicht zur Wahl gehen würden. Das Dilemma unserer Politik wurde immer offenkundiger. Wir merkten, daß die Reisepolitik auf die Dauer so nicht haltbar sein würde. Andererseits sahen wir keine Lösung, denn eine Lockerung der Reisefreiheit hätte die DDR-Wirtschaft in große Schwierigkeiten gebracht. Das war eine Situation, die gegen uns zeugte, und deshalb ist niemand – ich kann hier nur für Berlin sprechen –, der sich in dieser Beziehung kritisch äußerte, in irgendeiner Form gemaßregelt worden. Ich sage das nicht, als ob das ein besonderer Vorzug sei, ich will damit nur ausdrücken, daß wir uns auf diese Tatsache eingestellt hatten. Ich habe meinen Leuten, die an der Wahl beteiligt waren, gesagt, daß wir dieses zu erwartende schlechtere Ergebnis auf uns nehmen müßten, das sei auch gut so: Es zwinge uns zu mehr Realismus. Natürlich stellten diese Wahlen keinen tatsächlichen Reflex der Wählermeinung dar, da man faktisch keine andere Möglichkeit hatte, als sich für die Einheitsliste zu entscheiden. Die Bevölkerung hat das keineswegs nur mit Gleichmut ertragen, sondern es wurde auch Druck auf die Menschen ausgeübt. Wer Wahlkabinen benutzte, die der Form halber aufgestellt waren, machte sich verdächtig, weil er nicht offen für den Sozialismus stimmte. In manchen Ortschaften wurden die Bürger angehalten, geschlossen und früh zur Wahl zu gehen.

Waren das in Ihrem damaligen Bewußtsein freie Wahlen?

Gewiß nicht, aber die Bewertung dieser Art von Wahlen hängt zusammen mit dem Selbstverständnis des Systems. Gegen die freie

Wahl, wie sie für die bürgerliche Demokratie üblich ist, war ja bewußt ein anderes System gesetzt worden. Man fand viele Argumente für dieses System. Die freie Wahl im anderen System sei im Grunde nur pseudofrei. Man biete zwar unterschiedliche Gerichte an, aber wenn man sie genauer betrachte, bestünden sie alle aus denselben Ingredienzien und seien nur unterschiedlich garniert. Zum Schluß käme dabei eine Bestätigung der herrschenden bourgeoisen Ordnung heraus. Mit dieser Art von Pseudovielfalt machen wir Schluß: Der Sozialismus braucht die Kraft aller, wir brauchen keine Opposition, denn es kann niemand gegen den Sozialismus sein, weil der Sozialismus im Interesse aller ist. So ist das über Jahrzehnte als gesellschaftliches Muster geprägt worden, und die große Mehrheit der Menschen hat das hingenommen. Nur eine ganz kleine Gruppe von Menschen protestierte dagegen und widersetzte sich.

Im Politbüro ist darüber vor den '89-Wahlen nicht groß diskutiert, sondern immer nur das Übliche besprochen worden: Sind alle bereit, klappt alles, sind die Wahlkommissionen bestätigt usw. Man kann sicher sein, daß auch Honecker über die Stimmungslage informiert worden war, aber ich glaube nicht, daß ihn das sonderlich beunruhigt hat. Er war davon überzeugt, daß die Leute sich bei der Wahl so verhalten werden, wie sie es immer getan haben. Wenn die Ergebnisse sich ein bißchen verschieben würden, war das auch nicht dramatisch.

Vierzehn Tage vor der Wahl hat im Zentralkomitee eine Beratung bei Horst Dohlus, dem für die Parteiorganisation zuständigen Sekretär, stattgefunden. Er sprach mit den zweiten Bezirkssekretären über die Lage. Ich hatte mich mit meinem Stellvertreter Müller darüber verständigt, daß er dort deutlich machen sollte, daß mit diesen absurden Superergebnissen wie 99 Prozent nicht zu rechnen sei. Wir hatten uns zuvor aus den einzelnen Stadtteilen Zahlen kommen lassen, wie viele Leute sich bei der Wahl ungeniert gegen das System stellen wollten. Es waren deutlich mehr als früher – durchaus 5 bis 7 Prozent –, aber damals für uns noch keine beunruhigenden Zahlen. Aus unserer Sicht schien die Stimmung nicht so zu sein, daß man fürchten mußte, alle Leute würden die Wahl benutzen, um der SED zu bescheinigen, daß sie sie nicht mögen. Andere Bezirkssekretäre schlossen sich unserer Ansicht an, darunter der Vertreter aus Karl-Marx-Stadt. Aber es gab auch Sekretäre aus den südlicheren Bezirken, die nicht so reagierten, sondern betonten, daß bei ihnen alles in Ordnung sei.

In einer Beratung mit den Kreissekretären aus den Berliner Stadtbezirken wies ich mit Nachdruck darauf hin, daß alles zu unterbleiben habe, was dem ordnungsgemäßen Verlauf der Wahl und der Auszählung zuwiderläuft. Bei der öffentlichen Auszählung der Stimmen in den Wahllokalen sollte streng nach dem Wahlgesetz vorgegangen werden. Nicht so, daß ein durchgestrichener Zettel noch als Ja-Stimme gilt, nur weil der Strich etwas lässig gezogen ist. Diesen Quatsch sollte man unterlassen.

Ohne meine Kenntnis spielte sich dann aber folgendes ab: Ein Stellvertreter des Oberbürgermeisters – letzterer war Leiter der Wahlkommission – war in alle Stadtbezirke gefahren und hatte mit den dortigen Bürgermeistern besprochen, wie das Wahlergebnis aussehen sollte. Schon vor der Wahl. Das ist erst im Zusammenhang mit Ermittlungen der Kriminalpolizei herausgekommen. Bei dieser Untersuchung hatte man mich und andere vernommen, weil man davon ausging, daß Schabowski in Berlin eine solche Manipulation befohlen hatte. In Wahrheit sind die Beteiligten nach bewährtem Muster verfahren.

Wir im Politbüro waren ziemlich erstaunt über die Ergebnisse. Ich hatte geglaubt, wenn überhaupt manipuliert würde, dann in den Wahllokalen. In diese Richtung hatten meine Warnungen vor dem Wahltag gezielt. Tatsächlich aber wurde beim nächsthöheren Relais der Auszählung im Stadtbezirk manipuliert. Wenn dort beim Addieren nicht die Ergebnisse herauskamen, die vorher abgesprochen worden waren, dann veränderte der Wahlleiter des Bezirks, nach den Absprachen, die Ergebnisse. Dabei waren die Wahlergebnisse ohnedies beschämend gut. Es war eine absurde Manipulation von Bruchteilen von Prozenten, der Gipfel eines politischen Formalismus und einer im Grunde absolut zynischen Haltung, einer brutalen Verletzung der Wählersouveränität. Danach hat es Klagen gegeben von Vertretern der Opposition, die in den Wahllokalen mitgezählt und die Ergebnisse dann mit den offiziellen Zahlen verglichen hatten. Für die stellte sich zu Recht die Frage: Warum diese miese Fälschung? Die Vorgänge sind dann an die Staatsanwaltschaft gegangen, meines Wissens ist aber niemals darauf reagiert worden. Erst nach der Wende wurde den Klagen ernsthaft nach gegangen.

Nun gibt es aber eine Aussage des damaligen Oberbürgermeisters von Berlin, Krack, der Ihnen vorwirft, Sie hätten ihn am Wahlabend angerufen. Dabei haben Sie ihn angeblich angewiesen, das Ergebnis in Ihrer Stadt um 0,25 Prozent anzuheben.

Daran ist nichts. Ich kann mich doch nicht vor die Kreissekretäre stellen und erzählen, daß wir jegliche Glaubwürdigkeit verlieren, wenn wir die zu erwartenden schlechteren Ergebnisse nicht als solche stehenlassen und dann hinterher, nach Abschluß der Wahl, Weisung geben, das vorliegende Wahlergebnis um ein viertel Prozent anzuheben. Selbst wenn eine perverse Wettbewerbsvorstellung bei mir obwaltet hätte, hätte ich nicht gewußt, in Vergleich zu welchem anderen Bereich ich die Berliner Zahlen hätte anheben lassen sollen. Ich muß sagen, daß viele, die in diese Vorgänge verwickelt waren, in eine persönliche Katastrophe gestürzt wurden. Das ist der Vorwurf, den sich die Partei insgesamt machen muß. Diejenigen, die das Ergebnis verfälscht haben, waren keine Kriminellen, sondern Menschen, die die Durchsetzung dieser Politik, ob sie nun falsch war oder nicht, als ihre Lebensaufgabe ansahen und sich dafür einsetzten. Keiner, der an den Ergebnissen manipuliert hat, hatte dadurch einen persönlichen Vorteil, sondern sie haben es aus Gewohnheit und Disziplin und in dem Glauben getan, es sei von oben gewollt und abgesegnet. Es ist tragisch, daß diese Menschen nun in eine solche Lage gekommen sind, denn obwohl Honecker, Krenz und auch Krack die Verantwortung für die Wahlfälschung übernommen haben, sind diejenigen, die die Fälschung konkret begangen haben, keineswegs juristisch entlastet. Die Untersuchungen gehen weiter. Erste Urteile sind gefällt worden.

Ich weiß nicht, wie Krack zu der Behauptung, ich hätte die Wahlergebnisse manipulieren lassen, kommt. Wir hatten ein sachliches und achtungsvolles Verhältnis. Ich kann nur mutmaßen, daß hier jemand, so wie andere auch, unter einem unerhörten moralischen Druck stand und deshalb, nicht einmal vorsätzlich, nach Entlastungen gesucht hat. Seit Beginn der Ermittlungen sind alle von der Annahme ausgegangen, daß es einen zentralen Befehl gegeben haben müsse. Und die Vertreter der Staatsanwaltschaft haben mir bei meiner Befragung indirekt zu verstehen gegeben, daß das in Berlin ja nur eine Weisung von Schabowski hätte gewesen sein können. Die Ermittlungen haben das nicht bestätigt. Die Dinge haben sich so abgespielt, wie ich es gesagt habe.

Bei den Wahlen hat die Opposition gezeigt, daß sie sich nicht mehr verstecken wollte. Ist Ihnen inzwischen die Opposition deutlicher ins Bewußtsein gerückt? Es gab ja entsprechende Staatssicherheitsberichte darüber.

Die Befassung mit diesen Gruppen war nicht Gegenstand unserer Arbeit im Berliner Bezirk. Wir agierten in Berlin, so muß ich es rückschauend charakterisieren, wie eine Wirtschaftspartei. Unsere Hauptsorge war, die Parteiorganisationen in den Betrieben so zu mobilisieren, daß die angespannte Plansituation bewältigt wird. Wir haben uns in jeder Sekretariatssitzung zuerst mit dem Plan beschäftigt. Am Beginn jeder Tagesordnung standen Fragen nach der Planerfüllung und nach dem Stand der Versorgung mit Grundnahrungsmitteln und Konsumgütern. Die Befassung mit den Oppositionsgruppen war ausschließlich Sache der Sicherheitsorgane. Wir wußten natürlich, daß sie existierten. Aber im Verständnis der Parteimitglieder und der Parteioberen waren das periphere politische Gruppierungen, die zwar Wirkung in der Bevölkerung hatten, aber aus unserer Sicht nicht bestimmend waren. Sie ärgerten uns, aber sie wurden nicht als existentielle Bedrohung empfunden.

Ich würde eher von Warnlampen reden, die bei mir häufiger angingen, als ich zu begreifen begann, daß diese sogenannten «Randgruppen» in der Tat nur «Randgruppen» sind, weil wir sie so benennen, und daß unsere Unfähigkeit, ihnen den Gegenstand ihrer Existenz zu nehmen, gerade ausdrückte, daß sie viel mehr sind als nur «Randgruppen». Mir wurde klar, daß sich an diesen Oppositionsgruppen seismographisch die unterschwellige Stimmung in der Bevölkerung ablesen ließ. Die Stimmung der Bevölkerung findet ihren Ausdruck in denen, die die Courage zur politischen Aktivität haben. Insofern hat uns die Wahl ein wenig aufgerüttelt. Wir mußten plötzlich doch mit den Oppositionsgruppen rechnen.

Das war für mich jedoch noch immer kein Anlaß zu sagen, die Gruppen sind ein solcher Faktor, daß ich als oberster Berliner Parteifunktionär auf sie zugehen muß. Das hätte ich nur illegal machen können. Habe ich aber nicht getan. Die politischen Gruppen waren zu diesem Zeitpunkt für die meisten Parteimitglieder und auch für mich, dem die Gedanken der Perestroika im Kopf herumsprangen, der von der Notwendigkeit der Veränderungen in der DDR überzeugt war, kein Faktor, der in den politischen Wandel mit einbezogen werden müßte. Sie wurden nicht als Hefe für die notwendige Umwandlung in der DDR begriffen. Im Gegenteil, die Veränderung sollte stattfinden, damit solche Äußerungen des Protestes nicht mehr notwendig wären. Einer unserer Fehler, die wir die personelle Änderung in der Führung der SED durchgedrückt haben, bestand in der Illusion, nur aus der SED heraus könnten wir der Entwicklung in einem konstruktivem Sinne wieder Herr werden. Uns war nicht klar, daß die Veränderung nur noch unter Einbeziehung dieser politischen Gruppen gemacht werden konnte, die die neue demokratische Kultur darstellten.

Ich selbst mußte mich in Berlin ständig mit der Frage beschäftigen, wie ich die ökonomische Situation in den Griff bekomme. Erst allmählich begriff ich, daß Wirtschaft nicht eine Sache ist, die sich durch besondere Agilität oder besondere Zuwendung zu den Arbeitern in den Betrieben bewältigen ließ. Ich stieß bei der Lösung der Probleme immer schneller an irgendwelche Grenzen. Mir wurde von Mal zu Mal stärker bewußt, daß alles, was ich an Lösungen herbeiführte, auf Kosten ungelöster Probleme an anderer Stelle ging, bei jenen, die keinen so langen Arm hatten wie ich. Die Unfähigkeit, die Ökonomie in den Griff zu kriegen, was die Leute natürlich verärgerte, war für mich ein Antriebsfaktor erster Ordnung. Der zweite Punkt war die Reiseregelung. Ich bekam jeden Tag in der Bezirksleitung eine beträchtliche Anzahl von Zuschriften. Im Laufe des Jahres 1989 nahm die Zahl der Zuschriften zu, in denen ich gebeten wurde, jemandem eine Reise zu Verwandten in die BRD zu ermöglichen. Damit hatte ich eigentlich nichts zu tun. Es gab dafür die entsprechenden administrativen Stellen im Innenministerium oder sonstwo. Aber das hat die Leute wenig gekümmert. Die Partei hat den Mund immer so voll genommen und sich für alles zuständig erklärt, daß sich die Leute gesagt haben, ich wende mich gleich an den Schabowski, der ist ja der Bestimmende in Berlin. Jedenfalls nahmen die Briefe zu. Ich versuchte herauszufinden, nach welchen Kriterien solche Ausreisen genehmigt wurden, und ich fand das nicht heraus. Als ich mit meinem Mitarbeiter darüber sprach, meinte der, es gäbe keine festen Kriterien. Herrn Lehmann wird gestattet, zum 91. Geburtstag seines Großonkels zu fahren, Herrn Schulze, der drei Tage später beantragt hat, zum 95. Geburtstag seines Großvaters zu fahren, wird das nicht gestattet. Und ich fragte dann, woran liegt denn das? Ja, weil wir uns auf keine einheitliche

Regelung eingelassen haben und weil es im Entscheidungsbereich der örtlichen Organe liegt, mit den Genehmigungen zwar relativ großzügig zu verfahren, bestimmte Limits aber nicht zu überschreiten – obwohl eine Kreisinspektion in Suhl wohl kaum wissen konnte, ob wir in Berlin unser Limit schon erreicht hatten. Da war ein solches Moment der Willkür im Spiel, daß trotz der zunehmenden Zahl von genehmigten Besuchen die Leute sich verarscht fühlten. Es entstand eine klassische kafkaeske Situation. Eine Macht, über deren Beweggründe sich nichts feststellen ließ, beschied, ob du reisen darfst oder nicht. Damit war ein ganz elementares, souveränes Recht der Menschen berührt und verletzt. Ich war der festen Überzeugung, das müsse geändert werden. Ich habe meinen Mitarbeitern gesagt, seht zu, daß ihr mit meiner Empfehlung und auf meine Verantwortung mit den Bürgereingaben durchkommt. Die Instanzen haben versucht sich abzusichern. Wenn es hieß, das hat der Schabowski uns förderlich zugeleitet, haben die gesagt, bitte, dann kann er fahren. Und das sprach sich in Berlin natürlich herum.

Aber im Politbüro haben Sie diese Frage nicht zur Sprache gebracht?

Im Politbüro spielte diese Frage..., nein habe ich nicht. Ich habe «unter der Hand» gearbeitet. Im Politbüro spielte das insofern keine Rolle, als man sich immer wieder darauf berief, daß die Zahl der Reisenden ja zunehme. Wir wollten uns von niemandem vorschreiben lassen, auch nicht durch die Beschlüsse von Helsinki und danach, welche Maßstäbe die DDR an die Reisefrage anzulegen habe. Man hielt diesen vagen Zustand für besser. Ich hielt es für einen absolut dummen Schwebezustand, zumal die Briefe, die von uns in Berlin weitergeleitet wurden, dann praktisch anstandslos genehmigt wurden. Das war die Situation, in der ich anfing, mich mit mir selber stärker auseinanderzusetzen, ohne zu wissen, wie jener oder dieser im Politbüro dazu stand.

Sie besuchten nach dem Massaker am «Platz des Himmlischen Friedens» die Volksrepublik China. Dort mußten Sie doch sicherlich die offizielle Linie vertreten, die hieß: Solidarität mit den chinesischen Kommunisten. Oder hatten Sie zu dieser Frage auch eine eigene Meinung?

Im Politbüro herrschte zu diesem Zeitpunkt noch Skepsis und Unklarheit über die Vorgänge. Wir kannten eigentlich nur die westlichen Informationen, die von einem fürchterlichen Massaker berichteten. Wir haben dann versucht, anhand der Bilddokumente die Situation zu verifizieren. Aber wir hatten in der DDR keine Daten, die das Ausmaß des Massakers belegten. Auch die Journalisten haben ja eigentlich nur secondhand berichtet, weil sie ihre Häuser nicht verlassen durften oder wollten. Es soll Leute gegeben haben, die von den Dächern aus etwas gesehen haben. Uns stand keine andere authentische Quelle zur Verfügung als das, was wir auf Bildern sahen. Und die waren, zum Glück für die Chinesen, wenig aufschlußreich. Die Aussagen der Studentenführer waren mir nicht objektiv genug. Als ich dann zu einer länger geplanten Reise nach China fuhr, hat Honecker mir extra aufgetragen: «Versuch herauszukriegen, was sich wirklich abgespielt hat.»

Ich bin dann mit einem Gefühl großer Neugier nach China gefahren. Für mich war dieses Land noch immer so etwas wie eine zumindest in ökonomischer Hinsicht bessere DDR. So wie die Sowjetunion unter Gorbatschow in politischer Hinsicht eine bessere DDR war. Ich hatte ein positives Vorurteil gegenüber China und seiner Führung. Außerdem hatte ich ein sentimentales Verhältnis zu diesem Land, in dem ich schon einmal vor 30 Jahren gewesen war. Mir wäre es lieber gewesen, ich hätte mit der gesicherten Kenntnis nach Hause fahren können, daß es sich nicht so abgespielt hatte, wie die Weltpresse schrieb. Ich war nicht bereit, den Berichten Glauben zu schenken.

Als ich dort ankam, konnte ich leider nicht mehr mit Zhao Ziyang, dem alten Generalsekretär, sprechen, den ich im Vorjahr kennengelernt hatte und der schon abgesetzt worden war. Er hat, wie berichtet wurde, mit Tränen in den Augen die Studenten angefleht, den Platz zu verlassen, weil er das kommende Unglück wohl ahnte. Jiang Zemin, der neue Parteichef der KP, meinte mir gegenüber, daß der Verrat oder die Treulosigkeit von Zhao darin bestanden habe, daß er in einem Interview gesagt habe, alles, was in diesem Land passiere, unterliege nicht der Kompetenz des Generalsekretärs, sondern in diesem Land habe einer die höchste Autorität, und das sei Deng Xiaoping. Oder schlichter und brutaler ausgesprochen: bei allem, was jetzt passiert, muß ich, Zhao, meine Hände in Unschuld waschen, das ist Sache von Deng. Das wurde von der anderen politischen Gruppierung als die Wasserscheide betrachtet. Damit hatte Zhao alle Verantwortung von sich abgewälzt und den Studenten zu verstehen gegeben, daß er keinen Einfluß mehr auf den Gang der Ereignisse habe. Es war dann ausgerechnet Henry Kissinger, der daran die Bemerkung geknüpft hat, Deng sei nach diesem Desavouierungsversuch in der Tat nichts anderes mehr übriggeblieben, als den Mann fallenzulassen.

Jiang Zemin hat mir die Vorgänge so dargestellt, daß es nicht zu Massakern gekommen sei, sondern daß der Platz durch militärischen Druck geräumt worden sei. Ein reihenweises Abschlachten habe dabei nicht stattgefunden. Allerdings habe es in den angrenzenden Straßen Auseinandersetzungen gegeben, bei denen rund 400 Menschen umgekommen seien, Soldaten und Studenten. Das war das offizielle Eingeständnis dessen, was passiert war. Dazu waren mir die Bilder von diesem gelynchten Soldaten im Kopf.

Was mir an Jiang Zemins Bemerkungen zu dem Massaker aber doch auffiel, war die Tatsache, daß es ihm unangenehm war, darüber zu sprechen. Es war kein Ton von Triumph oder Rechtfertigung im Spiel. Ich hoffe, daß ich nicht zuviel hineininterpretiere, aber ich glaube, es war bei ihm ein Schuldgefühl vorhanden, zumindest ein Unbehagen über das, was vorgefallen war. Er hat die Studenten verbal nicht diskriminiert. Es waren eher Bemerkungen, die darauf hinausliefen, die jungen Leute wüßten nicht, was eine Revolution bedeute. Das sei auch eine Frage der Erziehung. Er sprach nicht etwa von Konterrevolution, Fernsteuerung oder ähnlichem. Sein Unbehagen war so groß, daß ich trotz meines Auftrages, ihm die Verbundenheit der DDR zu überbringen, darauf verzichtete. Ich hatte ihm eigentlich ausrichten sollen, daß die Volkskammer ihre Solidarität bekundet habe, und als besonderer Gag war mir noch aufgetragen worden, ihm mitzuteilen, daß wir die DKP zur Ordnung gerufen hätten, die sich ohne Auftrag und Not gleich von den Chinesen distanziert hätte. Aber die Stimmung war so, daß ich solche Bemerkungen unterließ. Ich merkte, daß ihm solche Kommentare nicht angenehm gewesen wären. Er war betroffen über die wütenden Verurteilungen, die ihnen aus einer Welt entgegenschlugen, von der sie jahrelang als die besseren Kommunisten gehätschelt worden waren. Wenn ich in dieser Situation etwas gesagt hätte, wäre das so gewesen, als ob man von falschen Freunden zu schnell Solidarität bekundet bekommt. Summa summarum, ich bin aus China nicht viel klüger zurückgekommen, was das Geschehen auf dem Platz des Himmlischen Friedens anbelangt. Dazu war ich auch zu sehr auf offizielle Kontakte beschränkt. Aber ich muß gestehen, da wir die chinesische Führung, das «kommunistische Hätschelkind» des Westens, aufgrund ihrer ökonomischen Politik der Öffnung eigentlich für relativ flexibel und einer derartigen Brutalität nicht für fähig hielten. Fang Lizhi, der intellektuelle Motor des Aufbegehrens, war in die amerikanische Botschaft geflüchtet und hatte nicht nur eine Reihe von ketzerischen Bemerkungen über die Partei gemacht, sondern auch gesagt, er sei in Westberlin gewesen und dann in Ostberlin, und da sei alles schlecht, das zeige doch nur, wohin der Sozialismus führe. Eine solche Bemerkung verstärkte den Eindruck, daß das, was sich auf dieser Plattform organisierte, nicht nur gegen China, sondern auch gegen die DDR gerichtet sei. Aber dennoch: Mit Krenz, der etwa drei Monate später Peking besuchte, war ich mir einig, daß eine Lehre aus dem Pekinger Drama nur sein konnte, niemals mit militärischer Gewalt gegen demonstrierende Bürger vorzugehen.

Als Sie aus China zurückkamen, machte sich die Grenzöffnung Ungarns verstärkt bemerkbar. Wie haben Sie auf die Tatsache reagiert, daß sich täglich mehrere hundert DDR-Bürger abgesetzt haben?

Das war für mich eine quälende Situation. Ich hörte fast jeden Morgen von sechs Uhr an die Nachrichten des Deutschlandfunks, daß wieder 459 oder 526 Menschen, also nach Ihren Vorstellungen ein solider Mittelstandsbetrieb, der DDR den Rücken gekehrt hatten. In einer für uns zutiefst beschämenden Weise kam zum Ausdruck, daß, allen Bemühungen um Pseudostabilität der DDR zum Trotz, wir nicht soviel Anziehungskraft entwickeln konnten, daß die Menschen in dem Land blieben, wo sie Arbeit haben und leben. Im Gegenteil, die Menschen kehrten sich ab von der DDR unter für sie sehr ungünstigen Umständen: obwohl sie in der BRD nicht unbedingt soziale Sicherheit erwarten konnten und obwohl sie alles zurücklassen mußten. Es war eine Situation, der wir hilflos gegenüberstanden. Für mich stand zu jener Zeit nicht die Preisgabe der DDR oder des Systems zur Debatte. Das ließ uns so zögern, abgesehen von der Tatsache, daß wir uns bis dahin schon jede Möglichkeit verbaut hatten. Ich erinnere nur an die Abläufe der Politbürositzungen, an die individuelle Isoliertheit der Mitglieder, den Mangel jeder offenen Diskussion, in der man sich den Ärger einmal – Hemd auf, Brust frei – ungeniert hätte von der Leber reden können. Wenn wenigstens einer dagewesen wäre, mit dem ich hätte sprechen können. Der erste Ausbruch kam erst in dieser Politbüroberatung im September, als die Sprachlosigkeit schon so quälend wurde, daß selbst ein Mann wie Krolikowski das empfand, der nun nicht unbedingt als einer derjenigen galt, denen Gorbatschowsche Vorstellungen vorschwebten.

Selbstverständlich ist unterschwellig eine gewisse Bedrücktheit vorhanden gewesen. Man grüßte sich ernst, es wurden keine scherzhaften Bemerkungen mehr gemacht, man schüttelte den Kopf, einer fragte ganz kurz den anderen: «Mensch, was sagst du denn bloß dazu?» Dann wurde aber sofort von diesem oder jenem, wenn auch nicht von jedem, gemeint: «Da haben uns die Ungarn etwas eingebrockt.» Damit war die Sache erledigt.

Die, die etwas hätten sagen müssen, Krenz, ich oder ein anderer Bezirkssekretär wie Lorenz, haben den Mund nicht aufgekriegt. Wir unterschieden uns von den anderen nur dadurch, daß wir eher schwiegen, nicht wie Mittag und andere Öl aufs Feuer gossen.

Unser Denken war immer noch von dem Bestreben diktiert, nicht etwa die Sache insgesamt zu verwerfen, sondern nach einem konstruktiven Ausweg zu suchen. Erst in der Politbüro-Sitzung Anfang September zeigten sich die unterschiedlichen Haltungen der einzelnen Mitglieder zu diesem Problem. Honecker war zu diesem Zeitpunkt außer Gefecht. Er lag im Krankenhaus und wurde an der Galle operiert. Die Sitzung wurde von Mittag geleitet. Krenz war in dieser Debatte, in der sich zum erstenmal die Spreu vom Weizen trennte, nicht dabei, er war im Urlaub.

Krenz war zuvor an Honecker herangetreten und hatte angeboten, seinen Urlaub zu verschieben, weil die Situation so brenzlig sei. Was ansonsten völlig normal gewesen wäre, daß nämlich Krenz die Geschäfte leitet, war diesmal von Honecker anders verfügt worden. Honecker hat sicherlich nicht mit einer solchen politischen Zuspitzung gerechnet, aber Krenz schien ihm doch nicht entschieden genug, falls rabiate Entscheidungen zu treffen wären. Zwar wurde normalerweise auch bei Abwesenheit Honeckers alles mit ihm abgestimmt. In dieser Situation allerdings wäre sein Vertreter erstmals in die Lage gekommen, Entscheidungen ohne den nicht aktionsfähigen Generalsekretär treffen zu können. Daß Honecker Mittag wollte, zeigte, daß er sich der angespannten Lage bewußt war und die Zügel in der Hand behalten wollte. Auf der Sitzung äußerte sich Werner Krolikowski, ZK-Sekretär für Landwirtschaft, als erster besorgt darüber, daß das Politbüro zu den Vorgängen in Ungarn schwieg. Eine völlig richtige Feststellung. Er sei dafür, daß man sich nun endlich an das Volk wende und eine Erklärung abgebe.

Krolikowski war kein sehr analytischer Kopf, eher bekannt dafür, sich in allgemeinen Redewendungen, und zwar nicht sehr sachbezogen, zu ergehen. Der machte nun in dieser Sitzung die Klappe auf und verwies zumindest auf den Sekundärumstand, daß überhaupt mal irgend etwas gesagt werden müsse. Er sagte nicht – und er war auch nicht der Mann, der das hätte sagen können –, was diese Erklärung enthalten sollte. So wie man ihn kannte, war zu vermuten, daß er irgendwie allgemeine Platitüden loswerden wollte, um die Menschen auf unseren mürben Sozialismus neu einzuschwören und irgendwelche dunklen Mächte für die ganze Misere verantwortlich zu machen.

Die Tatsache, daß er überhaupt nicht auf die konkreten Sachprobleme einging, brachte mich auf. Ich wandte mich gegen ihn, aber damit eigentlich gegen den Zustand, der herrschte und an dem wir alle Schuld waren, ich eingeschlossen. Empört warf ich ein: Eine Erklärung schön und gut, Sprachlosigkeit überwinden: absolut richtig, aber wenn wir uns nicht vorher hier in diesem Kreis darüber einig werden, was in dieser Erklärung zu verbreiten sei, damit auch wirklich die Probleme angegangen werden, die die Menschen als unbewältigte Probleme sehen und die sie dazu bringen, die DDR zu verlassen, brauchten wir hier nicht weiter zu diskutieren. Dann zählte ich die Probleme auf. Die Reisesituation, die Unmöglichkeit der Menschen zu erkennen, warum wem in dieser Frage Beschränkungen auferlegt würden. Wenn man so will, war das die verspätete Reaktion auf mein Unbehagen, das ich seit Wochen und Monaten mit mir herumtrug. Ich bin laut und heftig geworden, habe dann gesagt: «Wir müssen uns offen darüber aussprechen, wie wir die ökonomische Situation bewältigen wollen. Die Volkswirtschaft ist weithin gekennzeichnet von Disproportionen. Auch wenn wir versuchen, eine konkrete betriebliche Situation aufzuspulen, um Unzulänglichkeiten oder Schwierigkeiten zu überwinden, stoßen wir sofort auf Dinge, die jenseits der Betriebsmauern, im Gefüge der Volkswirtschaft liegen. Alles ist viel zu büro-kratisch, zu umständlich, zu langwierig, zu schwierig. Auch sind die Planziele zu hoch gesetzt, ohne daß gleich mit den Planzielen die technologisch-materiellen Voraussetzungen dafür geschaffen wurden.» Alles das waren Fragen, die immer nur bruchstückhaft in den Berichten der Bezirkssekretäre eine Rolle spielten. Es lief in die Richtung, den Produzenten mehr Kompetenzen einzuräumen.

Mittag hat sich das angehört, blieb aber ziemlich stumm, obwohl das Fragen waren, die an seine Adresse gingen. Ich habe noch einen dritten Punkt angeschnitten, die Versorgungsfrage, weil Mittag zu diesem Zeitpunkt schon das absurde Prinzip verkündet hatte, die Versorgungsfragen seien von den örtlichen Leitungen zu lösen, besonders in den Kreisen. «Wir müssen uns reinen Wein einschenken über die Schwierigkeiten, mit denen wir zu tun haben.» Ich wurde so heftig, daß ich empörte Reaktionen von Krolikowski und Sindermann provozierte. Mittag hat uns dann im Ton zu mäßigen versucht, aber die einmal entfachte Erregung übertrug sich auch auf einige andere. Nach mir sprach Siegfried Lorenz, der erste Sekretär von Karl-Marx-Stadt. Nicht ganz so emphatisch wie ich, doch mit aller Deutlichkeit vertrat er eine ähnliche Position, andere Bezirkssekretäre schlossen sich an. Ich glaube, Hans-Joachim Böhme aus Halle sprach ähnlich, und auch Werner Walde aus Cottbus. Zum erstenmal wurde deutlich, wes Geistes Kind der einzelne war. Wir kannten uns vorher kaum. Wir wußten nichts voneinander, bis auf den Umstand, daß wir alle unsere Probleme hatten und in den Monatsberichten an den Generalsekretär darauf sahen, ob der einzelne nur Phrasen drosch oder auch den Mut hatte, unerwünschte Probleme zu benennen.

Eine hypothetische Frage: Wären Sie auch so laut geworden in der Politbürositzung, wenn Honecker die Sitzung geleitet hätte, der für Sie eine große Autorität darstellte?

Ich weiß es nicht. Ich kann nicht beurteilen, ob nur die Abwesenheit von Honecker Krolikowski diese Frage aufwerfen ließ. Von der Sachlage her arbeitete wohl in den meisten dieses Bedürfnis. Das galt selbst für Leute wie Kessler oder Hager, auch sie empfanden in dieser Situation ein großes Unbehagen, befleckte es doch die Sache, der sie ihr Leben gewidmet hatten. Das konnte an keinem spurlos vorübergehen. Aber in Anwesenheit von Honecker hätte ich die Fragen an

Krolikowski und zur Sache auf jeden Fall – nun sagen wir mal – beherrschter aufgeworfen. Es wäre jedoch möglich gewesen, daß Honecker sie selbst so gestellt hätte, daß er gefragt hätte, Leute was meint ihr denn, sollen wir eine Erklärung abgeben. Daß die Debatte gedämpfter verlaufen wäre, glaube ich, weil wir unter der Fuchtel Honeckers standen, die ein Stück weit unsere eigene Erfindung war.

Die Debatte wurde schließlich abrupt beendet durch einen Vorschlag von Hager. Er meinte, die Aussprache – und das kann man dann schon als Charakterisierung für diese Sitzung nehmen – sei von sehr grundsätzlicher Natur, deshalb schlage er vor abzubrechen und zu vertagen, bis Honecker, der Vorsitzende, wieder am Tisch sitze. Für einen Augenblick habe ich diese Entscheidung als eine gewisse Entspannung empfunden, aber dann wurde mir klar, daß der Konflikt nicht ausgetragen, sondern wieder vertagt wurde. Wenn man rückblickend die Fehler und Schwächen derjenigen betrachtet, die die personelle Veränderung in der SED durchgesetzt haben, dann zählte diese Vertagung zu den wesentlichen Ursachen dafür, daß wir scheitern mußten. Weil schon zu diesem – ohnehin sehr späten – Zeitpunkt die Chance, noch einmal Kontakt zur Bevölkerung zu bekommen, vertan wurde. Wir haben die Auseinandersetzung vor uns hergeschoben. Ich sage heute sogar, was natürlich alles nur theoretische Erwägungen sind, wir hätten die Auseinandersetzung weitertreiben müssen. Es wäre gut gewesen, wenn sie dazu geführt hätte, daß Honecker nicht mehr auf den Sitz des Generalsekretärs zurückgekehrt wäre. Honecker zu stürzen, schien uns zu der Zeit aber noch ganz aussichtslos.

Am Tag dieser Sitzung standen folgende Schlagzeilen im Parteiblatt «Neues Deutschland»: «Provokation gegen die DDR stabsmäßig organisiert.» «Eiskaltes Geschäft gegen DDR-Bürger.» «Silberlinge für Ungarn.» Wurde diese Linie im Politbüro abgestimmt?

Nein, so etwas wurde in dieser Zeit mit Sicherheit nur zwischen Mittag und Herrmann abgesprochen. Ich glaube, Honecker stand zu diesem Zeitpunkt noch absolut unter den Auswirkungen der Operation. Schon, als er sich etwas regen konnte, besprach sich Mittag wieder mit ihm. Das waren bereits die groben Versuche, die harte Linie zu artikulieren, und gleichzeitig eine Drohgebärde gegen jene, die meinten, daß sie etwas anderes durchsetzen könnten.

Andererseits muß ich eingestehen: Wir haben uns nach dem einmaligen Vorpreschen wieder zurückgezogen. Wir waren wieder diszipliniert und haben nicht verhindert, daß die scharfmacherischen Töne weiter angeschlagen wurden. Sie waren besonders niederträchtig, weil sie die Volksstimmung in keiner Weise berücksichtigten, sondern nur äußere Faktoren für diese Entwicklung verantwortlich machten. Das mußten die Menschen geradezu als Verhöhnung empfinden.

In dieser Situation war Krenz der kleinste gemeinsame Nenner für jene, die zu persönlichen Veränderungen bereit waren. Ich wäre es nicht gewesen. Für die Mehrheit im Politbüro war ich ein rotes Tuch. Das lag an meiner Impulsivität, aber auch daran, daß ich ein Mann war, der sich in der Machart von manchen Politbüromitgliedern unterschied, dem man aber auch nicht an den Karren fahren konnte, weil er in Berlin nicht schlecht arbeitete, dem aber im Hinterkopf – wie diese Debatte dann auch bewiesen hat – irgendwelche andersartigen Gedanken herumschwirrten. Denn nur wer sich schon lange mit solchen Überlegungen trägt, wird sie mit solcher Emphase vortragen. Ich habe mich nicht höflich in Andeutungen ergangen, ob man vielleicht in dieser oder jener Hinsicht etwas tun könne. Das wäre ihnen angenehmer gewesen. Auf dieses Trittbrett hätten sie sich leichter begeben können. Außerdem hat Schabowski keinen Traditionshintergrund. Krenz war immer derjenige, der sowohl nach der einen als auch nach der anderen Seite akzeptabel zu sein schien.

Krenz ist ein freundlicher, offener Mensch, der sicherlich nicht zu intellektuellen Höhenflügen stimuliert, aber ich habe damals niemanden gründlich abtaxiert. Er ist mir immer korrekt, anständig und freundschaftlich begegnet. Er war nicht überheblich, wie man ihm durch seine Nähe zum Chef hätte unterstellen können. Daß er hin und wieder von Honecker geduckt wurde, hat eine Art zusätzlichen Sympathiefaktor bedeutet. Und da ich nicht von brennendem Ehrgeiz beseelt war, den bestellten Nachfolger zu verdrängen, gab es keinen Anlaß, mich mit ihm besonders zu befassen oder gar Positionen gegen ihn aufzubauen. Er schien mir zu diesem Zeitpunkt der einzige zu sein, der kompromißfähig war.

Eineinhalb Wochen später nahm Honecker die Amtsgeschäfte wieder auf. Gab es für Sie irgendwelche negativen Rückwirkungen aufgrund

Als Honecker aus dem Krankenhaus kam, hat er nur durchblicken
lassen, daß eine Debatte stattfinden würde, allerdings nicht mehr vor
dem 40. Jahrestag. Honecker hat mich nicht anders behandelt als vorher. Das galt auch für Mittag, was schon merkwürdig war. Ich hatte
damit gerechnet, daß man mich meinen Ausbruch spüren lassen
würde. Aber nichts dergleichen geschah. Möglicherweise ahnte Mittag schon, daß die Entwicklung in eine andere Richtung ging als die,
die er bisher bestimmt hatte.

Honecker hatte inzwischen mit ganz anderen Problemen zu tun.
Am 25. September wurde er von der Führung in Prag darüber informiert, daß die tschechoslowakische Seite sich nicht mehr imstande
sähe, die Entwicklung im Griff zu behalten. Sie könnte nicht verhindern, daß die Menschen über die Botschaftsmauer kletterten. Und sie
äußerte die Befürchtung, daß die Situation die Lage in der Tschechoslowakei destabilisieren könnte, indem sie die Opposition im eigenen
Land auch noch stärker mobilisierte. Um die CSSR nicht in Zugzwang
zu bringen, die DDR-Bürger ausreisen zu lassen, und damit gegenüber der DDR einen unfreundlichen Akt zu vollziehen, der die Beziehung zwischen beiden Staaten stark belastet hätte, gab es die drin-
gende Aufforderung, eine andere Lösung zu finden. Honecker hat
nach einer Festveranstaltung des Botschafters zum 40jährigen Bestehen der Volksrepublik China in der Oper, nach der gewöhnlich alle
nach Hause gehen, das gesamte Politbüro ohne Frauen antreten lassen. Ein sehr ungewöhnlicher Vorgang. Wir sammelten uns im Pau-
senraum, um dort über einen dringenden Sachverhalt informiert zu
werden. Honecker unterrichtete uns davon, daß ein Gespräch zwischen ihm und der tschechoslowakischen Führung stattgefunden habe
und daß nach Lage der Dinge und im Hinblick auf den bevorstehen-
den 40. Jahrestag nicht noch weitere Komplikationen heraufbeschwo-
ren werden sollten. Deshalb habe er vor, durch einen einmaligen Akt
der Entlassung dieser Menschen Ruhe zu schaffen, und zwar über
einen Weg, der durch die DDR führt. Damit sollte ein Zustand verhindert werden, in dem die Leute sagen, die CSSR ist die richtige
Adresse, wenn wir heraus wollen. Das war natürlich ein neuerliches
Zeichen der Schwäche. Und die Vorstellung, daß sich mit dieser

Aktion die Illusion bei den Menschen beseitigen ließe, über die CSSR käme man nicht mehr raus, hat sich dann überhaupt nicht bewahrheitet. Die Leute haben sich gesagt, wir gehen weiter dahin und zwingen die DDR, uns ausreisen zu lassen, wie, ist uns egal.

Wir erhielten die Informationen von Honecker als beschlossene Sache. Es lief eben in diesem üblichen Stil ab. Am Dienstag drauf hat es in der Politbürositzung eine Information von der Reichsbahn über den genauen Ablauf der Ausreise gegeben. Der stellvertretende Minister Herbert Keddi war inzwischen beauftragt worden, zu klären, wieviel Züge man brauchte, auf welcher Strecke sie fahren sollten usw. Die Fahrt durch die DDR sollte nachts stattfinden und auf einer Strecke, die einen möglichst kleinen Bogen durch die DDR nehmen sollte. Es wurde ausgerechnet, welche Züge auf welcher Strecke welche Durchlaufzeit haben. Dabei stellte sich heraus, daß man dafür auch die frühen Morgen- und frühen Abendstunden benötigen würde. Aber die ausgeklügelte Vorbereitung hat nichts genützt, schon bei dem zweiten Zug kam es zu den bekannten Ausschreitungen, als der Zug Teile von Dresden berührte.

Jeder Schritt Honeckers war in dieser Zeit davon beherrscht, die für die DDR unangenehme Situation möglichst zuzudecken, um das Renommee der DDR zum 40. Jahrestag nicht weiter zu beschädigen. Natürlich waren das schizophrene Vorgänge. Das Renommee der DDR war zu diesem Zeitpunkt nur noch eine Fiktion. Das Bild, das die DDR-Führung in diesen Tagen bot, war ein Eingeständnis ihrer Unfähigkeit.

Selbst Honecker wirkte bedrückt, doch er hielt das Ganze immer noch für einen massiven Angriff, der nur dem Zweck dienen sollte, die Bevölkerung der DDR-Führung zu entfremden. Er ließ durchblikken, daß wir das alles nicht zuletzt der Perestroika zu verdanken hätten. Dennoch hatte er darauf gedrängt, daß Gorbatschow zum 40. Jahrestag die DDR besucht. Die Einladung an Gorbatschow wurde oft wiederholt, und dann wurde herumgehört, wie denn seine Antwort ausfallen würde. Gorbatschow hatte verlauten lassen, er würde kommen, wenn alles gut ginge.

Honecker war schon aus Gründen seiner Legitimation um einen solchen Besuch bemüht. Wenn eine Politik nicht mehr stimmig ist, dann erzeugt sie solche merkwürdigen, widersprüchlichen Konstellationen. Alles war Ausdruck des Dilemmas, in dem sich die SED und die Staatsführung zu diesem Zeitpunkt befanden.

In dieser Vorbereitungszeit haben Sie, so heißt es, dem Generalsekretär bei der Verfassung seiner Rede zum 40. Jahrestag Ihre Dienste angedient. Hatten Sie ein schlechtes Gewissen wegen Ihrer Entgleisung in der Politbürositzung?

Nein, im Gegenteil. Die Rede war schon fertig und hatte – wie bei Honecker nicht anders zu erwarten war – einen beschönigenden, die Wirklichkeit entstellenden Duktus. Inzwischen waren wir ja auch schon entschlossen, uns von Honecker zu trennen. Ich hatte einfach das Gefühl der Peinlichkeit, als ich seinen Redeentwurf las und mir vorstellte, wir müßten dabeisitzen, wenn er der Öffentlichkeit eine so wirklichkeitsfremde Rede vorträgt. Deswegen habe ich ihn kurz angerufen und ihn gebeten, etwas von den Problemen zu sagen, die die Leute bewegen, und auch auf die Tatsache einzugehen, daß es politische Kräfte gäbe, die ihr Nichteinverständnis mit der derzeitigen Politik artikulieren. Ich fragte, ob er nicht eine Andeutung machen könne zu einem weiter gefaßten Dialog unter Einbeziehung dieser Kräfte. Er hat, das war für ihn in dieser Zeit die charakteristische Weise zu reagieren, sich das ohne jede Gemütsregung angehört. Er war weder verärgert, noch gab er zu erkennen, daß er meine Meinung teile. Dann meinte er, er würde sehen, was sich machen ließe. Er hat aber schließlich nichts Entscheidendes geändert. Meine Bemerkungen waren ohne Wirkungen geblieben.

Der Sturz

«Wer zu spät kommt, den bestraft das Leben.» Dieser Satz von KPdSU-Generalsekretär Michael Gorbatschow wurde am 40. Jahrestag der DDR zum Aufbruchsignal für die Opposition. Noch versuchte der SED-Staat, den Schein zu wahren. Etwa hunderttausend junge Menschen, Mitglieder der FDJ, marschierten mit Fackeln an diesem 7. Oktober an Honecker und Gorbatschow vorbei. Es war der Höhepunkt der offiziellen Feierlichkeiten der DDR. Wenige Stunden vorher traf Gorbatschow in Schloß Niederschönhausen mit Erich Honecker und dem Politbüro zusammen. Erstaunen wurde bei der sowjetischen Delegation ausgelöst, als Honecker in seiner Rede die angespannte Lage mit keinem Wort ansprach. Daraufhin mahnte Gorbatschow vor der internationalen Presse in kaum verhüllter Diktion Reformen an. Am Abend kam es während einem offiziellen Empfang im Palast der Republik zu Massendemonstrationen im gesamten Land, die zum Teil brutal aufgelöst wurden.

An diesem Tag gründete sich die Sozialdemokratische Partei der DDR, deren Geschäftsführer der Berliner Historiker Ibrahim Böhme wurde. Auch an den beiden folgenden Tagen dauerten die Demonstrationen an, bei denen immer wieder «Gorbi, Gorbi»-Rufe zu hören waren. Am 9. Oktober kam es auf dem Karl-Marx-Platz in Leipzig zur größten Demonstration seit dem Volksaufstand am 17. Juni 1953. Im letzten Moment getroffene Absprachen verhinderten einen blutigen Zusammenstoß. Vertreter der Kirche forderten Schritte, die eine demokratische, rechtsstaatliche und sozialistische Perspektive der DDR einleiten.

Zwei Tage später, am 11. Oktober, veröffentlichte das Politbüro eine von Krenz eingebrachte Erklärung zur Lage. Sie war das Ergebnis der ersten offiziellen Debatte im Politbüro über die Vorgänge im Land. Der DDR-Rundfunk zitierte Politbüromitglied Kurt Hager, daß die

«Aufgabe der allernächsten Zeit die Ausarbeitung einer präzisen Konzeption für die Verwirklichung erforderlicher Neuerungen» sein müsse. Dies setze eine Verbesserung der Informationspolitik voraus und eine aktive Einbeziehung der Bevölkerung in die Lösung gesellschaftlicher Probleme. Vertreter der evangelischen Kirche bezeichneten diese Erklärung als ersten Einstieg in einen Dialog. Am folgenden Wochenende reifte bei einigen Politbüromitgliedern die Entscheidung, Erich Honecker in der kommenden Dienstagssitzung des Politbüros abzusetzen. «Wir sind das Volk» war eine der Losungen, mit denen über 100 000 Menschen am Montag durch Leipzig zogen. Es war die bislang größte Demonstration in der Volksbewegung. Am nächsten Tag, dem 17. Oktober, wurde von Willi Stoph als erster Tagesordnungspunkt der Politbürositzung die Debatte über die Absetzung Honeckers eingebracht. Als Ergebnis der dramatischen Beratung beschloß das Politbüro, Erich Honecker, Günter Mittag und Joachim Herrmann aus dem Politbüro zu entlassen. Als Nachfolger des Generalsekretärs war Egon Krenz vorgesehen. Honecker mußte für den folgenden Tag eine Sondersitzung des Zentralkomitees anberaumen. Auf dieser 9. Tagung des ZK bat Honecker, ihn aus «gesundheitlichen Gründen» von der Funktion des Generalsekretärs zu entbinden. Als Nachfolger schlug er Egon Krenz vor, der einstimmig zum neuen Generalsekretär des ZK der SED gewählt wurde. In einer in Rundfunk und Fernsehen übertragenen Rede erklärte Krenz, daß die SED «eine Wende» eingeleitet habe.

Die Begegnung mit Gorbatschow muß doch sehr erschreckend für Honecker verlaufen sein?

Ja, so kann man die Situation charakterisieren. Das Politbüro traf am 7. Oktober vormittags mit Gorbatschow zusammen. Die Begegnung fand im Schloß Niederschönhausen in der Residenz statt, in dem Raum, wo später der Runde Tisch tagte. Vor der Begegnung mit dem Politbüro fand eine Beratung zwischen Honecker und Gorbatschow statt. Wir waren alle schon versammelt, als dieses Vorgespräch stattfand. Mittag fehlte. Das bedeutete, an der Beratung nahmen Honecker und Mittag teil, jedoch nicht der Ministerpräsident Stoph, wie es dem Protokoll nach logisch gewesen wäre. Das war eine auffallende Hervorhebung von Mittag, nachdem Mittag schon statt Krenz die Krankheitsvertretung übernommen hatte, die zweite Bestätigung dafür, welche Rolle Honecker für Mittag vorgeschen hatte. Eigentlich wurden solche Berechnungen bei uns nicht angestellt. Das waren reine Witterungsfragen, unterstützt durch die Medien der Bundesrepublik, die doch eine sehr suggestive Wirkung hatten. Nun schien es, als sei dieser durch seine angegriffene Physis gar nicht mehr in Frage kommende Mittag in der letzten Stunde der Götterdämmerung von Honecker womöglich als sein Nachfolger ins Auge gefaßt worden. Honecker hat sich wahrscheinlich nach seiner Operation im Bewußtsein seiner physischen Schwäche, die ihm beim Laufen und Sprechen anzusehen war, mehr und mehr auf diesen Gedanken eingestellt, was seine Beziehung zu Mittag sicherlich intensiviert hat.

Daß die beiden gut harmonierten, war immer schon deutlich, daß sich ihr Einfluß gleichzeitig verminderte, obwohl sie öffentlich enger zusammenrückten, wurde uns auch bewußt. Andererseits konnten wir natürlich nicht wissen, welche Konspirationen sich von dieser Seite anbahnten. Es war ein Fehler gewesen, daß die Debatte im September vertagt worden war. Die Tatsache dagegen, daß Honecker Mittag einbezogen hatte, während wir auf Gorbatschow warteten, war schon wieder eine Geste, die uns in die Nase stieg. Vor allem fühlte sich Willi Stoph provoziert, daß nicht er als Ministerpräsident, als erster Mann der Exekutive, von Honecker zum Treffen mit Gorbatschow geladen war, sondern Mittag. Wir warteten, ohne daß jemand einen Kommentar zu diesem Verhalten Honeckers wagte. «Wo ist Mittag?» so eine Frage kam schon mal. «Na ja, der sitzt bei

Honecker.» «Oho.» Wir saßen da in feiger Selbstbeschränkung und waren nicht einmal in der Lage, über einen solchen Tatbestand ausführlich zu sprechen.

Später erfuhr ich, daß Mittag bei dem Treffen Honecker – Gorbatschow nicht zugegen war, obwohl Honecker das gewiß beabsichtigt hatte. Er hatte vor der Tür gewartet, bis das Gespräch beendet war, vielleicht um uns in dem Glauben zu lassen, er sei mit von der Partie.

Hat Mittag hinterher darüber gesprochen, daß er nicht mit Gorbatschow und Honecker bei diesem Gespräch war?

Niemand von uns hat das gewußt. Ich bin vermutlich der einzige, der es nachträglich erfahren hat, von einem sowjetischen Korrespondenten, der sich zusammen mit Mittag im Vorraum des Treffens befand. Gorbatschow kam danach zu uns. Er hielt eine Ansprache an das Politbüro in der ihm eigenen außerordentlich gewinnenden Art. Vordergründig fiel kein kritisches Wort zur DDR. Er sprach nur über die Sowjetunion und ging sehr kritisch mit dem eigenen Land um: «Ihr wißt Genossen, wir haben große Schwierigkeiten auf ökonomischem Gebiet, aber wir halten an der Demokratie fest, und wir haben natürlich aus den Prozessen gelernt. Man darf die Signale der Realität nicht übersehen. Wer zu spät kommt, den bestraft das Leben. Das haben wir aus unserer Entwicklung gelernt.» Jedem, der ein bißchen Verstand hatte, war klar, daß Gorbatschow, indem er so kritisch über die Sowjetunion geredet hatte, seinem Partner nahelegte, ihn nicht in der Lage zu lassen, sich als einziger kritisch über seinen eigenen Haushalt zu äußern. Mit leicht gerötetem Gesicht, das seine innere Anspannung reflektierte, hatte Honecker sich Gorbatschows Rede angehört. Gleichzeitig hatte er den verkrampften Anflug eines Lächelns im Gesicht, vielleicht um Verbindlichkeit auszudrücken.

In seiner Erwiderung sprach Honecker nur über die Erfolge der DDR. Über die Mikroelektronik und die wirtschaftlichen Erfolge, er berührte mit keinem Wort die Tatsache, daß es in der DDR Demonstrationen gab, über die inzwischen schon die Weltpresse berichtete. Er entwarf ein Bild von der DDR, das für jeden, der nicht an totaler politischer Sehschwäche litt, überhaupt nicht mehr stimmig war. Daraufhin blieben alle im Saal stumm. Gorbatschow wandte sich um zu seinen Nachbarn, der sowjetischen Begleitung. Lächelnd, mit fragendem Blick, brachte er ein «tsss» hervor und bedeutete: Nun Genossen, dann ist die Sache wohl beendet. Alles erhob sich. In Gorbatschows Miene standen Resignation und Verständnislosigkeit.

Beim Verlassen des Saales haben Krenz und ich Blicke gewechselt. Wir waren uns einig: Es geht nicht mehr weiter so. Einen konkreten Plan oder Zeitpunkt hatten wir noch immer nicht. Wir wußten nur, Honecker muß weg.

Als Krenz aus China zurückgekommen war, hatte ich ihn informiert, daß wir zunächst einmal dafür sorgen müßten, daß in Berlin am Jahrestag die Lage ruhig bleibt und nichts passiert. Ich wußte, daß zwischen Mielke und Honecker Absprachen über einen militärischen Einsatz bestanden. Uns war in dieser Frage alles entzogen und in die Hände anderer gelegt.

Ich wußte von solchen Absprachen, weil meinem für Sicherheitsfragen zuständigen Abteilungsleiter bedeutet worden war, daß wir uns ausschließlich um den Einsatz von Agitatoren auf dem Alexanderplatz zu kümmern hatten, die mit den Demonstranten über Sozialismus, Freiheit und Demokratie diskutieren sollten. Auch Krenz als Sicherheitsmann war an diesen Absprachen zwischen Honecker und Mielke nicht beteiligt. Honecker nahm Krenz in diesem Punkt nicht ganz für voll. Er verständigte sich über solche Fragen direkt mit Mielke. Nach der Politbürositzung sah man gewöhnlich Mielke und Honecker hinausgehen, schon miteinander diskutierend, dann im Büro von Honecker verschwindend, und jeder wußte, jetzt kann keiner zu ihm. Er sitzt wieder eine oder anderthalb Stunden mit Mielke zusammen.

Das ist damals von Krenz mit Unbehagen vermerkt worden. Heute kann er froh darüber sein, daß er zu den Sicherheitskungeleien der beiden nicht zugelassen war, sonst wäre er sicherlich in ganz andere Konfliktsituationen gekommen. Er hätte in diesem Kreis ohnehin nichts durch seinen Einspruch verhindern können.

Der andere negative Höhepunkt des Tages war Honeckers offizielle Rede zum DDR-Jubiläum. Die jahrzehntelang eingeübten Beifallsriten funktionierten nicht mehr. Der Applaus kam matt. Selbst der Kreis, der dort hinzugezogen war, die – sagen wir mal so – intensiven Parteigänger des Systems, stießen sich an der Diskrepanz zwischen der glatten, nichtssagenden, problemamputierenden Rede und der Realität. Wir im Präsidium haben kaum Beifall geklatscht. Das hätten wir uns früher aus Gründen der Disziplin nicht erlaubt. Es war ein deutlicher Ausdruck für die Situation und für den Zustand, in dem wir uns alle befanden. Wenn Honecker eine Pointe machte, fing es unten an zu klatschen, man machte zweimal klapp, und dann war auch schon wieder Ruhe. So war die Stimmung.

Aber die Situation hatte uns immer noch zu keinem konkreten Umsturz-Szenario bewegt. Ich hatte zwar mit Krenz gesprochen, und er hat mir wiederum seine Kontakte mit Lorenz vermittelt. Wir wußten, wir sind jetzt drei Mann, die sich unbefangen einander anvertrauen können. Aber unsere Beziehung hatte sich immer noch nicht, wie es notwendig gewesen wäre, intensiviert. Wir haben uns mal im Stehen unterhalten, oder ich war mal kurz in seinem Büro. Wir waren uns auch nicht sicher, ob Gespräche in solchen Räumen nicht vielleicht doch bei einem Horcher von Mielke landeten. Mit seiner früheren FDJ-Garde hatte Krenz längst ausführlich die Lage und möglichen Konsequenzen erörtert. Einen rigorosen Sturz von Honecker hatte man kaum erwogen. Ziel war die Beschleunigung von Prozessen, die möglicherweise eine Übereinkunft mit Honecker herbeiführen könnten. Die Illusion spielte mit, daß Honecker sich vielleicht doch noch freiwillig zurückziehen würde. Krenz' Verhältnis zu Honecker war sicherlich noch stärker von Harmoniebedürfnis geprägt, fühlte er sich doch als von Honecker vorgesehener Nachfolger.

Wir trafen uns also von unterschiedlichen Positionen aus in der Übereinstimmung, daß ein Führungswechsel notwendig war. Aber der Grad der Radikalität war bei uns unterschiedlich entwickelt, bei ihm mehr zur Loyalität, mehr zum Kompromiß hin, während sich bei mir mehr und mehr die Vorstellung durchsetzte, wir hätten keine Zeit mehr zu verlieren und müßten tabula rasa machen, um Honecker wegzukriegen.

Ich habe mich später gefragt, ob man unter den Augen von Gorbatschow hätte putschen sollen. Natürlich ist das nicht möglich gewesen, aber man hätte zumindest in dieser Lage Dinge einleiten können, die zur Differenzierung im Politbüro herausgefordert hätten. Und wenn es eine kurze sachliche Bemerkung im Anschluß an die Ausführungen von Honecker gewesen wäre, die nicht unbedingt einen Eklat herbeigeführt, aber Gorbatschow doch deutlich vor Augen geführt hätte, daß ein Differenzierungsprozeß in der SED-Führung im Gange ist.

Am Abend während des Empfangs hat es noch kurze Gespräche

mit den Mitgliedern der Gorbatschow-Delegation gegeben. Ich habe mit Gerassimow gesprochen, Krenz mit Falin. Wir haben bei diesen Gesprächen zu verstehen gegeben, daß die Genossen beruhigt sein sollten, die Dinge in der DDR nähmen den Lauf, den sie ohnedies nehmen müßten. Gerassimow hatte zuvor meine russische Frau getroffen, ich holte ihn dann an meinen Tisch, und wir saßen einen Augenblick zusammen. Zu diesem Zeitpunkt saß niemand anders bei uns, so daß ich ihm deutlich zu verstehen geben konnte, daß die Rede Honeckers unmöglich gewesen sei.

Krenz hatte es vermutlich schwerer, politischen Small talk zu führen, weil er mit den Staatsgästen am Tisch Nr. 1 saß. Neben Gorbatschow war Ceauçescu placiert. Das war schon ein merkwürdiges Kaffeekränzchen, das sich da versammelt hatte, einschließlich Arafat, der unbedingt noch Gorbatschow sprechen wollte: «Very urgent».

Krenz konnte sich kurz freimachen, um mit mir nachzusehen, wie sich die Demonstranten, vom Alex kommend, nach Hause bewegten. Wir standen einen Augenblick gemeinsam am Fenster, hörten einige «Gorbi, Gorbi»-Rufe, doch der Zug wurde lichter und löste sich auf. Wir gingen wieder zurück in den Saal und haben uns unausgesprochen versichert: Mensch, das ist noch einmal gutgegangen.

Honecker hat von dieser Demonstration gar nichts mitbekommen. Wenn das in den Händen der Sicherheit lag, hat er sich nicht mehr dafür interessiert. Das bedeutete auch, daß wir uns auch nicht mehr dafür zu interessieren hatten. «Das ist Sache der Fachleute, der Spezialisten. Da habt ihr nicht reinzureden.»

Der Empfang endete, wie alle offiziellen Anlässe dieser Art, gegen acht, halb neun. Der Generalsekretär erhob sich, die ganzen Oberen und die Mitglieder hatten sich ebenfalls zu erheben, um, noch hier- und dorthin grüßend, den Saal zu verlassen.

Die Gorbatschows fuhren vom Empfang direkt zum Flughafen. Dort sollte der sowjetische Parteichef, schreibt Krenz in seinem Buch, den ihn verabschiedenden DDR-Genossen ein Wort beschwörend zugerufen haben: «Handelt.»

Ich halte das schlicht für eine pathetische Legende. Auf dem Flugplatz waren Mittag und Axen. Man unterschätzt Gorbatschow, wenn man ihm unterstellt, er könnte diese beiden Politbüromitglieder für potentielle Umstürzler gehalten haben, die er mit seinem Zuruf hätte ermutigen wollen.

Während Sie feierten, sind Sicherheitskräfte brutal gegen Demonstranten vorgegangen. Es gab Verletzte, Hunderte von Menschen wurden verhaftet. Wie und wann sind Sie als Berliner Bezirksvorsitzender über die Lage informiert worden?

Niemand hat mich damals informiert. Später bin ich dann von einem Untersuchungsausschuß zu diesen Vorgängen befragt worden, aber da man die spätere Bedeutung von Geschehnissen und Abläufen nicht vorhersehen kann, ist es nicht auszuschließen, daß ich manches Detail vergessen haben könnte. Aber an eine Information dieser Art würde ich mich ohne Zweifel erinnern. Ich weiß nur noch, daß ich zu dem üblichen Zeitpunkt zu Hause und – irrtümlicherweise – beruhigt war, daß in Berlin zwar eine Demo, aber ohne «Zwischenfälle» stattgefunden hatte.

Nach Angaben eines Stasi-Obersten sollen Sie sich bei einer Sitzung im Stasihauptquartier in der Normannenstraße am nächsten Morgen, also am 8. Oktober, zusammen mit Krenz für ein härteres Durchgreifen gegen die Demonstranten eingesetzt haben, von denen Sie angeblich nichts gewußt haben. Hat es dieses Treffen gegeben?

Es hat ein derartiges Treffen gegeben. Aber daran ist nichts Ominöses, aus diesem Treffen ist von Krenz und mir nie ein Geheimnis gemacht worden. Es hat bereits in unseren Erklärungen vor dem Berliner Ausschuß zur Untersuchung der Vorgänge am 7. und 8. Oktober eine Rolle gespielt. Von den Ausschreitungen gegen unbewaffnete, friedlich demonstrierende Bürger am Abend des 7. Oktober habe ich weder an diesem Abend noch am folgenden Morgen etwas erfahren, sondern wir sind abends, wie ich sagte, in dem Glauben nach Hause gefahren, daß sich die Demonstration friedlich aufgelöst habe. Krenz und ich haben uns dann am 8. Oktober früh im Stasigebäude in der Normannenstraße getroffen. Mit dabei waren der Volkspolizeipräsident, einige Generäle der Staatssicherheit, der Innenminister und Mielke.

Auch in dieser Sitzung haben wir nichts erfahren. Eine Aussage, die von dem Untersuchungsausschuß bezweifelt wurde. Das war mit dem Vorwurf verbunden, daß ich über den Grad der Ausschreitungen und diese Vorkommnisse genauestens informiert gewesen sein müsse, bis hin zu der Vermutung, daß die Befehle von der Bezirksleitung der SED in Berlin veranlaßt gewesen seien. Das alles sind Erfindungen. Der Einsatz der militärischen oder paramilitärischen Kräfte lag nie in der Kompetenz der Bezirksleitung, sondern wurde von Mielke entschieden, der sich im ständigen Kontakt mit Honecker befand. Mielke hat in der erwähnten Sitzung kein Wort über die Ausschreitungen verloren, sondern lediglich in groben Zügen mitgeteilt, daß es Störversuche gegeben habe, die dem Ansehen der DDR hatten schaden sollen. Er hat etwa folgendes erklärt: «Diese Provokateure haben nicht die Wirkung erzielt, die sie erzielen wollten. Sie sind zerstreut worden, es hat auch keine Komplikationen gegeben. Wie ihr wißt, haben im Verlaufe des Tages die Demonstranten ihr Ziel nicht erreicht, die Veranstaltung im Palast der Republik zu stören, und sind abgedrängt worden, aber es muß heute mit weiteren Aktionen gerechnet werden. Alle Einsatzkräfte» – insofern wandte er sich an ein breites Spektrum von Verantwortlichen – «müssen weiter in Bereitschaft stehen.» So etwa hat Mielke das heruntergeleiert. Ich habe nie ein Protokoll darüber gesehen, ich kann es also nur aus der Erinnerung rekonstruieren, und die würde mir ja heute noch signalisieren, daß sowohl Krenz als auch ich mit Erschrecken da herausgegangen wären, wenn uns dort geschildert worden wäre, daß Menschen blutig geschlagen worden sind. Unser Bestreben war, die Dinge in der DDR durch die von uns ins Auge gefaßten personellen Veränderungen zu wenden. Deshalb mußten wir verhindern, daß Gewalttaten stattfanden, weil jede Gewaltanwendung einen geordneten Machtwechsel gefährden würde. An mich richtete Mielke die Bitte, wiederum genügend agitatorische Kräfte von der Berliner Parteiorganisation zur Verfügung zu stellen, um bei möglichen Demonstrationen mit politischen Mitteln einzuwirken. An die Adresse der Zweifler sei noch gesagt: Nicht die Berliner SED hatte Mielke eingeladen, sondern ich mußte mich in die Stasizentrale begeben. Das Sagen hatte das Ministerium für Staatssicherheit, das sich die Leute herangeholt hat, die nach Auffassung des Ministers in irgendeiner Weise auf die Lage Einfluß nehmen konnten. Weil es sich um Berlin handelte, wurde natürlich auch ich hinzugezogen.

Waren Sie auch einer der Friedensengel in Leipzig?

Mit der Leipziger Montagsdemonstration vom 9. Oktober, nach deren glimpflichen Ablauf mehrere Personen für sich in Anspruch nahmen, den drohenden blutigen Zusammenstoß verhindert zu haben, hatte ich nichts zu tun. Mein Aktionsradius war auf Berlin begrenzt. Ich weiß aber, daß Krenz seinen Einfluß geltend gemacht hat. Wir alle waren uns – besonders nach den Vorgängen in China – im klaren, daß es nicht zu Schießereien kommen durfte. Jeder, der noch vernünftig zu denken imstande war, mußte zu diesem Ergebnis kommen. Krenz kam zu mir, als die Leipziger Sache am 9. Oktober anstand, um mir mitzuteilen, daß er ein Fernschreiben bekommen habe, in dem darum gebeten wurde, keine Gewalt anzuwenden. Krenz wollte darüber mit den zuständigen Leuten reden, was den ganzen Nachmittag dauerte, so daß er erst spät, so etwa gegen 19 Uhr, zurückgerufen hat. Es waren sich aber alle einig, daß es zu keiner Gewaltanwendung kommen durfte.

Das Gerücht, sowjetische Offiziere hätten in Leipzig ein Blutbad verhindert, geht mit Sicherheit an den Tatsachen vorbei. Der Einfluß der Sowjetarmee auf die Militärs, die Sicherheitsorgane und die Polizei hatte längst nicht mehr so wie früher existiert. Mielke und Honecker hatten diese Organe fest im Griff.

Aber für uns standen an diesem Tag die Sicherheitsfragen nicht im Vordergrund. Im Grunde setzte die straffere Phase der konspirativen Aktion am Morgen des 8. Oktober ein. Während der Besprechung mit Mielke schob Krenz mir unter dem Tisch ein Papier zu, mit der Bemerkung, das sei der Entwurf einer Stellungnahme, die er habe ausarbeiten lassen, also sein Entwurf. Das spielte sich während des Vortrags von Mielke ab. Wir hingen also nicht gebannt an den Lippen von Mielke, weil er nach unserer Einschätzung doch nur Banalitäten erzählte. Es handelte sich um den Entwurf einer Erklärung des Politbüros, die ein paar Tage später, am Donnerstag, in «Neues Deutschland» veröffentlicht wurde. Durch dieses Papier kam endlich die Problematik der Septemberdebatte erneut in einer Politbürositzung zur Sprache. Seit der damaligen vertagten Debatte waren vier Wochen vergangen, ohne daß eine Erklärung zu dem bis dato Geschehenen abgegeben worden war. Honecker war zwar schon seit einiger Zeit wieder auf dem Damm, aber es war alles bestimmt von den Vorbereitungen zum 40. Jahrestag. Dazu kamen die Ausreise der DDR-Bürger aus Ungarn und die Vorgänge in der Tschechoslowakei. Ich hatte mit Krenz nicht direkt über die September-Debatte gesprochen. Aber ich entnahm seinen Andeutungen, daß er inzwischen unterrichtet worden war. Möglicherweise von seinem Stellvertreter Herger oder von Lorenz.

Sofort nach dieser Besprechung im Ministerium für Staatssicherheit haben wir uns zusammengesetzt, um seinen Vorschlag zur Überwindung der Sprachlosigkeit zu beenden. Ich habe mir Krenz' Erklärung durchgelesen, gemeinsam haben wir sie dann noch etwas akzentuiert. Dieses Papier sollte, wie üblich, dem Generalsekretär vorgelegt werden. Zwar war die Erklärung immer noch meilenweit von einer unverhohlenen Charakterisierung der Tatbestände entfernt, wie ich das in meinem erregten Vortrag vom September versucht hatte, und zudem überwuchert von der üblichen Sprachregelung, so daß die Aufsässigkeit kaum zu erkennen war, die sich hier abzuzeichnen begann. Aber zwei Passagen wichen vom Üblichen ab. Erstens gab es einen Abschnitt, der die Lage der Medien und der Versorgung betraf. Wichtiger jedoch war der zweite Punkt. Dort wurde festgestellt, daß die Abkehr von unserer Republik niemanden gleichgültig lassen kann, daß jeder, der uns verläßt, von uns als Verlust empfunden wird. Und die Ursachen dafür müßten wir bei uns suchen. Diese Formulierung stand in striktem Gegensatz zu dem berüchtigten Leitartikel, der etwa eine Woche vorher im «Neuen Deutschland» erschienen war und in dem es hieß, daß man denjenigen, die die DDR verlassen, keine Träne nachweinen solle. Diese Formulierung hatte sehr viel Ärger und Widerspruch gerade in der Parteiorganisation hervorgerufen. Die Nichtmitglieder mögen von der Partei gar nichts anderes erwartet haben. Die Parteimitglieder aber haben das als schwere Belastung ihrer Arbeit empfunden, versuchten sie doch gerade, die Menschen zum Bleiben zu veranlassen. Außerdem häuften sich die Probleme, die durch die Ausreisewelle entstanden. Bestimmte Dienstleistungseinrichtungen wie der Nahverkehr funktionierten nicht mehr, weil ihnen die Leute fehlten, um die Schichten zu besetzen. Also selbst unter einem rein sachlichen Aspekt betrachtet zeugte eine derartige Formulierung von einer Ahnungslosigkeit und einem Zynismus, daß ein ehrlich arbeitender Genosse sich empören mußte.

Honecker hatte selbst die Formulierung in den Kommentar hineinredigiert. Deshalb mußte eine gegenteilige Formulierung in unserer Erklärung von Honecker als direkter Affront verstanden werden. Ansonsten war die Erklärung, ich kann das nur noch einmal betonen, überwuchert von der üblichen Phraseologie. Dennoch mußte ein solcher Vorgang in einem, mit dem Unfehlbarkeitsdogma des Generalsekretärs belasteten Politbüro schon zu einer gewissen Zuspitzung oder Differenzierung führen.

Der Entwurf der Erklärung wurde von Krenz noch am 8. Oktober, es war so um die Mittagszeit, an Honecker geschickt. Er hat mir dann mitgeteilt, jetzt ist das Ding weg, die Post ist ab. Ich war nicht einmal sonderlich nervös. Endlich kam die Sache ins Laufen.

Die Reaktion ließ nicht lange auf sich warten. Honecker teilte Krenz noch am selben Tag telefonisch mit, daß er mit der Erklärung überhaupt nicht einverstanden sei und diese als gegen seine Person gerichtet betrachte. Er wollte sie nicht im Politbüro einbringen. Krenz informierte mich davon. Er war aufgeregt und fügte hinzu, daß er aber hart geblieben sei, weil die Lage es einfach erfordere, daß man an die Öffentlichkeit gehe und auf Tatbestände reagiere. «Erich, wir tun das nicht gegen dich, sondern für unser Land.» Das Spiel war also offen: Krenz bestand auf der Erklärung, Honecker war dagegen.

Am nächsten Tag rief Honecker Krenz zu sich, da Krenz mit keinem Zeichen zu erkennen gegeben hatte, daß er die Vorlage zurückziehen würde. Krenz erzählte mir hinterher, daß das Gespräch da schon anders verlaufen sei. Honecker habe ihm eher beschwörende Vorhaltungen gemacht, eine solche Erklärung doch nicht abzugeben, die einen Widerspruch zur offiziellen Haltung und damit zu ihm darstelle. Außerdem sei diese Illoyalität gegen den Generalsekretär dreist. Man könne sich im Politbüro ja über vieles unterhalten, aber nicht über diesen Text.

Honecker sagte dann noch, ein solches Spiel habe es noch nie gegeben. Er selbst hätte sich so etwas bei Wilhelm Pieck oder Walter Ulbricht nie erlaubt. Er sagte das, obwohl man weiß, mit welcher Intensität er daran gearbeitet hatte, Ulbricht auszuhebeln. Allerdings mag dies von Honecker wohl nicht als Illoyalität der Sache gegenüber verstanden worden sein, sondern als eine notwendige Konsequenz aus der Tatsache, daß es der Partei unter Ulbricht nicht gelungen war, das Nachfolgeproblem zu lösen. Aber da der oberste Parteiführer immer auch das Prinzip verkörperte, beinhaltete die Ablösung eines solchen Mannes immer auch die Gefährdung des Prinzips.

Honecker versuchte Krenz noch weiter zu beeinflussen, indem er ihm – eigentlich zum erstenmal – andeutete, was er mit ihm vorhabe.

Daß er daran gedacht habe, ihn zu seinem Nachfolger zu machen. Daraus könne natürlich nichts werden, wenn Krenz in dieser Sache hart bleibe. So hat Krenz mir das geschildert. Aber ich nehme an, daß Honecker es nicht so deutlich ausgedrückt hat, weil er vermutlich schon im Hinterkopf hatte, Mittag zu seinem Nachfolger zu machen. Schließlich hat er seinen Einspruch zurückgezogen und zu Krenz gesagt: «Mach, was du willst. Du wirst schon sehen, was du davon hast.»

Es kam dann jedenfalls am nächsten Tag zu dieser Beratung. Wir hatten uns vorher darüber verständigt, daß man angesichts der zugespitzten Situation mit einigen vorab sprechen müßte, um sich ihrer Unterstützung zu versichern. Dabei könnten wir auch die potentiellen Mitmacher ermitteln für den zweiten und entscheidenden Schritt. Die Erklärung mußte durchkommen, damit der zitierte Zustand der Sprachlosigkeit des Politbüros überwunden und für die Partei erkennbar würde, hier vollzieht sich ein Wandel in der Beurteilung der Lage: Die Dinge werden nun aus sich heraus bewertet, statt dauernd zu behaupten, sie seien die Folge von Anschlägen der Nato gegen die DDR. Mit der Erklärung verband sich natürlich auch eine etwas differenziertere Haltung zu den Erwartungen der Menschen in der DDR. Kein offizielles Dokument hatte bisher auch nur angedeutet, daß es da Defizite gäbe. Auch deshalb waren wir daran interessiert, mit der Erklärung im Politbüro durchzukommen.

Krenz schreibt in seinem Buch, er habe schon im Sommer 1988 einige Politbüromitglieder hinter sich geschart, um eine Grundsatzdiskussion anzuzetteln. Er habe dieses Vorhaben dann aufgegeben, weil ihm das Kräfteverhältnis zu unsicher erschien, um eine Politik der Erneuerung durchzusetzen. Haben Sie das nicht bemerkt? Oder hat Krenz Sie nicht informiert? Oder ist es gar eine nachträgliche Autosuggestion von Krenz?

Wenn diese Gruppen wirklich existiert hätten, hätten sie sich früher oder später im Politbüro abzeichnen müssen. Da sie selbst nach dieser Entladung im September nirgendwo erkennbar waren und es danach im Verlauf von einigen Wochen im Grunde zunächst nur zu einer Übereinstimmung zwischen Krenz, Lorenz und mir kam, kann ich mir nicht vorstellen, daß es solche Gruppen gegeben hat. Dann hätte Krenz diese Gruppen doch vorführen und mich dazu einladen können: «Du gehörst jetzt auch zu dieser Gruppe.» Doch wo war die

Gruppe, als ich ihm vor der Politbürositzung die Frage gestellt habe: «Egon, wer macht denn mit bei uns? Wir müssen uns darüber klarwerden. Wer wird denn bei der Abstimmung dieser Vorlage für uns sein? Wen wird Honecker herumkriegen?» Seine Antwort ließ nicht darauf schließen, daß er schon im Vorfeld sondiert hatte. Ich habe dann angefangen, Zettelchen herauszuziehen und Namen aufzuschreiben mit Häkchen dran. Ein Häkchen bedeutet: der ist einigermaßen sicher, zwei Häkchen: der ist ganz sicher, ohne Häkchen: den sollten wir besser nicht anrufen.

Ich denke, diese Indizien sprechen eindeutig gegen die Existenz einer solchen Gruppe. Aus der Tatsache, daß irgendwann mal zwischen zwei, drei Leuten geredet wurde, ist sicherlich keine Gruppe abzuleiten. Krenz hatte seine FDJ-Truppe hinter sich, also Herger, seinen früheren Stellvertreter im Zentralrat der FDJ, der Abteilungsleiter für Sicherheitsfragen im ZK wurde. Oder Rettner, der auch aus der FDJ kommt und später Leiter der Abteilung West wurde. Zu seinen Leuten zählte Willerding, den er als künftigen außenpolitischen Sekretär des ZK ins Auge gefaßt hatte.

Da es eine konspirative Gruppe nicht gab, mußten wir mit einzelnen Politbüromitgliedern sprechen. Ich habe mit Werner Jarowinsky, mit Harry Tisch, Achim Böhme in Halle und mit einigen anderen gesprochen. Wir haben angekündigt, daß eine Erklärung kommt, ohne alle Hintergründe zu nennen, was man am Telefon ohnehin nicht konnte, aber angedeutet, daß sich möglicherweise aus dieser Erklärung eine sehr zugespitzte Debatte ergeben könnte. Sie waren dafür, weil das auch ihrer Interessenslage entsprang. Wir hätten sie sonst nicht angerufen. Allerdings haben wir nicht direkt zu verstehen gegeben, daß es hier schon um ein Vor-Veto gegen Honecker ging, dann hätte möglicherweise dieser oder jener doch gezögert. Wir wollten sie ja ermutigen und so für eine Art pressure group sorgen.

Zwischen Krenz und mir gab es noch immer nur lockere Absprachen über das Vorgehen. Ich habe nicht erfahren, mit wem er gesprochen hat. Auch das war ein Zeichen dafür, wie ungenügend und wenig exakt unsere Aktion vorbereitet war. Ich mußte ihn fast dazu drängen, mit diesem oder jenen zu sprechen, und habe die kleine Liste angefertigt, auf der markiert war, wer in unserem Sinne ansprechbar ist und wen man zweckmäßigerweise beiseite lassen sollte, weil zu erwarten war, daß der uns als Fraktionsmacher beim Generalsekretär denunziert.

Krenz hat diese Seite in seinem Buch nicht geschildert. Es erschien ihm wahrscheinlich nicht wichtig. Mir erschien es sehr wichtig. Aus der heutigen Sicht scheint es sogar charakteristisch zu sein für den amateurhaften Ansatz unseres Vorgehens. Wir waren Amateure und hatten keine Zeit zum Üben. Eigentlich ist Krenz immer davon ausgegangen, daß er alle hinter sich bekäme. Das hängt mit diesem Harmonisierungszwang zusammen, der bei ihm wirkte, mir aber anfänglich nicht so bewußt war.

Mittag, Herrmann und Sindermann mußten wir auslassen, nur mit Stoph hatte Krenz immer noch Intentionen. Aber ich weiß nicht, ob er mit Stoph über die Erklärung gesprochen hat. Mit Mielke hat er, glaube ich, auch nicht geredet. Aber das kann ich durch nichts belegen. Es ist auch möglich, daß er ihnen Bescheid gegeben hat, denn er hatte sowohl zu Stoph als auch zu Mielke einen professionellen Kontakt, den ich nicht hatte. Mielke war ja als Staatssicherheitsmann immer einer seiner Partner. Es ist möglich, daß er auch Mielke angerufen hat, weil Mielke über Informationen verfügte, die die Notwendigkeit erhärteten, mit einer Erklärung an die Öffentlichkeit zu treten. Aber Krenz hat mich darüber nicht informiert, und ich habe ihn auch nicht danach gefragt. Es wurde eben vieles übers Knie gebrochen.

Unsere «Kooperation» sah so aus, daß ich mal eben zu ihm rüberlief oder er plötzlich bei mir im Zimmer stand. Er hat natürlich auch die Leute hinter sich informiert, zu denen mit Sicherheit Wolfgang Herger gehörte. Herger behauptet ja auch, daß er den ersten Entwurf dieser Erklärung geliefert habe. Dem hat Krenz nicht widersprochen. Aber er erhob Anspruch darauf, daß er die Sache inspiriert habe und daß es seine Idee gewesen sei. Bei den Gesprächen zur Lage der Entwicklung, bis zur Absetzung Honeckers, war zu merken, daß Herger als ganz enger Vertrauter von Krenz agierte.

Honecker verwies in der Politbürositzung noch vor der Debatte über die Erklärung auf einen Bericht, der nicht zu den Tagungsordnungspunkten gehörte, aber mit beigelegt war. Der Bericht spiegelte die Lage und die Stimmung in der Jugend wider. Honecker äußerte sich sehr verstimmt und verärgert über diesen Bericht. Darin werde in unbotmäßiger Weise geäußert, daß die Führung überaltert sei und daß man von ihr keine Impulse mehr erwarten könne, um die angespannte Lage zu verändern. Es sei einfach eine Ungehörigkeit, wie da argumentiert werde.

Die Attacke ging gegen Krenz, denn die Thematik des Berichtes und die Berichterstatter gehörten zu seinem Ressort. Noch bevor wir Luft holen konnten, war Honecker zum Angriff übergegangen. Er ging taktisch so vor, daß er nicht die Erklärung angriff, weil ihm ja nicht daran gelegen war, es über dieses Papier sofort zu einer Konfrontation kommen zu lassen.

Er sagte nichts über die Vorgeschichte der Erklärung, über seinen Versuch, auf Krenz Druck auszuüben. Die Kontroverse sollte zunächst nicht offenbar werden. Ich habe es damals als taktischen Schachzug empfunden, daß Honecker versuchte, die Frontstellung gegen Krenz nicht über die Erklärung zu erzeugen, sondern über das Jugendmaterial, welches indirekt mit dieser Sachlage zu tun hatte. Mit der Kritik an dem Vorwurf der Überalterung konnte er bei denjenigen Politbüromitgliedern Zustimmung erzielen, die sich aufgrund ihres Alters gleichfalls anmaßend angegriffen fühlten. Die Demagogie seiner Kritik bestand darin, daß in der Vorlage ein solcher Standpunkt nicht vertreten wurde, sondern anhand von zahlreichen Äußerungen aus verschiedenen Kreisen der Jugend eine Meinung wiedergegeben wurde, mit der man sich doch beschäftigen müsse. Honecker forderte, die Verantwortlichen für die Information zur Rechenschaft zu ziehen. Krenz war darüber sehr betroffen.

Honecker hatte Krenz voll erwischt. Doch auch der Jugendbericht paßte in unsere flankierende Strategie. Durch solche Memoranden konnte Krenz suggerieren, daß es doch vielleicht an der Zeit sei, darüber nachzudenken, einen Wechsel vorzunehmen, für den er, Krenz, natürlich mit aller Loyalität gegenüber Honecker und der Sache, bereitstehe.

So begann die Grundsatzdebatte über die Politik des Politbüros mit diesem Vorwurf, zu dem Krenz Stellung beziehen mußte. Das war ein Signal, aber keine ordentliche Behandlung des Berichts, weil sonst die Autoren hätten eingeladen werden müssen. Statt dessen deutete Honecker unmißverständlich an, wie harsch seine Position war. Das mußte jeder verstehen im Hinblick auf die anderen Probleme, die noch zu diskutieren waren. Er setzte also seine Positionsleuchten für die Richtung der Aussprache, in die man sich bewegen mußte, wenn man sich nicht mit ihm anlegen wollte. Krenz verteidigte den Inhalt des Jugendberichtes nicht, aber er wandte sich dagegen, den jungen Genossen zu unterstellen, sie würden in unbotmäßiger Weise die verdienten Genossen angreifen. Das sei sicherlich nicht ihre Absicht gewesen, außerdem handele es sich ja nicht um ihre Auffassung, sondern nur um die Wiedergabe von Meinungen. Darauf forderte Honecker, den Leiter der Abteilung Jugend, wenn er solche Materialien verbreite, von seiner Funktion zu entfernen. Es war selten der Fall, daß er in einer Debatte bis zu solchen Konsequenzen ging, wenn er mit einer bestimmten Sache nicht einverstanden war.

Krenz verteidigte die Verfasser und bat dann darum, die Vorlage nicht als an den Generalsekretär übermittelt zu betrachten. Er würde sie quasi zurückziehen und mit den Betroffenen noch einmal darüber sprechen, um eine neue Vorlage zu unterbreiten. Damit war schon ein bestimmter Grad der Zuspitzung erreicht.

Gab es denn zu diesem Zeitpunkt Politbüromitglieder, die noch überhaupt nicht begriffen hatten, welches Spiel gespielt wurde? Der Text der Vorlage lag ihnen ja inzwischen vor.

Ich bin davon überzeugt, daß die meisten anderen von dem sich anbahnenden Zerwürfnis zwischen Krenz und Honecker und der damit verbundenen Konspiration gegen Honecker nichts ahnten. Außer Lorenz, Krenz und mir hatte sich niemand über diese Konsequenz verständigt.

Die anderen hatten wir nur darüber informiert, daß eine Erklärung kommt, die uns in einen besseren Stand gegenüber der Bevölkerung versetzt. Es ist nie gesagt worden, hier geht es um eine entscheidende Kampfabstimmung zwischen Krenz und Honecker. Ich weiß nicht einmal, ob Krenz daran interessiert gewesen wäre, weil er innerlich immer mit dem Kalkül operierte, soviel Politbüromitglieder wie möglich hinter sich zu bekommen, und eine harte, krasse Kampfansage ihm möglicherweise Parteigänger nehmen könnte. Durch die Erklärung sollte Tuchfühlung zu den Fragen der Menschen aufgenommen werden, aber nicht einmal dazu reichte sie, da sie die Probleme eher verschleierte denn offen aussprach.

Die folgende Debatte spielte sich dann auch gar nicht so ab, als ob hier ein Grundsatzpapier zur Diskussion stünde, an dem sich die Geister schieden. Es war mehr so: Da gibt es ein Papier, das könnte im Ergebnis der Diskussion eine Erklärung werden. Die Erklärung ist nicht unbedingt identisch mit der Einschätzung der Lage. Sondern es ist nur das, was sich schließlich von der Debatte absondert. Insofern war es nicht eine Debatte, die vordergründig um die Erklärung ging, sondern die Erklärung nahm gewissermaßen nur vorweg, was aus einer solchen Debatte zu verwerten wäre. Sie würde sich darum drehen, was daraus überhaupt der Öffentlichkeit angeboten werden kann, ohne daß wir unser Gesicht verlieren. Nun lag die Erklärung da, und wir fingen an, sie zu diskutieren. Aber ich bin überzeugt, daß ein Großteil der Mitglieder des Politbüros, wie gesagt, die Brisanz nicht ahnte, sondern mit folgender eingefahrener Haltung die Sache betrachtete: Das ist mit Honecker besprochen, liegt jetzt hier als ein Entwurf vor, wir haben die Möglichkeit, daran noch ein bißchen rumzufummeln, das können wir zum Schluß machen, mit dem Tenor, wir sind uns doch alle schon einig darüber, daß ein bißchen mehr gesagt werden muß. Das kam aber unserer Absicht entgegen, wenn die so denken, na bitteschön.

Manche der Politbüromitglieder ließen sich einschätzen. Ich war mir zum Beispiel meines Nebenmannes im Politbüro, Jarowinsky, sicher. Er würde die Gelegenheit beim Schopfe packen, um sein Unbehagen gegen die Wirtschaftspolitik und damit gegen Mittag auszubreiten. Gegen eine Wirtschaft in der DDR, die durch widersinnige Autarkie-Zwänge dazu gezwungen war, das Fahrrad zum zweiten- und zum drittenmal zu erfinden. Während auf dem internationalen Markt die Mikrochips schon säckeweise verkauft wurden, haben wir die Dinger noch zu astronomischen Kosten produziert. Die Mikroelektronik, die uns nach vorne bringen sollte, hat uns hinten und vorne ruiniert. Sie führte zum Beispiel dazu, daß Textilien qualifizierter Art exportiert werden mußten, damit wir die Valuten wieder rein bekamen, um die Mikroelektronik zu finanzieren. Die Frauen konnten sich aber keinen Chip um den Hals hängen. Jarowinsky als Handelsverantwortlicher war ständig konfrontiert mit diesen Widersprüchen. Ab und an hat er versucht, seine Sorgen loszuwerden. Doch Mittag war dann schnell bei der Hand mit seinem Intrigenarchiv, um irgendwelche Unzulässigkeiten im Handel nachzuweisen, die es sicherlich auch gegeben hat, und dann war die Diskussion wieder abgebogen. Also, der Mann war bestimmt bereit, in einem Punkt hart abzurechnen.

Andere, die zum Gefecht bereit waren, waren der alte Genosse Alfred Neumann und der Planungschef Gerhard Schürer, die gleichfalls beide der ökonomischen Hochstapelei von Mittag ein Ende gesetzt sehen wollten. Neumann ist mit großer Schärfe aufgetreten. Vor Honecker war er als Ministerpräsident, zeitweise sogar als Nachfolger Ulbrichts im Gespräch gewesen. Daher bestand wohl eine latente Aversion zwischen Honecker und ihm. Aber Honecker war nicht der Mann, der deswegen jemanden hinausbeförderte. Solange der Ali loyal blieb, sollte er weiter drin bleiben. Wer einmal im Politbüro war, blieb dort, wenn er sich nicht gerade als wilder Quertreiber entpuppte. Das gehörte zu der «Einheit und Geschlossenheit» des Politbüros.

Dennoch hat es Widersprüche gegeben. Honecker hat als Generalsekretär unentwegt nur seine Position gelten lassen, die von einem Mann wie Neumann innerlich immer weniger akzeptiert wurde. In dieser Debatte brach es dann aus Neumann heraus. Es war das erste Mal, daß Mittag so scharf angegriffen wurde. Das ging indirekt an die Adresse Honeckers, der ja Mittags Protektor war.

Honecker sollte endlich begreifen, daß sich hier etwas Neues anbahnte, das seine Kompetenzen beschneiden würde, und daß er sich dazu bekennen mußte. Wenn nicht, dann würden die Dinge sich unaufhaltsam zuspitzen. Was wir dann allerdings, im Falle einer Kampfdebatte, zu tun gedachten, war uns selbst noch nicht recht klar. Wir gingen in die Sitzung wie die Jungsiegfriede. Nur mit der lapidaren Gewißheit ausgerüstet, daß einige wußten, um was es geht, und mit uns gemeinsame Sache machen würden. Inzwischen war schon so viel entgleist. Die Entwicklung überrollte uns. Zwar stellte diese Erklärung eine neue Qualität dar, aber wir hatten noch nicht wirklich realisiert, daß die bisher an die Politik angelegten Maßstäbe inzwischen ganz andere geworden waren. Und auch Honecker – bei aller Neigung, starr an der alten Linie festzuhalten – hatte natürlich Überlebensinstinkt und mobilisierte sein taktisches Geschick.

Was ich nicht weiß ist, ob sich Honecker und Mittag abgesprochen hatten für die Debatte. Es ist fast nicht anzunehmen, daß Mittag nichts von der Kontroverse mit Krenz wußte. Möglicherweise haben sich beide über ein gewisses taktisches Vorgehen verständigt. Es ist auch denkbar, daß Mittag ihn etwas gedämpft hat, wenn wir in Rechnung stellen, daß er offensichtlich schon begriffen hatte, daß sich eine grundlegende Umschichtung im sonst so homogenen Gremium entwickelte. Ich erinnere noch einmal an die Begegnung mit Gorbatschow und an das Empfinden, das jeder haben mußte, der nur etwas Verstand hat, daß hier Divergenzen aufgebrochen waren, die so oder so von Rückwirkungen auf die Führung begleitet sein würden.

Daß Konfliktstoff bestand, daß er sich nicht besonderer Beliebtheit erfreute, darüber war sich Mittag klar. Er war kein Mann, der in Illusionen lebte. Wenn man ständig darauf aus ist, andere einzukreisen und mit indirekten und direkten Intrigen auf ihren Platz zu verweisen, um ihnen klarzumachen, wer hier das Sagen hat, dann macht man sich über Sympathien keine Illusionen.

Er hatte so eine zynische Haltung zu allen anderen, daß er meinte, sie nur mit Pressionen, mit Druckmitteln oder einer bestimmten Art von Bestechung auf seine Seite ziehen zu können. Es ist möglich, daß er Honecker zu der Taktik geraten hatte abzuwarten, wie die Debatte ausgeht, um dann zu reagieren und sich wieder zum Herrn der Situation zu machen. Unter Umständen mit gewissen Modifikationen der bisherigen Verhältnisse.

So war die Situation. Ein Teil der Mitglieder des Politbüros war sich über die eigentlichen Motive nicht im klaren, weil dies ein Gremium war, in dem es kaum zu einer differenzierten Meinungsentfaltung gekommen ist. Es gab diejenigen, die keinen blassen Schimmer hatten, es gab einen Teil der sachlich, teils scharf Position bezog, es gab den Intriganten Mittag, und es gab uns, die ihre konspirativen Chancen abtasteten.

Alle ergriffen das Wort und bestätigten aus ihrem Aufgabenbereich heraus, daß die Lage ernst und kompliziert sei. Mittag wurde ein paarmal scharf angegriffen. Er hat erstaunlich zaghaft darauf reagiert. Das hatten wir noch nie erlebt. Er redete stotternd, hatte Schwierigkeiten, seine Rede flüssig zu formulieren. Dabei versuchte er, sich mit besonderen Problemen herauszureden, die die Wirtschaft der DDR aufgrund ihrer Rohstoffsituation, aufgrund der internationalen Entwicklung und der Tatsache habe, daß die Lieferungen aus der Sowjetunion nicht in der vereinbarten Weise kommen. Es war eine verblüffend moderate, auf Verteidigung angelegte Rede.

Mielke, der auch ganz unspektakuläre Dinge mit bedeutungsschwerer Tonlage vorbrachte, fing an mit der Bemerkung «Genossen, ich möchte hier mit allergrößtem Nachdruck sagen» – alle lauschten gespannt, was nun wohl kommen würde –, «daß der Ernst der Situation außerordentlich groß ist.» Er bestätigte, daß die von den einzelnen Mitgliedern des Politbüros geäußerte Situationsbeschreibung zutreffend sei.

Ich kann mich jetzt nicht weiter im einzelnen erinnern, wer was gesagt hat, aber jeder hat im Grunde den Ernst der Situation unterstrichen, und es gab nicht einen Versuch, die Lage zu beschönigen.

Nur ein Beitrag fiel aus der Reihe. Krenz und ich sahen uns besorgt an, als Verteidigungsminister Heinz Kessler sprach und noch einmal den Faden der Jugenddebatte aufnahm. Er warnte, Tendenzen der Differenzierung in der Führung nachzugeben. Dahinter standen unausgesprochen Vorwürfe wie Spaltung, Fraktionsmacherei und die Ungehörigkeit und Undankbarkeit der Jugend, in die man so viel investiert hätte und für die doch gerade der Generalsekretär soviel getan hätte.

Er sprach weiter über sein Steckenpferd, die Nato. Sie schüre die Situation und nutze sie gegen die DDR aus. Heinz Kessler war nicht der Typ des primitiven Scharfmachers, unbestreitbar allerdings war seine bedingungslose Treue zum stalinistischen Sozialismuskonzept. In den Beratungen verhielt er sich fair. Von ihm ging nie eine intrigante Bemerkung aus. Er ließ es sich auch nicht nehmen, bedächtig zu irgendeiner Ungereimtheit, beispielsweise im wirtschaftlichen Bereich, seine Fragen und Einwände zu äußern. Diese Rolle von Kessler machte natürlich auch sein spezifisches Gewicht aus. Das konnte in dieser Situation gewisse Kantonisten unsicher machen.

Hat Honecker diesen Ball von Kessler aufgenommen?

Honecker hat jeden reden lassen und sich das angehört, wie es seine Art war. Aber er mußte schon am Verlauf der Diskussion gemerkt haben, daß er die Dinge nicht mehr beeinflussen konnte. Sonst hätte er doch sagen können: «Genossen, wir bestreiten überhaupt nicht, daß die Lage ernst ist, aber hier gibt es Panikmacher wie Krenz und Schreihälse wie Schabowski, die eine einseitige Lesart der Situation durchdrücken wollen. Die werden unruhig, nur weil es schwierig wird. Also, Helm fester schnallen und durch.» Welche Konsequenzen das für die Genannten gehabt hätte, weiß ich nicht.

Der Diskussionsverlauf bewirkte, daß Honecker seine Taktik änderte. Er sagte, «Genossen, die Diskussion ist klar, es hat ja auch Übereinstimmung in der Bewertung der Lage gegeben». Das traf durchaus zu. Nur waren diese Einschätzungen genau dem entgegengesetzt, was er hatte hören wollen. Aber er begriff, daß ihm in dieser Situation nichts anderes übrig blieb. Er konnte ja nicht das gesamte Politbüro entlassen und sich ein neues bestellen. Wenn das Politbüro übereinstimmend zu dieser Auffassung kommt – aus welchen Motiven auch immer –, dann war es für Honecker die beste Lösung, das auseinanderdriftende Politbüro wieder zusammenzuklammern. Das hat er dann auch getan, indem er zum Schluß der Debatte sagte: «Es hat eine übereinstimmende Auffassung gegeben, jetzt liegt der Entwurf dieser Erklärung hier vor, sie ist gemeinsam eingebracht worden.»

Ich kann immer nur wieder erklären, daß ich nie vernommen habe, daß er gesagt hätte, diese Erklärung sei gegen ihn eingebracht worden. Das hätte ihm nämlich den Ausstieg nicht mehr ermöglicht, den er jetzt wählen konnte. Er hatte keine Neigung groß und tiefgehend zu debattieren. Was hätte er auch sagen sollen? Darauf war er innerlich auch überhaupt nicht präpariert. Er hätte nur seine Aversion gegen den Gang der Dinge zum Ausdruck bringen können, hätte sich aber damit in eine Lage gebracht, wo sich alle angeschaut und gefragt hätten, und was nun? Deshalb hat er schließlich einer Veröffentlichung der Erklärung zugestimmt.

Doch damit gab er sich nicht geschlagen. Er zog plötzlich ein weiteres, ziemlich umfangreiches Papier hervor und warf das über den Tisch zu Krenz hin und sagte: «Hier gibt es noch eine Einschätzung des Jahrestages, vielleicht kann man das bei der Überarbeitung dieser Erklärung berücksichtigen.»

Hat er häufiger Papiere über den Tisch geworfen?

Gott bewahre, das hat er nie getan. Das Papier war eine Ausarbeitung, die irgendwer, ich nehme an, sein persönlicher Referent, auf seine Anforderung hin gemacht hatte. Ich vermute, daß es eine Absprache mit Mittag gegeben hat, wenn in der Debatte der Versuch unternommen wird, die Politik der Führung zu kritisieren, dann würde man dieses andere Papier aus dem Hut ziehen. Das Pamphlet bestand aus nichts anderem, als aus dem Abhaspeln der üblichen Sakramente: «Die DDR hat so stabil und fest wie eh und je den Jahrestag überstanden.» Es lehnte sich weitgehend an seine Rede zum 40. Jahrestag an. Die Absicht war deutlich: Er wollte noch immer das Krenz-Papier parieren und paralysieren, also letztlich eine andere Erklärung veröffentlichen. Krenz, Mittag und Herrmann sollten die endgültige Erklärung ausarbeiten. Daß war eine merkwürdige Besetzung. Daraufhin meldete sich Krenz blitzschnell und sagte: «Und Schabowski.» Honecker stockte einen Augenblick lang und sagte dann: «Na, bitte.»

Damit saßen wir Jungkonspirateure in einem Boot mit dem Intriganten Mittag und mit Herrmann, mit dem ich während meiner Zeit als Chefredakteur des «ND» zusammengearbeitet hatte. Er war sich, im Gegensatz zu Mittag, nicht oder nicht voll der bedrohlichen Zuspitzung der Situation bewußt. Mittag war ein absoluter Duzfreund und Vertrauter von Honecker, Herrmann war das nur in bezug auf die Medien. Er erkannte wohl nicht die Dramatik der Situation für seine eigene Person, obwohl in dieser Auseinandersetzung immer wieder scharfe Angriffe gegen die Medienpolitik geführt wurden, die natürlich an die Adresse von Herrmann gingen. Denn ein Teil der Politbüromitglieder bekam ohnehin nicht genau mit, bis in welche Einzelheiten sich Honecker in die Medien einmischte. Wer nicht in Berlin ansässig war oder nicht im Sekretariat arbeitete, konnte das nicht ahnen. Außerdem spielte bei den Angriffen auf Herrmann auch eine Rolle, daß es einfacher war, den Sack zu schlagen. Darauf reagierte Herrmann in der Sitzung sehr befangen, weil er so ungehemmte Kritik nicht gewöhnt war. Er sah immer wieder hinüber zu Honecker und hoffte wohl, daß der ihm zur Seite stehen würde. Aber das spielte für den Generalsekretär, der sich selbst einem massiven Druck ausgesetzt sah, in dieser Situation natürlich keine Rolle mehr.

Wir haben uns dann direkt im Anschluß der Sitzung im Zimmer von Herrmann getroffen. Es gab erstaunlicherweise keine großen Diskussionen mehr über das Papier. Das Gespräch über die Endfassung verlief völlig anders, als ich es vermutet hatte. Besonders die Stellen, um die es uns in dieser Erklärung ging, blieben unangetastet, obwohl Mittag wußte, daß dies die heiklen Sätze waren. Doch er sagte nur: «Ist gut.» Auch Herrmann, der für Honecker bisher eine Garantie gewesen war, daß die Dinge in seinem Sinne über die Bühne gingen, wurde nicht nachdrücklich. Honecker hatte sein Papier so lässig hingeworfen, daß daraus schon eine Art Resignation zu schlußfolgern war: «Die sind sich ja doch alle einig. Irgendwie biegen wir das Ding schon wieder hin. Spitzen wir es jetzt lieber nicht zu. Bei passender Gelegenheit werden wir mal diesen oder jenen ins Gebet nehmen, der hier so unerwartet mitdiskutiert hat.»

Die Veränderungen, die von uns vieren vorgenommen wurden, waren minimal. Sie betrafen den Phrasenteil. Das Honecker-Papier spielte dabei bereits keine Rolle mehr. Am nächsten Tag wurde die Erklärung veröffentlicht.

Nur einen Tag später, das war von Honecker schon wieder berechnet, rief er die ersten Bezirkssekretäre zu sich nach Berlin. Es heißt, daß Krenz sie nach Berlin berufen habe. Das wäre nur möglich gewesen, wenn Honecker Krenz dazu aufgefordert hätte. Denn die Einberufung der Bezirkssekretäre und des Sekretariats des ZK zu einer Beratung war nicht Sache von Krenz. Das konnte nicht einmal nur mit Honeckers Zustimmung, sondern nur auf seine Veranlassung geschehen. Die Geschäftsordnung hatte Honecker noch fest im Griff. Vor allem mußte er selbst daran interessiert sein, die Bezirkssekretäre so schnell wie möglich nach Berlin zu bekommen, um ihnen seine Lesart zu vermitteln. In dieser Sitzung wurde das sofort offenbar: Schon seine einleitenden Bemerkungen spiegelten so gut wie nichts vom Charakter der Beratung des Politbüros wider. Er fing damit an, daß der Jahrestag sehr gut verlaufen sei und die internationale Position der DDR verdeutlicht habe. Doch gerade angesichts dieser Lage seien die intensiven Bestrebungen der anderen Seite verständlich, die DDR zu isolieren, diesen stabilen Faktor im sozialistischen Lager, das ohnedies schon angeschlagen sei, zu gefährden. Er kam in seiner Rede auf bestimmte NATO-Übungen zu sprechen, was sich immer mehr zu einem Vortrag über die NATO ausweitete.

Es war ein durchsichtiges Manöver, das selbst einige Bezirkssekretäre unruhig werden ließ. Als sie reden durften, wurde ihre außergewöhnliche Erregung deutlich. Die Kritik von Hans Modrow, dem ersten Bezirkssekretär von Dresden, lief vor allem darauf hinaus, daß die Parteiorganisationen in dieser komplizierten Situation, wo sich dauernd neue Probleme auftaten, ohne erkennbare Führungshilfe geblieben seien. Er stand noch stark unter dem Eindruck der Vorgänge, die er eine Woche vorher in Dresden zu bewältigen gehabt hatte. Bei den Demonstrationen zu den Ausreisezügen hatte sich keine zentrale Instanz nach Dresden begeben, um der dortigen Parteiorganisation bei der Lösung der Probleme zur Seite zu stehen. Er sagte weiter, daß es für ihn bedrückend sei, daß auch in der heutigen Darstellung nicht klargeworden sei, wie denn das Politbüro zu reagieren gedenke. Die Erklärung komme zu spät und sei nicht weitgehend genug. Ähnlich

äußerte sich der Potsdamer Bezirkssekretär Jahn. Der Neubranden-
burger Chemnitzer schloß sich an, während andere offensichtlich
nicht in der Lage waren, die Dramatik der Situation zu erfassen, die
sich inzwischen für die DDR entwickelt hatte. Dazu gehörte vor allem
der Suhler Sekretär Albrecht und der Geraer Sekretär Ziegenhahn,
die mit der üblichen Phraseologie aufwarteten und im Grunde ein
Bild der Ahnungslosigkeit boten. Dieser und jener Bezirkssekretär
wurde aus den eigenen Reihen kritisiert. Modrow zum Beispiel bekam indirekt gesagt, daß er nicht so ein Theater machen solle. Das
war ein Symptom dafür, daß auch unter den Bezirkssekretären unterschiedliche Auffassungen existierten. Doch als die Ansprachen der
Bezirkssekretäre vorbei waren, hatte ein erheblicher und vor allem
der kompetenteste Teil im Grunde das gesagt, was im Politbüro zuvor
besprochen worden war. Plötzlich forderte der Generalsekretär mich
auf, das Wort zu nehmen. Ich habe die Gelegenheit benutzt, um zum
Kern der Sache zu kommen: «Wenn die Genossen hier ihre Beunruhi-
gung darüber gezeigt haben, daß das Politbüro seiner Führungsauf-
gabe nicht gerecht geworden sei, muß man dem zustimmen, weil wir
uns viel zu spät geäußert haben. Aber wenn vermutet wird, daß die
Politbürositzung, die nun endlich stattgefunden hat, sich statt mit
brennenden Problemen zu befassen, mit der NATO beschäftigt hat, so
muß ich hier feststellen, daß das Gegenteil der Fall gewesen ist. Die
Politbürositzung ist vom Ernst der Lage in der DDR ausgegangen und
hat sich sehr gründlich darüber verständigt, wo überall der Karren im
Dreck steckt.» Ich habe dann noch betont – gerichtet an die Bezirkssekretäre, die sich, ähnlich wie manche Politbüromitglieder, bei mir
im September über die Emphase Modrows aufgeregt haben – gesagt,
daß wir froh sein können, daß die Partei in dieser Situation, wo ihre
Existenz auf dem Spiel steht, über Bezirkssekretäre verfügt, die wie
er gewissenhaft und umsichtig, aus eigener Initiative reagieren.

Das war die zweite Desavouierung des Generalsekretärs. Und der
hat das auch genau begriffen.

Warum hat er gerade Sie als Kronzeugen berufen?

Ich weiß es nicht. Ich weiß nicht, ob er durch irgend jemanden über
mich informiert war. Aber wer sollte das gewesen sein? Krenz hat ihm
nichts gesagt. Er konnte nur aus den Indizien folgern, daß da ein Zu-
sammenspiel im Gange war. Es kann natürlich sein, daß er mich spre-

chen ließ, weil ich zugleich Politbüromitglied und Berliner Bezirkssekretär war und somit seiner Ansicht nach den Konsens verkörperte. Ob er immer noch die Vorstellung hatte, er könne irgend etwas anderes von mir erwarten? Er hatte in den letzten Wochen einen Gesichtsausdruck, aus dem nichts abzulesen war.

Zum Schluß hat er ein paar kurze Bemerkungen gemacht, die weder ein Widerruf seiner Äußerungen waren noch eine besonders akzentuierte Bekräftigung, die er wohl schon nicht mehr gewagt hat. Er beendete die Beratung. Wir gingen auseinander, und jeder konnte sich seinen Teil denken. In einer Pause hatte ich Modrow auf dem Gang gesprochen, ihm meine Solidarität bekundet und angedeutet, daß wir uns doch vielleicht mal unterhalten müßten. In den Jahren zuvor hatte ich Modrow zwischendurch immer mal wieder, ohne großen Hintergedanken, einfach aus Kameradschaftlichkeit, angerufen. Dabei habe ich ihm gesagt, daß dieser oder jener Artikel von ihm oder ein Interview diesen oder jenen zum unfreundlichen Kommentar herausgefordert habe. Das habe ich ihm zwischendurch gesteckt. Wir haben uns in Berlin kennengelernt, als er Leiter der Abteilung für Agitation war. Wir hatten kein schlechtes Verhältnis zueinander. Ich habe auch schon mal an einer Delegation teilgenommen, die er leitete. So hat es immer etwas mehr Anlaß zu Kontakt gegeben, als wenn es zuvor überhaupt keine persönliche Berührung gegeben hätte. Nach dieser Beratung mit den Bezirkssekretären habe ich ihn beim Rausgehen dann noch einmal angesprochen und gesagt: «Hans, ich würde es für gut halten, wenn wir uns mal unterhalten könnten.» Er war nicht dagegen. Ich war sogar in dem Glauben, daß er sich melden würde. Doch als ich ihn später mal anrief und sagte: «Hans, du hast dich nicht gemeldet», antwortete er, daß ich mich doch habe melden wollen. Nachträglich kann ich nur noch sagen, daß ich nicht weiß, ob er schon bestimmte Vorbehalte gegen einen Kontakt mit mir aufgebaut hatte. Er hatte eigentlich mit mir keine schlechten Erfahrungen gemacht. Ob er in mir auch einen Rivalen sah, darüber kann ich keinen Aufschluß geben, weil mir dieser Gedanke damals etwas spinnert erschien. Aber die Erfahrung zeigt, daß nichts so spinnert ist, daß es nicht Realität werden könnte.

Es blieb in dieser Situation noch manches halbgar auf der Herdplatte stehen. Alle hatten begriffen, daß meine Stellungnahme eine Desavouierung von Honecker gewesen war. Doch niemand sprach mich darauf besonders an. Egon war zufrieden, weil er es nicht hatte sagen müssen. Für Honecker hatte sich eine zweite Niederlage abgezeichnet.

Ich weiß nicht mehr, mit wem Honecker dann weggegangen ist nach dieser Sitzung. Auf jeden Fall nicht mit Mittag. Das wurde schon vermieden in einer Situation, in der sich die Auffassungen so deutlich zu differenzieren begannen. Da konnte er nicht mehr so offensichtlich sagen: «Günter, komm doch mal mit mir», und alle wissen, sie sitzen wieder zusammen. Nein, nein. Er ist wohl allein und unbewegt rausgegangen. Ich weiß aus der Erzählung der Sekretärin, daß er in diesen Tagen schon ganz unnahbar war. Viele Dinge sind unerledigt geblieben. Er hat nur noch die notwendigsten Vorgänge abgezeichnet. Da sind schon Prozesse in ihm vorgegangen, die sehr existentieller Natur waren: Er war in einer schlechteren Verfassung als je zuvor, und die DDR war in einer schlechteren Verfassung als je zuvor. Wenn er dazwischen ein Gleichheitszeichen setzte, mußte ihn das schon sehr beschäftigen.

Ich war in diesen Tagen, sofern nicht von Sitzungen beansprucht, immer draußen in den Betrieben. Es gab zum Beispiel im VEB Bergmann-Borsig erregte Debatten. Ich wurde schon Ende September von Honecker und Mittag gefragt, was dort los sei. Darauf habe ich geantwortet, daß es Verärgerungen der Kollegen über die Planbedingungen gäbe. Das nahm Honecker ohne Kommentar zur Kenntnis. In der nächsten Sitzung des Politbüros hob Mittag zu der Bemerkung an, daß Bergmann-Borsig ein Betrieb sei, der schon am 17. Juni 1953 konterrevolutionäre Tendenzen gezeigt habe. Für Mittag gab es offensichtlich ideologische Partikel in dem Betrieb, die sich über Jahrzehnte, wahrscheinlich durch die Luft, übertragen haben. So ein Quatsch. Da spielten keine konterrevolutionären Strategien eine Rolle, sondern die Arbeiter waren einfach über die Situation verärgert. Mittag hat dann hinter dem Rücken der Berliner Parteiorganisation eine Kommission eingesetzt, die Licht in diese Vorgänge bringen sollte. Diese Arbeitsgruppe kam jedoch nicht mehr zum Zuge, weil sie von unseren Leuten ignoriert wurde.

Ich habe dort weiter intensive und offene Gespräche geführt und mich in Andeutungen ergangen, daß sich in der Arbeit der Führungsspitze etwas ändern würde. Inzwischen war schon das Ende der Woche erreicht, und am folgenden Dienstag sollte die entscheidende

Sitzung zur Absetzung Honeckers stattfinden. Die eigentliche Entscheidung dazu reifte am Wochenende. Das konnte ich natürlich nicht mitteilen, weil ich nicht wußte, wie die Kollegen darauf reagieren würden. Noch heute meinen manche, wie das häufig in solchen Krisenzeiten der Fall ist, Honecker sei in Ordnung gewesen, aber die um ihn herum waren Schweinehunde. Ich konnte also nicht darauf bauen, daß es eine direkte Anti-Honecker-Haltung gab. Daß er alt und krank war und deshalb besser abtreten sollte, diese Einschätzung war sicherlich weit verbreitet. Aber das war immer noch mit einer grundsätzlichen Anerkennung verbunden, weil er stets als bescheidener Mann gesehen wurde.

Es hat in diesen Tagen noch eine letzte kurze telefonische Begegnung zwischen Honecker und mir gegeben. Er fragte mich, ob ich es für zweckmäßig hielte, daß er in einen Betrieb gehe, ich sei doch bei Bergmann-Borsig gewesen. Ich war verblüfft. Damit hatte ich überhaupt nicht gerechnet. Ich habe ihm geantwortet: «Erich, ich glaube, es ist nicht zweckmäßig. Die Stimmung ist nicht sehr gut.» Das war der letzte direkte Kontakt, den ich zu ihm hatte, bevor er abgesetzt wurde. Die Art, wie er ohne einen Kommentar, ohne Schärfe, gleichsam resigniert den Telefonhörer auflegte, schien mir bezeichnend für den Zustand, in dem er sich befand. Normalerweise hätte er mich gar nicht gefragt, sondern er hätte den Besuch über Mittag angezettelt. Wir hätten dann Bescheid gekriegt: Der Generalsekretär will zu Bergmann-Borsig. Ich nehme an, er hätte von mir lieber gehört: «Na klar, Erich, geh dort hin.» Dann hätte er hoffen können, daß wir mit Hilfe des Apparates eine Pseudoatmosphäre geschaffen hätten, in der die Arbeiter ihre Verbundenheit mit ihm deutlich gemacht hätten. Damit wäre noch einmal ein propagandistisches Gegenstück geschaffen worden zu der Kluft, die sich überall auftat.

Am Freitag ist Krenz nach Leipzig gefahren, um Vorkehrungen für einen friedlichen Verlauf der zu erwartenden Montagsdemo zu treffen. Zuvor hatte Honecker ihn gebeten, an einer Beratung mit den Blockvorsitzenden teilzunehmen, zu der auch Mittag geladen war. Das war wiederum sehr ungewöhnlich, denn eine solche Veranstaltung fand nie mit Mittag statt. Daran war deutlich zu erkennen, daß er Mittag zu seinem ersten Paladin erhoben hatte. Aber er war noch nicht soweit, daß er ganz auf Krenz verzichten wollte. Er holte also Mittag. Und dann muß man ja auch noch den Krenz dazu nehmen. Er war immer noch bemüht, nach außen die Form zu wahren. Krenz hat sich dann aber mit der Bemerkung abgesetzt, daß wieder eine große Demonstration in Leipzig angekündigt sei und daß es besser sei, wenn er sich dort umsehe. Das hat Honecker nicht verweigern können. Er hat ihn sausen lassen. Die Inkonsequenz in seinem Verhalten trat immer deutlicher hervor. Er war zu dieser Zeit schon sehr introvertiert. Er hat auch kaum noch mit seiner Sekretärin gesprochen. Er ahnte wohl auch schon, daß er von mehr und mehr Leuten seiner Umgebung politisch und geistig verlassen worden war. Aber er hoffte noch immer, durch entschiedenes Handeln jemanden umstimmen zu können. Es war eine ganz ungewohnte Situation, mit der er nicht fertig wurde, bei alledem ahnungslos über den Grad der Verschwörung, die sich gegen ihn zusammenbraute.

An dem folgenden Wochenende gab es in Wandlitz weitere Absprachen, ein bruchstückhaftes Vordenken. Krenz und ich entschieden uns, Harry Tisch voll in die Konspiration einzuweihen. In der Dämmerung sind wir in unseren Trainingsanzügen auf Schleichpfaden zu Tisch gestiefelt, damit uns nicht doch Honecker unverhofft über den Weg läuft. Das wäre nicht sehr angenehm gewesen. Vielleicht hätte ihn eine solche Begegnung zu einer Kurzschlußhandlung veranlaßt, weil es nicht üblich war, daß Krenz und Schabowski gemeinsam durch die Wälder trabten. Wir kamen zu Tisch. Ich kannte nur das Haus von Herrmann; dies war jetzt das zweite Mal, daß ich ein Wandlitz-Haus von innen sah. Mein Eindruck war nicht gerade überwältigend. Es war ein durchschnittliches Interieur. Das einzige, was mir auffiel, war, daß der Mann eine enorme Sammlung von Biergläsern besaß. Tisch war auch dafür, in der Führung etwas zu ändern. Ich muß gestehen, daß ich zu dem Zeitpunkt nicht wußte, und das trifft auch für Krenz zu, daß Tisch ein beachtliches Jagdrefugium hatte. Allerdings war mir der überdimensionale Gewerkschaftsbau, der in Berlin unter ihm entstanden war, schon etwas suspekt gewesen. Aber in den Beratungen des Politbüros war Tisch immer sachlich gewesen und hat auch, was mit der Natur seiner Arbeit zu tun hatte, die eine oder andere Schwierigkeit aus den Betrieben offen zur Sprache gebracht. Es war also nicht jemand, der nur geglättete Darstellungen der Wirklichkeit lieferte. Doch auch Tisch stand sehr unter der Knute von Mittag. Mittag war als Wirtschaftsverantwortlicher zuständig für die Beziehungen zwischen Partei und Gewerkschaft. Das war alles doppelt und dreifach genäht, denn die Gewerkschaften hatten ihrerseits einen Vertreter im Politbüro, nämlich Tisch. Also von der objektiven Interessenslage her schien Tisch der richtige Partner für uns zu sein.

Die Diskussion war hauptsächlich davon geprägt: Honecker weg und Mittag und Herrmann am besten gleich mit. Herrmann schien uns nicht so bedrohlich, aber die Presse war unter ihm zu einer unsäglichen geistigen Zwergenhaftigkeit degeneriert. Damit war auch seine Position in der Partei unhaltbar geworden. Vom Machtgesichtspunkt her betrachtet war natürlich Mittag derjenige, der unbedingt mit Honecker zusammen fallen mußte.

Wir wurden uns im Verlauf des Gesprächs einig darüber, daß Dienstag der «point of no return» sein sollte. Wir hatten uns nun schon privat getroffen, was nicht ungefährlich war. Dabei kam auch die Problematik zur Sprache, wer nach der Absetzung Honeckers für bestimmte Leitungsfunktionen zur Verfügung stünde. Egon wollte mit Willi Stoph sprechen. Tisch teilte uns mit, daß er nach Moskau fahre, um seine dortigen Kollegen zu besuchen. Er sollte versuchen, die sowjetische Führung zu benachrichtigen. Wir waren sicher, daß es einem Politbüromitglied keine Schwierigkeiten machen würde, mit einer solch wichtigen Mitteilung zu Gorbatschow vorzudringen. Wir hielten es einfach für korrekt, wobei wir natürlich nicht vergaßen, daß die Bewältigung dieser Aufgabe eine Sache der SED war und nicht etwa von der KPdSU gesteuert werden konnte. Auch in diesem Punkt hatte sich die Lage vollständig geändert. Bei der Entmachtung Ulbrichts war das noch anders gewesen.

Das waren die Hauptpunkte dieses Gesprächs am Wochenende in Wandlitz. Meine Frau wußte inzwischen auch davon. Ich habe sie immer ganz knapp informiert. Wir haben nicht stundenlang darüber gesprochen. Ich wollte sie nur einstimmen. Sie hat dann auch entsprechend diszipliniert reagiert und ist nicht in mich gedrungen, um weitere Einzelheiten herauszubekommen. Auch sie war überzeugt von der Notwendigkeit, daß endlich ein Versuch unternommen werden mußte, die Entwicklung der DDR mit der Perestroika zu synchronisieren.

Noch am Montag erfuhr ich von dem Ergebnis des Gesprächs zwischen Krenz und Stoph. Da hatte sich eine Komplikation ergeben: Stoph war der Meinung, daß man Honecker zwar aus der Funktion des Generalsekretärs entfernen, ihm aber seinen Posten als Staatsratsvorsitzender lassen sollte. Ich habe Krenz sofort heftig widersprochen: «Also, wenn du dich auf solche halben Lösungen einläßt, dann kannst du deinen Traum vom Generalsekretär vergessen. Du wirst dann weiter unter der Fuchtel des Alten stehen, des Mannes, der zwar formell den Posten nicht mehr innehat, aber weiterhin die Macht. Du wirst der junge Mann bleiben, und er wird als Oberpräsident der DDR und mit ungeminderter Autorität als Mitglied des Politbüros mitmischen. Wenn du das willst, dann können wir die ganze Geschichte abbrechen.»

Ich habe dann krampfhaft überlegt, wie ich verhindern könnte, daß Stoph weiter mitmischt, weil ich sein Verhalten als totale Entgleisung ansah. Es schien mir alles wieder in Bruch zu gehen, was wir uns so mühselig an Entschiedenheit abgerungen hatten. Ich habe dann aus einer Beratung heraus, die in der Bezirksleitung stattfand, den sowjetischen Botschafter angerufen. Bei diesem Gespräch saßen Genossen des Sekretariats der Bezirksleitung um mich herum. Es war kennzeichnend dafür, wie sie in die Sache eingeweiht waren. In ihrer Gegenwart habe ich dem Botschafter der UdSSR gesagt, was wir am Dienstag vorhätten. Ich sah in dieser Drucksituation keine andere Möglichkeit, als mich an ihn zu wenden, in der Annahme, ich stoße auf jemanden, der nicht völlig ahnungslos sei. Ich hatte irgendwie erfahren, daß er sich mit Stoph treffen wollte. Deshalb bat ich ihn, die Möglichkeit zu nutzen, auf Stoph Einfluß zu nehmen, seine Kondition in bezug auf Honecker zurückzunehmen. Das war natürlich ein sehr ungewöhnliches Vorgehen. Ich habe mich dann auch nicht lange damit aufgehalten, den Botschafter zu fragen, was er denn von unserem Vorgehen halte. Er sollte sich nicht äußern müssen, ich wollte nur wissen, ob die Botschaft, die ich hatte, von ihm verstanden worden sei. Ich wollte ihn überhaupt nicht zu einer Stellungnahme veranlassen. Also habe ich ihn noch mal ganz deutlich gefragt: «Kann ich davon ausgehen, daß Sie verstanden haben, was ich gesagt habe?», und er hat geantwortet: «Ja, ich habe verstanden.» Ich habe russisch mit ihm gesprochen. Meine Kollegen haben das ganze Gespräch mitangehört und dann gemeint, daß es richtig gewesen sei, dies zu tun. Ich hatte keine Gelegenheit mehr, Krenz davon zu informieren. Fast ein Jahr später kam ich mit Krenz auf den Vorgang zu sprechen. Er bestritt, daß Stoph die Bedingung in bezug auf Honecker gestellt hat. Stoph habe sich selbst als Staatsratsvorsitzender ins Spiel bringen wollen. Wenn es so gewesen ist, war dieses Mißverständnis ein Symptom für die Hektik und das Durcheinander, die unsere Aktion kennzeichneten.

Im Laufe des Montag haben wir herumtelefoniert, um zu erfahren, wer zu unseren Parteigängern zu zählen wäre, wenn ein solcher Antrag käme. Krenz hat mit Hager und anderen telefoniert. Ich glaube auch, Lorenz hat telefoniert. Aber wir haben uns wiederum nicht abgestimmt. Wir kamen so auf zehn, elf Leute, die Bescheid wußten. Dabei blieben Fragen offen. Ich weiß nicht, ob Krenz mit Mielke gesprochen hat. Es ist möglich, daß er mit ihm gesprochen hat, weil die Sache eine solche Zuspitzung erfahren hatte, daß es wichtig war, daß Mielke nichts konterkarierte.

Langsam wurde es ernst. Ich war angespannt, habe aber keine Sekunde daran gezweifelt, daß wir das über die Runde bringen würden. Es hat bei mir eigentlich nie diese zweiflerische Unsicherheit gegeben, die im unteren Teil der menschlichen Physiologie zu Hause ist. Es war eher ein Vorwärts, Voran: Gott sei Dank, jetzt rollt der Laden.

Es hat also bei keinem, den Sie angesprochen haben, Schwierigkeiten gegeben?

Doch, eine Episode vor dem Finale ist noch hinzuzufügen. Vor der Sitzung habe ich mit Krolikowski gesprochen, und dabei gab es Schwierigkeiten, die mit den viel zu vage vorgenommenen Absprachen zusammenhingen, wie sich denn das Machtgeflecht hinter Krenz entwickeln sollte. Die Frage stellte sich natürlich, wer Ministerpräsident werden sollte. Obwohl Stoph mitmachte, war für Krenz und mich klar, daß wir ihm nahelegen mußten, von seinem Posten zurückzutreten. Der Mann war physisch so runter, daß er bei jeder Gelegenheit öffentlich einschlief und dadurch um das Vergnügen herumkam, diese oder jene Rede, die keine Neuigkeit enthielt, in vollem Wortlaut miterleben zu müssen. Wir hatten uns nur am Rande überlegt, wer denn diesen Posten übernehmen könnte. Anfangs war Jarowinsky im Gespräch, weil er ökonomisch ganz fit war, eine Antiposition zu Mittag hatte und auch, weil er von der Erscheinung her den Anforderungen dieses Amtes entsprechen würde. Plötzlich hat sich sogar Harry Tisch ins Gespräch gebracht. Modrow war anfangs nicht im Gespräch, aber ich habe schon in den ersten Tagen nach der

Wende Egon Krenz bedeutet, daß wir Modrow in einer entsprechenden Funktion unterbringen müßten, was den Posten des Ministerpräsidenten einschloß. Doch an diesem Montag vor dem Umsturz war nur die Spitze anvisiert und damit nur die Funktion des Generalsekretärs. Das erklärt, warum noch keine Kabinettsliste vorlag. Diese längerfristigen Strategien wurden auch immer überlagert von den Entscheidungen, die der jeweilige Tag forderte. Das erste Nachdenken über den Ministerpräsidenten war jedenfalls ohne Ergebnis geblieben.

Einer allerdings hatte sich große Chancen ausgerechnet, ohne daß wir mit ihm gesprochen hatten: Krolikowski. Wir waren gar nicht darauf gekommen, weil er ein Mann war, der die Linie Mittag verfochten hatte und im übrigen keine eigene Meinung vertrat. Nun hatte ich, wie gesagt, übernommen, mit Krolikowski zu sprechen und dabei völlig meinen Zusammenstoß mit ihm vom September vergessen. Ich ging zu ihm rein und sagte: «Ich komme nur noch mal, um dir zu sagen, was sich morgen abspielen wird.» «Brauchst du nicht zu tun.» «Na ja, gut, ich wollte dir sozusagen nur noch mal vorschlagen, daß wir einen Uhrenvergleich anstellen, wenn ich dir schon nichts mehr zu erzählen brauche.» «Ja, ja, ich weiß, ich habe längst mit Willi darüber gesprochen.» Er fuhr mir unablässig über den Mund. Ich spürte eine große Gereiztheit aus seinen Worten und eine sehr abfällige Reaktion, die mir klarmachen sollte, Freunde sind wir nicht. Es gab zwei Möglichkeiten für diese Haltung zu mir: Entweder war er mir noch böse wegen des Streits im September, oder zu ihm war irgendwie durchgesickert, daß Krenz und Schabowski möglicherweise jeden anderen einigermaßen gerade Gewachsenen auf diesem Posten sehen wollten, aber nicht den Krolikowski. Gleichzeitig hat Stoph ihm wohl Avancen gemacht, etwa so: «Die tricksen wir schon aus, wenn die mit mir was machen wollen, dann werde ich zur Bedingung stellen, daß du Ministerpräsident wirst.» Alles das war ja im Grunde auch illusionäre Geschaftelhuberei, weil dabei nie in Rechnung gestellt wurde, wie ernst der Zustand der Partei war. Anderseits hätte eine Personalliste nicht schaden können.

Wir hatten auch nicht darüber gesprochen, was denn Schabowski hinterher macht. Krenz hatte zwar angedeutet, daß ich den Agitationsbereich übernehmen sollte, ich aber habe mich mit Händen und Füßen dagegen gewehrt: «Also, Egon, darüber brauchen wir gar

103

nicht zu reden, ich gehe nie wieder in diesen Bereich zurück. Du mußt verstehen, es war für mich eine ungeheuer qualvolle Zeit in den letzten Jahren als Chefredakteur des ‹Neuen Deutschland›. Ich habe mich innerlich von diesem Metier gelöst.» Wenn überhaupt, dann wäre mir eine Arbeit im internationalen Bereich lieber gewesen, weil ich da der Partei wirklich hätte nützen können. Ich spreche russisch, englisch und etwas französisch und hatte inzwischen meine internationalen Kontakte aufgebaut. Das wäre eine Arbeit gewesen, bei der ich vielleicht etwas hätte leisten können. Aber die Besetzungsfragen für das Politbüro und die Regierung haben wir vor uns hergeschoben. Das war ein Fehler. Doch es ging ja nicht nur um die Pöstchen, sondern um eine funktionierende Maschinerie, die mit fähigen Erneuerern besetzt werden mußte. Sonst würde die Sache an den ersten Klippen zerbersten, wie es dann auch später geschehen ist. Unser Denken war immer noch bestimmt von dem Glauben an die Allmacht der Partei, die Reaktionen des Volkes lagen noch weit weg. In Wirklichkeit war die Macht der Partei schon lebensgefährlich atrophiert, was uns in der Folgezeit zu Schritten zwang, die sich überhaupt nicht mehr nach dem normalen Reglement dieser Partei vollziehen konnten.

Dann kam der Dienstag. Ich habe noch wenige Minuten vor Beginn der Sitzung im Politbüro einen Mann angesprochen, den ich nicht telefonisch erreichen wollte: Werner Eberlein. Ich habe ihn hinter meinem Platz an die Wand genommen und habe ähnlich wie zu anderen gesagt: «Werner, heute treffen wir die Entscheidung, was die Person betrifft. Ich hoffe, du wirst dich richtig entscheiden.» Ich hätte ihn ungern früher angerufen, weil Werner Eberlein zwar ein anständiger Charakter war, aber eine große innere Bindung zu Honecker hatte. Wir hätten ihn in Gewissenskonflikte gestürzt, wenn wir ihn vorher informiert hätten. Das wollten wir vermeiden, und deshalb habe ich ihn erst in der letzten Minute vergattert, damit er uns nicht vom Stuhl fällt und überhaupt nicht weiß, was er machen soll. Ich merkte an seiner Reaktion, daß er eine Sekunde lang konsterniert war, dann aber durch seine Mimik ausdrückte, daß wohl etwas anderes nicht mehr möglich sei. Nur daß es in dieser Sitzung passieren würde, war ihm wie einer ganzen Reihe anderer bis zu diesem Zeitpunkt vorenthalten worden.

Die Sitzung begann. Honecker sprach wie üblich einige einleitende Worte und wollte zur Tagesordnung übergehen, als Stoph ihn unterbrach. Stoph sagte, daß er eine Änderung der Tagesordnung vorschlagen möchte und daß man als ersten Punkt über die Absetzung des Generalsekretärs sprechen sollte. Honecker hat darauf mit einem steinernen Gesicht reagiert. Er ließ die Debatte zu, versuchte aber die Sitzung so zu leiten, daß er die vermeintlichen Gegner von Stophs Attacke auf ihn zuerst dran nahm, obwohl sich alle zu Wort meldeten. Er wählte mit Bedacht die Leute aus, von denen er glaubte, daß sie die Diskussion herumreißen könnten.

Krolikowski ließ einen wütenden, mit Injurien bespickten Beitrag los, der uns verblüffte, weil der Mann bis dato als ein absolut angepaßter Mensch galt, selbst in Fragen, bei denen es nicht unbedingt nötig war, Ergebenheit zu demonstrieren. Darauf erklärte Mittag schamlos, daß auch er es für notwendig erachte, daß Honecker seinen Platz räume, weil diese Politik nicht länger zu verwirklichen sei. Krenz, Jarowinsky und ich riefen dazwischen: «Ein Skandal, wie der Mann sich äußert und zu seinem eigenen Tun kein Wort sagt.»

Mittag sprach kurz und stammelnd, ohne jeden rhetorischen Dampf. Er hatte genau begriffen, daß sein politisches Ende gekommen war. Ein Mittag, der nichts davon mitbekommen hatte, daß sich die Entwicklung bis zu einer solchen Politbürositzung zugespitzt hatte, auf der es zur Absetzung kommt, die von seinem Generalwidersacher Stoph auf die Tagesordnung gesetzt worden war. Ein Mittag ohne Honecker war nicht vorstellbar. Es war eine würdelose Rede, die er hielt, die nur noch seine Hilflosigkeit zeigte. Wenn man weiß, daß man keine Chance mehr hat, warum dann dieser krampfhafte Versuch, dem Mann, mit dem man so lange Jahre zusammengearbeitet hat, die Schuld alleine aufzubürden? Aber seine taktischen Winkelzüge verfingen nicht mehr. Alle sprachen sich auch für seine Absetzung aus, meist in entschiedener, aber sachlicher Manier.

Auch Herrmann wurde dann in die kritische Auseinandersetzung mit einbezogen. Herrmann war blaß und getroffen von dem Verlauf der Diskussion, die zunächst einem Mann galt, zu dem er eine sehr persönliche enge Beziehung unterhielt, und dann auf ihn überschwappte. Doch im Gegensatz zu Mittag muß man zur Ehre von Herrmann sagen, daß er sich zur Verantwortung für den Niedergang der Medien bekannte.

Mielke lieferte eine ziemlich unerträgliche Vorstellung. Er erging sich in Entrüstungstiraden. Alles, was an unbequemen Maßnahmen zu tun gewesen sei, hätte Honecker veranlaßt. Da hat Honecker mal eine Regung gezeigt, die Mielke signalisierte, er solle die Klappe nicht so weit aufreißen. Daraufhin schrie Mielke, er würde noch mal auspacken und erzählen, da würden wir uns noch wundern. Vielleicht meinte er damit Dinge, die später hochkamen. Es war wohl eine Revanche für manche hämische Bemerkung, die ihm Honecker in der Vergangenheit zu schlucken gegeben hatte. Ich war der letzte, der auf dieser Sitzung gesprochen hat. Dabei bin ich nicht mehr sonderlich auf die Person Honeckers eingegangen. Es wäre absurd gewesen weiter auf ihm rumzuhacken, nachdem vor mir schon zwanzig, fünfundzwanzig Leute mit Honecker abgerechnet hatten. Meine Meinung zu Honecker war klar. Ich meinte nur noch, daß es jetzt das wichtigste sei, nach vorne zu blicken und die nächsten inhaltlichen Punkte unserer Arbeit festzulegen, weil es nicht nur um die Person, sondern um die Sache ginge. Das waren Dinge, wie die Reiseproblematik, die ökonomischen Probleme, die Medienpolitik.

Die Beratung endete mit einer einstimmigen Entscheidung, dem ZK vorzuschlagen, Honecker, Mittag und Herrmann abzusetzen.

Am Nachmittag nach der Absetzung Honeckers fragte ich Krenz, ob er sich schon mal Gedanken über die Stimmenverhältnisse im ZK gemacht hätte. Wenn schon der Sturz im Politbüro nicht allzu leicht über die Bühne gegangen war, wer würde dann garantieren wollen, daß bei einem Gremium von rund 200 Menschen die Lage nicht noch komplizierter sei und wir womöglich isoliert dastünden. Daran nicht zu denken, war ein Reflex der Geringschätzung des Zentralkomitees durch das Politbüro. Man dachte, daß die, die da die Kulissen schoben, automatisch mit der Zustimmung der Mehrheit des Zentralkomitees rechnen könnten. Für mich war klar, daß das funktionierte, solange Honecker an der Macht war. Ob es mit Krenz noch genauso sein würde, war eine andere Frage. Deshalb mein Drängen in dieser Richtung. Wir haben uns dann vage abgestimmt. Herger erklärte, daß er sicher sei, daß die Vertreter des Militärs und die Organe der Sicherheit für Krenz stimmen würden. Ich habe es übernommen, mit Hermann Kant zu sprechen, um möglichst vieler Künstler und Wissenschaftler auf unserer Seite sicher zu sein. Wie würden die Minister reagieren? Nach kurzen Gesprächen wurde klar, daß sie eine Antiposition zu Mittag hatten. So kam durch die unsystematischen Versuche einzelner eine Art Raster zusammen, wie das Zentralkomitee reagieren würde. Dabei waren jene die, die draußen in der Republik saßen, kaum einzuschätzen. Bei aller Kritik an der Politik gab es in der Partei noch immer einen tiefen Respekt für Honecker.

War das möglicherweise ein Grund, warum aus dem «Sturz» Honeckers im ZK ein «Rücktritt» wurde?

Ja, es war als Vorsichtsmaßnahme vorgesehen, wir hatten uns zuvor kurz darüber verständigt, daß im Hinblick auf solche Gefühle, mit denen wir rechnen mußten, der Sturz Honeckers nach außen als ein Rücktritt erscheinen müßte. Wir oktroyierten ihm den Rücktritt, damit er sein Gesicht wahren konnte. Mir fiel dann ein, daß man ihm ein Rücktrittsgesuch vor dem Zentralkomitee in die Hand drücken müsse. Er sollte dort nur das sagen, was *wir* wollten. Also habe ich mich hingesetzt und einen kurzen Text verfaßt, damit er nicht irgendwelchen Quatsch redet. Dieser Entwurf unterscheidet sich in einigen wenigen Stellen von der von Honecker im ZK vorgelesenen Erklärung. Nach meiner Erinnerung habe ich es etwas zurückhaltender formuliert, was seine Person und seinen Einsatz anbelangt. Das Wichtigste aber war, daß in meinem Entwurf nicht stand: «Ich schlage Genossen Krenz als meinen Nachfolger vor.» Mir war klar, daß es das Dümmste gewesen wäre, was wir hätten machen können, wenn der Eindruck entstanden wäre, daß der bis dato von den westlichen Medien als Kronprinz ausgewiesene Krenz, oder sagen wir es deutlicher: abgestempelte Krenz, nun auch noch von Honecker empfohlen wurde. Honecker sollte nur die Möglichkeit bekommen, qua Einsicht in die Notwendigkeit den Stuhl freizumachen. Mehr nicht. Deshalb habe ich geschrieben: «Als meinen Nachfolger schlage ich einen Genossen vor, der besser imstande ist als ich, die Geschäfte zu übernehmen.» Dieses Papier, das ich zuvor mit niemandem abgesprochen hatte, habe ich am Montag Krenz gegeben, damit er damit operieren kann, wenn er die Zeremonie mit Honecker abspricht.

Am folgenden Vormittag fand noch einmal eine Politbürositzung statt, die von Honecker und Krenz geleitet wurde. In der Sitzung ging es nur noch darum, daß Honecker eine Erklärung vor dem Zentralkomitee abgeben würde. Ich habe allerdings dann nicht mehr nach dieser Erklärung gefragt, weil ich dachte, es sei bei meinem Papier geblieben. Doch tatsächlich wußte ich nicht einmal, ob das Papier überhaupt schon mit Honecker besprochen worden war. Ich nehme an, daß das erst nach dieser Sitzung geschehen ist. Ich weiß es nicht. Wir haben nach dieser Sitzung noch im Umlaufverfahren die Rede von Krenz bestätigt.

Stoph unterrichtete am Anfang der ZK-Sitzung darüber, daß es im Politbüro eine Personalentscheidung gegeben habe. Das Zentralkomitee möge nun eine Erklärung des Generalsekretärs entgegennehmen, die diesen Gegenstand betreffe. Honecker begann, die Erklärung zu verlesen, und da hieß es plötzlich: «Ich schlage Genossen Krenz als Generalsekretär vor.» Das war der Punkt, der Modrow in Aufruhr versetzte. Noch auf dem außerordentlichen Parteitag im Dezember sprach er davon, daß dies ein abgekartetes Spiel gewesen sei, in dem Honecker noch selbst seinen Nachfolger habe bestimmen können.

Nun stellt sich natürlich die Frage: Wer hat den Namen da reingesetzt? Krenz hat mir das nie beantwortet. Ist der Name etwa reingesetzt worden mit Zustimmung von Krenz, oder hat Honecker in einem Anflug von Raffinesse den Namen hineingeflickt, als Fluch des Pharao sozusagen. Ich halte das für einen wesentlichen Punkt, der mit zu dem erfolglosen Wirken unserer Truppe beigetragen hat. Krenz konnte sich nie von dem Makel befreien, daß er vorher der Kronprinz war und dann auch prompt von Honecker in die Nachfolgeposition gehievt wurde. Wäre dieses Papier, dieser Entwurf nicht da gewesen, wären wir in eine Lage gekommen, wo Honecker seine eigene Erklärung durchgedrückt hätte. Wie die dann ausgesehen hätte, weiß der Teufel. Wieder ein Zeichen dafür, daß nichts gründlich vorbereitet war, daß vieles von der Intuition einzelner abhing.

Nachdem Honecker seine Erklärung abgegeben hatte, verließ er den Saal. Dabei haben sich alle erhoben und ihm Beifall gezollt. Diese Szene drückte viel über die Stimmung im Zentralkomitee und damit auch in weiten Teilen der Partei aus: Gut, daß er gegangen ist. Wir müssen wahrscheinlich irgend etwas verändern, können das aber nicht mit ihm. Doch gut, daß es so bieder und brav und ohne großen Konflikt über die Runden gegangen ist. Erneuerung ist sicherlich nötig, aber Kontinuität, Kontinuität, Kontinuität.

Es folgte eine Debatte. Es war die erste Tagung des Zentralkomitees, in der die Leute ohne vorbereitetes Manuskript ihre Meinung sagten. Modrow forderte, daß man sich sofort in der ZK-Tagung ausführlich mit den Umständen und Ursachen, die zu dieser Lage geführt hätten, beschäftigen sollte. Dies wurde von der Mehrzahl der anderen Redner, darunter von mir, zurückgewiesen, mit der Begründung, es sei jetzt nicht die Zeit dazu, drei Tage lang über all diese Faktoren zu reden. Jetzt komme es darauf an, so schnell wie möglich den Menschen mitzuteilen, welche Veränderungen sich vollzogen haben und vollziehen werden, unter welchen Auspizien die Veränderung angelegt ist. Das müsse vor allem durch Krenz geschehen, dem Manne, der die Veränderung personifiziere. Außerdem könne eine solche Diskussion nur auf der Basis einer gründlichen Analyse geführt werden, die zu diesem Zeitpunkt noch gar nicht vorläge. Dazu hatten wir keine Zeit. Wir hatten alle unsere Verpflichtungen. Wir mußten raus in die Kollektive, um den Leuten vor Ort die Sache zu erläutern. Die Debatte sollte auf der nächsten ZK-Tagung beginnen.

Das alles waren Überlegungen, die damals eine gewisse Berechtigung zu haben schienen. Heute glaube ich indes, daß eine unverzügliche Grundsatzdebatte im ZK uns vielleicht früher zu konsequenterem und schnellerem Reagieren auf die politischen Erfordernisse der Wende gezwungen hätte. Vielleicht hätten wir dann auch früher eine strategische Konzeption vorgelegt.

Nach dieser Diskussion hielt Krenz vor dem Zentralkomitee eine Rede, die er später vor Fernsehpublikum wiederholte. Er schreibt in seinem Buch, daß diese Rede ein Fehler gewesen sei. Sie war in der Tat ein eklatanter Fehler, weil aus ihr nicht zu entnehmen war, was wir vorhatten und vorhaben mußten. Das sind die Fehler, die man selbst auch gemacht hat. Mir ist gar nicht in den Sinn gekommen, an der Rede mitzuarbeiten, obwohl die Rede im Politbüro in Umlauf gebracht und von uns zur Kenntnis genommen worden ist. Aber wir haben wenig dagegen eingewandt, die spätere Wirkung dieser Rede noch nicht geahnt. Aber Krenz hätte dort ein Konzept vorlegen müssen, und wenn es nur zehn Sätze gewesen wären. In jedem Satz eine Aussage über das, was wir grundsätzlich in der DDR verändern wollten. Daraus wäre das Bild einer anderen DDR entstanden, an der man uns hätte messen können. Diese Rede hätte dann den Verdacht von vornherein ausgeschlossen, daß wir so handeln könnten, wie auf dem Platz des Himmlischen Friedens gehandelt worden ist. Außerdem ist es natürlich nicht glücklich, wenn du eine Rede ans Volk hältst, die für ZK-Mitglieder bestimmt ist. Nach dieser Fernsehrede hat sich das Mißtrauen gegen Krenz neu kristallisiert. Es wäre besser gewesen, er hätte sich einfach ohne Manuskript vor die Menschen gestellt und hätte Rede und Antwort gestanden. Soviel Courage muß man in einer solchen Situation schon aufbringen. Aber wir waren damals eher in folgender Stimmung: Jetzt haben wir es geschafft, das Tor ist auf, jetzt müssen wir ran an die Sache. Innerlich fühlten wir uns frei. Nun gut, wir hatten die Methusalems noch da, aber die müssen so oder so mitmachen. Es wird noch manchen Ärger mit ihnen geben, aber sie haben ja auch nicht verhindern können, daß wir diese Schritte eingeleitet haben. Also werden die uns doch nicht daran hindern können, daß wir Stück um Stück weitergehen.

Nach der Absetzung, nach den Entscheidungen des ZK ist noch so ein Unfug passiert. Mittag hat nach seiner Absetzung tagelang alles mögliche oben in seinem Büro erledigen können. Keiner von uns, ich selbst auch nicht, hatte das bedacht – wiederum ein Zeichen dafür, wie amateurhaft wir vorgingen. Der neue Generalsekretär hätte festlegen müssen, daß die alten Leute in ihren Büros nichts mehr zu suchen haben. Mit uns ist wenig später korrekterweise so verfahren worden. Als wir unseren Rücktritt erklärten, wurden noch in unserem Beisein die Zimmer versiegelt. Wir hätten härter und konsequenter sein müssen. Aber es gab nicht mal ein Konzept, das der Maßstab für Personalentscheidungen oder für eine andere Wirtschaftspolitik hätte sein können. Wir hätten einfach eine Gruppe von zwanzig Fachleuten und Wissenschaftler damit beauftragen sollen, ein Konzept zu entwerfen. Wir hätten einen erheblichen Tempoverlust aufholen können, wenn wir auf der Tagung des Zentralkomitees, auf der Honecker abgesetzt wurde, sofort ein Aktionsprogramm hätten vorweisen können. Das Stichwort «Freie Wahlen» kam ja erst mit Zittern und Zagen nach der Tagung der Volkskammer im November. Und zu diesem Zeitpunkt kam es nur unter Druck und nicht freiwillig, nicht in Erkenntnis eines anderen Sozialismusbildes. Viele empfanden es als eine unschöne Beule in der Ikone des alten Sozialismus. Wir haben es versäumt, die Hausnummern deutlich zu machen, auf die man uns hätte festlegen können, wie freie Wahlen, Versammlungsfreiheit, freie Medien. Zur Ökonomie, zur Rolle des Produzenten, zur Rolle des Marktes hätten wir uns äußern müssen. Statt dessen dieser gebremste Schaum von Krenz vor dem Zentralkomitee. Nachdem er die alte Tapete heruntergerissen hatte, hat er gleich zwei neue alte Tapeten an die Wand geklebt, damit nur niemand beunruhigt ist. Es ging doch darum, daß die in Unruhe geratene Bevölkerung endlich das zu hören kriegte, worauf sie wartete. Statt dessen haben wir uns immer noch an einer imaginären Schicht orientiert, die nicht mehr die bestimmende war. Erst das Volk hat uns auf Trab gebracht.

Was wir völlig unterschätzt haben, ich kann es nur noch wiederholen, war das Fehlen eines Fahrplans, der uns mitnimmt. Wir glaubten, Monate Zeit zu haben. Das Fehlen von Konzeptionen war Ausdruck eines ungeheuren Tempoverlustes, der in bezug auf die Volksbewegung längst eingetreten war. Wir haben das Tor aufgestoßen und aus Freude darüber vollkommen den Zug aus dem Blick verloren, auf den wir hätten aufspringen müssen. Wir hätten uns sofort die Sprungfedern anschnallen müssen.

Die Wende

Nach dem offiziellen Rücktritt Honeckers auf der 9. ZK-Tagung begann am 19. Oktober die «Wende-Zeit» unter Egon Krenz. Festgefahrene Machtkonstellationen gerieten in Bewegung. Die Kirchen trafen noch am ersten Tag mit dem neuen Generalsekretär zusammen und unterstrichen «den Willen Vertrauen zu schaffen und Vertrauen zu wagen». Bischof Hempel stellte jedoch schon einen Tag später den Führungsanspruch der SED auf der Dresdner Synode in Frage. Dort forderte er auch, daß sich die Partei für das brutale Vorgehen der Sicherheitskräfte entschuldige. In den folgenden Tagen entwickelte sich eine Kontroverse zwischen Kirchen und Parteiführung.

In der Volkskammer gab es das erste Mal Gegenstimmen, als Egon Krenz am 24. 10. in offener Abstimmung zum Staatsratsvorsitzenden und Vorsitzenden des Nationalen Verteidigungsrat gewählt wurde. Der LDPD-Vorsitzende Gerlach hatte, entgegen der Tradition der Einheit unter den Blockparteien, Ansprüche auf den Posten des Staatsratsvorsitzenden geltend gemacht.

Das politische Leben spielte sich zum erstenmal in der Geschichte der DDR in zunehmenden Maße in der Öffentlichkeit ab. Die Demonstrationen nahmen an Zahl und Umfang immer noch zu: Die Menschen forderten Demokratie und freie Meinungsäußerung und protestierten gegen die Ämterhäufung von Krenz und die Allmacht der Staatssicherheit. Den Höhepunkt bildeten die nunmehr schon legendären «Montagsdemonstrationen», die in der «Heldenstadt» Leipzig stattfanden.

Am 22. Oktober begannen in Leipzig die ersten «Sonntagsgespräche», bei denen sich Vertreter der SED den Fragen der Menschen stellten. Eine Praxis, die sich kurzfristig in mehreren Städten der DDR einbürgerte. Im Rahmen einer solchen Veranstaltung erklärte Günter Schabowski: Demonstrationen würden künftig «auch in Berlin zur politischen Kultur gehören». Eine Woche später (4.11.) fand auf dem Alexanderplatz eine Großkundgebung statt, zu der die Kultur- und Theaterschaffenden Berlins aufgerufen hatten. Es kamen mehrere Hunderttausende zu dieser Veranstaltung.

Die Opposition formierte sich nicht nur auf der Straße. Am 27. Oktober fand die erste halb-offizielle Begegnung zwischen führenden Köpfen der Sammlungsbewegung «Neues Forum» und Günter Schabowski als Vertreter der SED statt. Sie verhandelten über die Legalisierung des Bürgerforums.

Die Krenz-Mannschaft erkannte von Anfang an, daß sie der Frage der Reisefreiheit besonderes Gewicht beimessen mußte. Am Tag nach dem Machtwechsel wurde Innenminister Friedrich Dickel beauftragt, einen Gesetzentwurf vorzubereiten. Fünf Tage später erklärte das Politbüro, daß «alle DDR-Bürger in Zukunft ungehindert reisen dürfen». Am 27. Oktober beschloß der Staatsrat auf Geheiß seines Vorsitzenden Egon Krenz eine Amnestie für Personen, die vor diesem Datum geflüchtet sind.

Als am 6. November das neue Reisegesetz veröffentlicht wurde, kam es zur bisher machtvollsten Demonstration in Leipzig. Kritik richtete sich gegen das im Gesetz vorgesehene bürokratische Genehmigungsverfahren und die zeitliche Begrenzung des Auslandsaufenthaltes. Die für 30 Tage geplante öffentliche Diskussion fand nicht statt. Am 8. November gab Schabowski auf einer Pressekonferenz den Beschluß des ZK bekannt, die Grenze mit sofortiger Wirkung zu öffnen. In der Nacht zum 9. November feierten die Berliner ein unvergeßliches Fest an der Mauer. Menschen tanzten ausgelassen um das Brandenburger Tor. West-Berlin versank für mehrere Tage im Ansturm der Trabbis und Wartburgs. Bis zum Sonntag hatten 4,3 Millionen DDR-Bürger die BRD und Westberlin besucht.

Damit verschaffte sich die neue Führung kurzfristig Atemluft. In der Zeit bis zur Maueröffnung hatte es noch keine grundlegenden Änderungen gegeben. Das Aktionsprogramm, das Krenz in einer Fernsehansprache bekannt gab, blieb hinter den Erwartungen zurück. Er versprach Meinungsfreiheit, die Einführung eines zivilen Ersatzdienstes und eines Verfassungsschutzes. Unklar waren seine Äußerungen zur Wirtschaftspolitik und seine Haltung zu der Frage von freien Wahlen. Auch in Personalfragen galt Krenz als inkonsequent. Die alte Garde des Politbüros war Anfang November nur zögernd zurückgetreten.

Das neue Politbüro, das zu Beginn des 10. ZK-Plenum bestimmt wurde, verlor wenige Tage später einige seiner Mitglieder, gegen deren Wahl die Parteibasis demonstrierte. Sie erzwang auch die Einberufung eines außerordentlichen Parteitages für Anfang Dezember.

Die Wahl von Günter Maleuda, dem Vorsitzenden der Bauernpartei, zum Volkskammervorsitzenden läutete am 13. November die zweite Phase von Krenz' Amtszeit ein. Bislang war diese Position SED-Mitgliedern vorbehalten worden. In derselben Sitzung wurde Hans Modrow, inzwischen Politbüromitglied, zum Ministerpräsidenten bestimmt. Er machte nach seiner Vereidigung am 17. November deutlich, daß in Zukunft Regierungsarbeit von Parteiarbeit getrennt werden würde, und kündigte umfassende Reformen an. Ferner entließ er langgediente Minister, darunter Stasichef Erich Mielke, der sich mit dem Satz «Ich liebe euch doch alle» aus dem politischen Leben verabschiedete.

Trotz angekündigter Trennung von Partei und Staat traf nicht nur Modrow, sondern auch Krenz drei Tage später mit Kanzleramtsminister Rudolf Seiters zu Gesprächen über einen gemeinsamen Devisenfonds und den Ausbau der Wirtschafts- und Handelsbeziehungen zusammen.

In der Folgezeit versuchte die Regierung der DDR, die Auswirkungen der Grenzöffnung abzufedern, um die Eigenständigkeit der DDR zu bewahren. Der Ministerrat beschloß am 23. 11. die Einführung von Zollkontrollen, damit die DDR nicht leergekauft werde, doch der Schwarzmarkt blühte weiterhin. Bundeskanzler Kohl beantwortete am 28. 11. in seinem Zehn-Punkte-Programm zu «Wiedergewinnung der staatlichen Einheit Deutschlands» Modrows Vorschlag einer Vertragsgemeinschaft. Damit schob sich die Forderung nach Wiedervereinigung, die schon vereinzelt auf den Demonstrationen nach der Grenzöffnung zu hören gewesen war, in den Vordergrund. Demonstrativ schlossen sich Krenz und Modrow dem Aufruf «Für unser Land» an, der von Künstlern, Wissenschaftlern und Vertretern der oppositionellen Gruppen initiiert worden war.

Doch der rapide Vertrauensverlust in die kommunistische Staatsführung war durch solche Manöver nicht mehr aufzuhalten. Es häuften sich, insbesondere nach Aufhebung der Pressezensur am 14. 11. durch den neuen Sekretär für Medien, Schabowski, die Berichte über Fälle von Korruption und Machtmißbrauch. Reportagen des DDR-Fernse-

hens über Wandlitz erregten den Volkszorn. Unter anderem wurden gegen Erich Honecker und Günter Mittag Haftbefehle und Parteiausschlußverfahren in die Wege geleitet. Dennoch verließen SED-Mitglieder in Scharen ihre Partei.

Es gelang der neuen Parteiführung auch nicht, den Dialog mit der Opposition aufzunehmen. Der «Runde Tisch» diskutierte erst am 7. Dezember. Zwar hatte das Politbüro schon am 22. November Gesprächsbereitschaft signalisiert, doch die Voraussetzungen für Verhandlungen Gleichberechtigter fehlten. Erst am 1. Dezember wurde der «Führungsanspruch der SED» von der Volkskammer aus der Verfassung getilgt.

Am 3. Dezember schließlich mußte die Krenz-Mannschaft auf Druck der Basis weichen. Der Verdacht der Wahlfälschung gegen den neuen Generalsekretär hatte sich erhärtet. Das Politbüro trat geschlossen zurück.

Hatte Krenz nach der Machtübernahme sehr schnell die alten General-
sekretärsallüren?

Davon kann keine Rede sein, dazu war seine Position nicht fest genug. Außerdem befanden sich die unmittelbar Beteiligten auf einer Schulterhöhe. So ist das ja immer. Man steht vor einer Situation und sagt, jetzt müßten die Trauben purzeln, und statt dessen kommt irgendein Käfer, ein Ungeziefer, heruntergefallen, während die Trauben noch oben hängen. Nichts spielt sich so ab, wie der Mensch sich das in seiner Phantasielogik vorstellt.

Die Lage war folgendermaßen: Erstens, Krenz war kein despotischer Typ. Zweitens, Krenz wollte die Perestroika. Drittens, Krenz empfand, daß wir keine Zeit mehr hatten, sondern Veränderungen vorgewiesen werden müßten. Krenz hatte vorher wohl nicht an eine Verschwörung gedacht. Er wäre nie mit der Maschinenpistole ins Politbüro marschiert. Er hat sich sein Hinterland aufgebaut und in der Vorstellung gelebt, daß eine Situation kommt, in der er Honecker dazu bringt zu sagen: «Mach du es, Egon!» Honecker war ja schon alt und krank. Dann hätte er, Krenz, seine Leute parat gehabt. Ich bin heute nicht mal davon überzeugt, daß er wollte und wußte, daß die Erklärung ein Sprengmittel oder Backpulver war. Ich habe ihn darin bestärkt, den Sturz zu riskieren, auf Konfrontation zu gehen, weil ich überzeugt war, daß man Honecker abservieren müsse; weil ich überzeugt war, daß es nur gegen und nicht mit Honecker gelingen könnte. Es mit Überredung und sanftem Druck schaffen zu wollen, war eine Chimäre.

Nach dem Sturz Honeckers war ich erleichtert: Der Druck war weg. Ich mußte mir nun überlegen: Was wollen die Genossen der Berliner Parteiorganisation hören, die ich informieren mußte? Also habe ich am Abend vor 5000 Berliner Genossen berichtet, wie Honecker mit aufrechtem Gang und unter Applaus das ZK verlassen hat. An dieser Stelle gab es den stärksten Beifall. Die Genossen wollten nicht hören, daß Honecker einen Fußtritt gekriegt hat, sondern daß er in Ehren und in Würde aus dem ZK entlassen worden war. Das brauchten die. Eine andere Behandlung von Honecker hätte bedeutet: Alles ist kaputt. Das hatten wir vermieden, um nicht noch weitere Unsicherheit zu verbreiten. Wir glaubten nun, die Hände frei zu haben, um unsere eigenen Vorstellungen zu verwirklichen, die wir leider nicht prinzipiell umrissen hatten. Wir waren überzeugt, da wir nicht auf den Kopf gefallen waren und einen Antrieb hatten, daß wir die Perspektive schnell und deutlich umreißen könnten.

Ich habe auch gegenüber den Genossen im Berliner Parteiapparat nur die Punkte erwähnt, die ich auch schon in der Septembersitzung angeschnitten hatte: Wenn wir eine Produktion haben wollen, die den Bedürfnissen der Menschen gerecht wird, dann muß die Kompetenz der Produzenten erhöht werden. Nur so kommen wir in die Lage, auf die Bedürfnisse, auf den Markt flexibel zu reagieren. In den Medien muß endlich die Wahrheit dominieren. Unverzüglich müssen wir Reisefreiheit gewähren. In dem Punkt hatten Würde und Mündigkeit der Bürger vielleicht am meisten gelitten.

So versuchte ich, das strategische Vakuum fürs erste notdürftig zu überbrücken. Die Genossen reagierten mit Aufbruchstimmung. Die Zukunftsangst spielte noch keine so große Rolle, weil die Parteimitglieder davon ausgingen, daß nicht alles verbrannt wird, was hinter uns liegt, sondern, daß auf der alten Basis Reformen eingeleitet werden. Das war auch eine Frage ihrer Selbstachtung. Sie waren deprimiert durch den Protest der Menschen, ihrer Kollegen in den Arbeitskollektiven. Aber niemand wollte zu diesem Zeitpunkt wahrhaben, daß das bisherige Sozialismuskonzept gegen den Baum gegangen war. So etwa war die psychologische Situation.

In dieser Lage kam ein Berg Arbeit auf uns zu, weil wir zum Teil unsere alten Aufgaben behielten. Ich bin zunächst noch erster Sekretär von Berlin geblieben. Es gab noch keine neue Ämterverteilung. Im Grunde ergab die sich erst mit der nächsten Tagung des Zentralkomitees. Ich sah weiterhin meine erste Aufgabe darin, die Pflichten als erster Sekretär der Berliner Parteiorganisation wahrzunehmen. Jetzt war es wichtiger denn je, unsere Intentionen und Vorstellungen in den Betrieben und Arbeitskollektiven deutlich und durchsichtig zu machen. Ich habe in dieser Zeit eine ganze Reihe von Betrieben besucht. Die Kollegen äußerten sich zu vielen ihrer Fragen und Probleme. Ich hielt es für meine erste Pflicht, die Interessen und Sorgen der Menschen endlich in den Entscheidungsprozeß der Parteiführung einzubeziehen. Uns wurde von Tag zu Tag klarer, daß schnell ein programmatisches Papier vorgelegt werden müsse. Es war ein Fehler, anzunehmen, wir könnten damit bis zum Parteitag warten.

Am Tag nach der Absetzung Honeckers, also am 19. Oktober, sind

Krenz und ich zusammen mit dem Generalsekretär des Kombinats, Heinz Warzecha, bei Arbeitern im VEB-Werkzeugmaschinenkombinat 7. Oktober in Berlin gewesen. Der Kontakt mit den Menschen war uns wichtig. Das scheint widersinnig angesichts der Realitätsentfremdung und der Selbstisolation der SED-Spitze. Es hat eben eine entartete Version dieses Kontaktbedarfs gegeben, wie schon Rosa Luxemburg sie zu Zeiten Lenins kritisiert hat. Sie beschreibt, daß eine bestimmte Menge von Arbeitern aufgeboten wird, die einigen Führern zuzujubeln und zu bescheinigen hat, wie gut deren Politik sei. Das hängt mit dem Charakter der Partei zusammen, die sich als Teil der werktätigen Massen versteht, in diesen Massen lebt und ihre Motivation aus den Massen bezieht. So war zumindest die Liturgie. Wenn aber der Kontakt mit den Massen inzwischen zur reinen Selbstbestätigung pervertiert worden war, dann mußte ein ganz wesentlicher Teil unserer Bemühungen darin bestehen, uns bei den Menschen durch offene Gespräche wieder glaubwürdig zu machen. Der Weg in die Betriebe wurde von uns als wichtiger empfunden als die Beschäftigung mit den Abstraktionen. Das war natürlich Unfug, weil Politik stets die Einheit von Praxis, Perspektive und Prinzip wahren muß. Letztlich sind wir daran gescheitert, daß wir diese Einheit nicht herstellen konnten. Es nutzt nichts, in der Menge zu baden, wenn der Kontakt nicht dazu benutzt wird, um Inhalte zu verbreiten und darüber eine Übereinstimmung zu erzielen.

Die Stimmung im Kombinat war sehr kritisch, aber nicht unfreundlich oder haßvoll, eher erwartungsvoll. Wir spürten, daß man uns einen Bonus entgegenbrachte. Die personelle Änderung wurde als eine Zäsur wahrgenommen. Zugleich wurde uns deutlich gemacht: Bildet euch nicht ein, daß damit alles bewältigt wäre. Jetzt geht es erst richtig los: und das betraf zum Beispiel Fragen des Leistungsprinzips, eine Entlohnung, die die Menschen wirklich am Produkt ihrer Arbeit und an seiner Qualität interessiert sein läßt. Krenz und mir wurden dort viele Dinge vorgehalten, die noch nicht in Ordnung waren. Ich hatte diese Veranstaltung mit vorbereitet und Krenz gesagt, daß er darauf verzichten solle, vor dem gesamten Betrieb eine Rede zu halten. Statt dessen kamen wir mit 40 oder 50 Mann an einem runden Tisch zusammen. Dann ging es zwanglos hin und her. Die Kollegen haben kein Blatt vor den Mund genommen. Die Grundstimmung war: Vielleicht kann es mit denen besser werden. Die Probleme wurden protokolliert und dann, wie üblich, durch die einzelnen Instanzen des Berliner Parteiapparates betreut. Das war eine Sache, mit der Krenz nichts zu tun hatte. Das lag in unserem Verantwortungsbereich.

Der Direktor des Kombinats, Heinz Warzecha, war für den Fall einer Regierungsumbildung als Wirtschaftsminister in Betracht gezogen. Er wußte nichts von diesen Plänen. Ich hatte mit Krenz kurz vor dem Sturz Honeckers, bei einer kurzen Begegnung, das Thema der künftigen Regierung angeschnitten. Ich legte ihm meine Vorstellungen dazu dar. Damit will ich nicht sagen, daß Krenz keine Vorstellungen hatte, aber ich kannte sie nicht. Vielleicht hielt er sich bedeckt. Jedenfalls war in diesen Gesprächen immer ich derjenige, der sich dazu äußerte.

Warzecha ist ein talentierter Manager. Die Kollegen respektierten ihn. Er hatte, was ihn zweifellos auszeichnet, den einst heruntergewirtschafteten Betrieb innerhalb eines Jahres nach vorne gebracht, trotz schwieriger Bedingungen, die für unseren Maschinenbau auf dem Weltmarkt existierten. Und er hat die gute Position gehalten.

Krenz hatte an diesem Tag noch einen weiteren wichtigen Termin wahrzunehmen, bei dem ich allerdings nicht anwesend war. Es war sein erstes Treffen mit den Würdenträgern der evangelischen Kirche in Hubertusstock. Darunter waren unter anderem Landesbischof Werner Leich und Konsistorialpräsident Manfred Stolpe. Daß Krenz sich als einer seiner ersten Amtshandlungen mit den Vertretern der Kirche traf, hatte unser aller Billigung, weil wir inzwischen begriffen hatten, welch ein stimulierender und konstruktiver Faktor die Kirche in dieser ganzen Entwicklung war. Die Kirche hatte eine kluge, den gesellschaftlichen Erfordernissen entsprechende Haltung bezogen, indem sie, ihre Eigenständigkeit voll nutzend, zwischen den Extremen moderierte. Über den Verlauf des Gesprächs weiß ich im einzelnen nichts. Ich habe mit Krenz nicht lange darüber gesprochen. Soweit ich mich erinnern kann, ist es positiv verlaufen. Beide Seiten hegten wohl gute Erwartungen. Später hat es Störungen in dem Verhältnis gegeben, vor allem im Zusammenhang mit der Aufklärung der Vorgänge am 7. und 8. Oktober. Das war unser Verschulden. Heute bedauere ich es, daß ich als Berliner Bezirksvorsitzender nicht schon vorher mit den Vertretern der Kirche, besonders mit Bischof Forck, Kontakt aufgenommen habe. Ich hätte das möglicherweise durchsetzen können, aber ich war zu diszipliniert. Die Berliner Bezirksleitung war nämlich nicht dazu befugt.

Bischof Forck ist sicherlich kein bequemer Mann. Meine Charakterisierung seiner Person war durch einen heimlichen Tonbandmitschnitt in der Volkskammer zu ihm gedrungen. Darin war von einem Gespräch, das ich mit Stolpe und Forck zu den Vorgängen des 7. und 8. Oktober hatte, die Rede gewesen. In der Folgezeit bin ich durch diesen Mitschnitt der Volkskammertagung als ein «Wendewolf» charakterisiert worden, der gegen Forck losmacht. Das traf so nicht zu.

Die Geschichte war folgendermaßen: Am 7. Oktober war es am Prenzlauer Berg nach der friedlichen Selbstauflösung einer Demonstration zur Eskalation von Gewalt gekommen. Menschen waren blutig geschlagen, verhaftet und in Gefängnisse gesteckt worden. Meine Leute haben herumgehorcht und festgestellt, wo sie einsitzen. Wir haben dann darauf gedrängt, daß die Verhafteten so schnell wie möglich wieder entlassen werden, und dies ist nach drei, vier Tagen auch geschehen. Von den Mißhandlungen wußten wir zunächst nichts. Diese sickerten erst allmählich durch, als die Kirche und das «Neue Forum» anfingen, Bürgeraussagen über die Vergehen zu sammeln. Der Rechtsausschuß der Volkskammer hatte sich damit zu beschäftigen. Während der Volkskammertagung, auf der Krenz zum Vorsitzenden des Staatsrates gewählt wurde, wurde der Generalstaatsanwalt aufgefordert, über die Ergebnisse des Ausschusses zu berichten. Zuvor hatte die Volkskammerfraktion der SED die Vorgänge erörtert.

Das war eine merkwürdige Debatte. Die Genossen empörten sich, statt Aufklärung zu verlangen, über die Verdächtigungen gegen unsere Sicherheitsorgane. In dieser internen Parteiberatung hatte Herger, als Ausschußvorsitzender, den Stand der Ermittlungen mitgeteilt. Er stellte fest, daß bisher relativ wenig zutage gefördert worden sei. Das hatte seine Gründe. Die Leute hatten Angst, offiziell zu bezeugen, was passiert war. Sie befürchteten immer noch Repressalien. Ich habe gefordert, daß wenigstens diese spärlichen Ermittlungen so schnell wie möglich veröffentlicht werden, damit die Bevölkerung erfährt, was Sache ist. Dies ist so angekommen oder mißinterpretiert worden, als ob ich weitere Aufklärung verhindern und die Dinge unter den Tisch kehren wollte, zumal ich in diesem Zusammenhang von Schwierigkeiten sprach, die uns Kirchenvertreter machten. Ich hatte am Vortag ein Gespräch mit Forck und Stolpe gehabt, in dessen Verlauf Forck mir andeutete, er sei im Besitz eines Kompendiums von Aussagen von Bürgern, die mißhandelt worden seien. Ich bat ihn, uns das Papier zu übergeben. Er wandte ein: «Das ist alles anonym.» Darauf ich: «Das hat natürlich keinen Sinn, anonym können wir nichts unternehmen.» «Die Leute haben Angst.» Der Disput zwischen uns war überhaupt nicht aggressiv oder bösartig, aber ich mußte einwenden: «Dann sind wir völlig hilflos. Wie sollen wir zu anonymen Aussagen ermitteln. Raten Sie den Bürgern, ihren Namen zu sagen. Ich versichere Ihnen, ich verbürge mich dafür, daß denen nichts passiert. Wir sind ja selbst interessiert an einer Aufklärung.» Darüber hinaus hatte ich Stolpe gebeten, das Material der Staatsanwaltschaft zu übergeben und damit nicht propagandistisch getönte Pressekonferenzen abzuhalten. Das war eine Bitte an die Kirche im Sinne des Übereinkommens vom 19. Oktober, in dem Kooperation vereinbart worden war. Stolpe hatte zugesagt, daß er versuchen würde, Einfluß darauf zu nehmen, daß eine solche Pressekonferenz nicht stattfände. Das klappte nicht. Ich bin überzeugt davon, daß er es versucht hat, er sagte mir aber dann: «Es tut mir leid, ich habe es nicht verhindern können.» Ich habe etwas ironisch angemerkt, wenn der Arm so kurz sei, müsse man auch leiser sprechen. Das war unser Umgangston. Stolpe ist ja ein Mann der pointierten Rede. Wir respektierten uns gegenseitig.

Der scharfe Ton in dem Volkskammermitschnitt resultierte nicht aus dem Disput mit den Kirchenvertretern, sondern daraus, daß die Genossen die Brisanz der Lage nicht kapierten und mit der Veröffentlichung der Ergebnisse warten wollten.

Nach der Volkskammersitzung am 23. Oktober hat Krenz wieder alle Ämter, also das des Generalsekretärs, des Staatsratsvorsitzenden und des Vorsitzenden des Nationalen Verteidigungsrates in einer Person vereinigt. Er wurde zwar mit 26 Gegenstimmen und 26 Enthaltungen zum Vorsitzenden des Staatsrates und mit 8 Gegenstimmen und 17 Enthaltungen zum Vorsitzenden des Nationalen Verteidigungsrates gewählt, doch in der Ostberliner Innenstadt protestierten am selben Abend annähernd zwölftausend Demonstranten gegen die Wahl von Krenz. War diese neuerliche Ämterhäufung nicht etwas herausfordernd?

Es war ein weiterer Fehler, den wir gemacht haben. Wir waren des Glaubens, daß es in der komplizierten Übergangssituation keine Möglichkeit gibt, ein Ämtersplitting zuzulassen. Wir dachten, der Sache sei damit mehr gedient.

Die Gegenstimmen in der Volkskammer kamen vor allem von der LDPD, weil die wollten, daß Gerlach Staatsratsvorsitzender wird. Die Ämterhäufung war ein schwerer Mißgriff, weil die Leute daraus folgern mußten, daß der ganze Laden so weiterläuft wie bisher, obwohl das nicht unsere Absicht war. Ich glaube, auch ich habe das Problem nicht deutlich gesehen. Ich unterschätzte es. Ich hielt es, aus alter Gewohnheit, mehr für eine Formalie. Für die anderen politischen Kräfte war das nicht der Fall. Für sie wäre es der allererste Beginn einer Art Gewaltenteilung gewesen. Es war auch dumm und taktisch unklug gegenüber denjenigen, die sich direkt etwas von der Personalveränderung erwartet hatten, wie die LDPD und Gerlach. Gerlach – das muß man ihm zugestehen – hatte schon vor der Wende durch Reden, durch Veröffentlichungen seiner Zeitung deutlich gemacht, daß Veränderungen anstehen und man nicht umhinkommen wird, in der Politik die Weichen neu zu stellen. Dafür hatte er sich Rügen und Mißtrauen von Honecker eingehandelt. Nun hatte Gerlach sich Hoffnungen gemacht und durch seine Haltung, die sich von der einiger anderer Blockparteien deutlich unterschied, einen moralischen Anspruch erworben, bei der Ämterdebatte berücksichtigt zu werden.

Als sich nach der Wahl die Proteste auch noch in der Partei verstärkten, hat das mir, aber auch Krenz, zu denken gegeben. Wir waren immer noch weit davon entfernt den Artikel I zu streichen. Die führende Rolle der Partei sollte sich lediglich anders realisieren.

Wir hätten die anderen politischen Kräfte ernst nehmen müssen. Wir hätten sofort auf sie zugehen und die Machtteilung betreiben müssen. Wir glaubten aber, daß man in einer Situation, in der viel in Bewegung geraten ist, die traditionellen Funktionen nicht aus der Hand geben sollte, um ein gewisses Maß an Ordnung gewährleisten zu können. Doch diese Vorstellung lief völlig asynchron zu den Erwartungen der Leute. Sie war von der alten Art der Machtbehauptung der SED geprägt.

Am 27. Oktober kamen Sie zum erstenmal mit Vertretern der Opposition, des «Neuen Forums» zusammen. Sie haben sich zwei Stunden mit Jens Reich und Sebastian Pflugbeil unterhalten. Wie haben Sie sich auf dieses Gespräch vorbereitet?

Ich habe mich kaum vorbereitet. Absichtlich. Ich wollte mir ein eigenes Bild machen. Ich habe mir nicht die Akten Reich und Pflugbeil von der Stasi kommen lassen, wenn Sie das meinen. Ich habe mich nur darüber informieren lassen, wer Pflugbeil ist, weil ich seinen Namen niemals gehört hatte, im Gegensatz zu Jens Reich. Reich führte das Gespräch, Pflugbeil schwieg meist. Ich habe das Gespräch mit einer unbefangenen Spannung erwartet. Wir hatten das Gefühl, daß wir, die Partei, im Begriff waren, uns ehrlicher zu machen.

Reich machte deutlich, daß wir es nicht mit jemandem zu tun haben, der in politische Konkurrenz zur SED treten will. Er hat zu verstehen gegeben, daß sich das «Neue Forum» nicht als politische Partei verstehe, sondern daß sie ein Diskussionsforum seien, an dem sich viele beteiligen würden und könnten, darunter auch Mitglieder der Partei. Das Forum versuche, Möglichkeiten zu schaffen, um öffentliche Belange zu erörtern. Dies sei sein hauptsächliches Anliegen, und das stehe doch unserem Wollen im Grunde nicht entgegen. Das war der Gesprächsverlauf. Soweit ich mich erinnern kann, ist es zu mehr nicht gekommen. Sicher ist, daß unsere Position hinter den Notwendigkeiten zurückblieb, sonst hätten wir gleich konkret darüber diskutiert, wo das «Neue Forum» im Spiel der politischen Kräfte seinen Platz sieht. Wir hätten unbefangen fragen sollen: «Was meint ihr denn, was die SED an Ballast ablegen muß?» Aber zu einer solchen Offenheit ist es nicht gekommen. Es war immer noch eine Begegnung zwischen politisch Fremden, die sich vorsichtig abtasten, um das Gegenüber einordnen zu können. Trotzdem bin ich mit einem positiven Gefühl aus diesem Gespräch gegangen. Einige Tage später habe ich dann gehört, daß auch Bärbel Bohley sich mit mir treffen wollte. Ich rief Gregor Gysi an, um herauszufinden, wie ich mit ihr Kontakt aufnehmen könnte. Doch zu dem Treffen kam es dann nicht mehr, weil die Umstände schon so verworren waren.

An diesem Tag führten auch Egon Krenz und Bundeskanzler Kohl ein 20minütiges Telefongespräch. Hat das für Ihre politischen Handlungen eine wichtige Rolle gespielt?

Es ist vielleicht enttäuschend für Sie, aber es hat keine wichtige Rolle gespielt. Krenz faßte einfach nur nach in der Flanke BRD, die außerordentlich delikat behandelt werden mußte. Aber es sind meines Wissens in diesem Gespräch keine Perspektiven anvisiert worden, wie sie der Wirtschaftsexperte Beil später, aber noch zur Krenz-Zeit, geäußert hat, nämlich daß die DDR nur überlebensfähig ist, wenn sie schnellstens konföderative Beziehungen zur Bundesrepublik eingeht.

Unter riesigem Andrang begannen an verschiedenen Orten in Ost-Berlin die Sonntagsgespräche. Das wichtigste Gespräch fand am Roten Rathaus statt, wo Sie und der Oberbürgermeister aufgetreten sind. Das war ein sehr gut inszenierter Propagandaschachzug.

Das war gar nicht so inszeniert und auch nicht als Schachzug gedacht. Es hatte zuvor spontane Gespräche von mir mit Bürgern gegeben. Ich wollte daraus eine Institution machen. Wir hatten vorgesehen, die Diskussion im Sitzungssaal des Roten Rathauses zu veranstalten, in das einige hundert Leute hineinpassen. Am Morgen standen jedoch schon Tausende Menschen auf dem Vorplatz. Ich habe sie gefragt, was sie davon hielten, wenn wir uns nicht im Rathaus, sondern draußen streiten würden. Damit waren sie einverstanden. Ich habe dann die ganze Equipe herausgebeten, und wir haben uns auf die Freitreppe des Rathauses gestellt. Die Veranstaltung wuchs auf etwa zwanzigtausend Menschen an. Darunter habe ich auch Herrn Ehmke bemerkt, den ich mit seinem charakteristischen weißen Haarschopf über die Köpfe hinweg von weitem identifizieren konnte.

Es wurde frank und frei von mindestens einem Dutzend Menschen auf alle möglichen Fragen geantwortet. Es ging zum Beispiel um die Ausschreitungen vom 7./8. Oktober, es ging darum, daß man den Karl-Eduard von Schnitzler absetzen müßte usw. Ich habe dort überwiegend Zustimmung geerntet, und ich hatte das Gefühl, daß wir alle recht beglückt aus dieser Sache herausgegangen sind, weil es eine derartige Form des Kontaktes zwischen Menschen bei uns bisher nicht gegeben hatte. Wir sahen, daß es funktioniert, daß man in so einer großen Menge öffentlich Dinge besprechen kann. Das war mehr als befriedigend. Natürlich konnte das keine Dauermethode sein, aber in dieser Lage war die unmittelbare Demokratie meiner Meinung nach die richtige Methode. Auch wenn wir uns nicht an den Standards der alten Athener messen konnten. Aus dieser Situation heraus habe ich öffentlich verkündet, daß «die Demo zur politischen Kultur der Stadt gehören muß» und daß ein Verfahren geschaffen werden müsse, das Demonstrationen zu geschützten Erscheinungen der politischen Kultur macht.

Leider war ich der einzige aus dem Politbüro, der in diesen Tagen so direkt in die Öffentlichkeit gegangen ist. Andere Bezirkssekretäre haben es auch getan, darunter Modrow. Nicht immer ging das gut aus, mancher brach dabei schrecklich ein. Das betraf den Cottbusser, den Erfurter, den Potsdamer und den Magdeburger. Von einem stammt die Bemerkung, daß er sich solchen Dingen nicht mehr aussetzen werde. «Ich lasse mich lieber als feigen Hund apostrophieren, als daß ich ein dummes Schwein bin.» Ähnlich sprach sich im Politbüro der Erfurter aus: Wer meine, das sei eine adäquate Methode, um Glaubwürdigkeit zu erlangen, läge falsch, es werde damit nur dem Mob Vorschuß geleistet. Diese Anwürfe waren eindeutig gegen mich gerichtet, auch wenn mein Name nicht fiel. Es waren Versuche, diese Praxis als eine unangebrachte und gefährliche Popularitätshascherei zu verdammen. Das kann man nicht von allen sagen. Der Magdeburger Eberlein, ein mutiger, nicht unbeliebter Mann, gehörte nicht dazu. Es waren auch Symptome einer hoffnungslosen, teils wütenden Enttäuschung. Für diese hohen Parteifunktionäre waren es Begegnungen, die sie existentiell tief erschüttert haben. Sie erlebten zum Teil das erste Mal, daß die Wirklichkeit vor sie hintrat, ohne Sicherung und inszenatorisches Beiwerk, und sie scheiterten. Sie waren vielleicht selbst keine Versager. Versagt hatte die Sache, die sie verkörperten. Und sie hatten nicht mehr die Kraft, daran etwas zu ändern. In Berlin war es eben so, daß ich mich diesen Dingen unterzog, weil ich die Notwendigkeit dazu empfand und schon bei den ersten Gesprächen bemerkt hatte, wie ungeheuer wichtig diese Erfahrung ist, um sich selber ehrlich zu beurteilen.

In einem solcher Gespräche hat mir jemand gesagt: «Wir glauben euch nicht.» Solch ein Satz kann einen resignieren oder die Wände hochgehen lassen. Ich habe geantwortet: «Wir werden lernen müssen, mit eurem Unglauben zu leben, und versuchen müssen, so zu handeln, daß ihr uns glauben könnt. Einen anderen Weg gibt es nicht.» Solch ein Generalmißtrauen hat mich zu diesem Zeitpunkt schon nicht mehr erschüttert, weil ich begriff, daß das immer nur ein Indiz oder Barometer dafür ist, wieviel Schutt wir angehäuft und wegzuräumen hatten. Es lag an uns, daß die Menschen ihr Mißtrauen verlieren. Aber zu resignieren, weil jemand mißtrauisch ist, nützte nichts. Es nützte auch nichts, sich zurückzuziehen und sich auf eine überhebliche Position zu begeben, Menschen als Mob zu bezeichnen. Das bedeutete doch nur, die alten Fehler zu wiederholen. Vielleicht hatten die Menschen mehr Recht, uns als Mob zu bezeichnen oder zumindest einige von uns. Das ist die alte Frage von Brecht, ob man meint, sich ein anderes Volk wählen zu müssen, bloß weil dieses Volk nicht mehr bereit ist, seine Regierung zu akzeptieren.

Waren Ihnen die Menschen sympathisch?

Darum ging es nicht. Sympathie kann man für einzelne Mitmenschen empfinden. Als Politiker muß man sich für die Menschen, ihre Bedürfnisse und Beweggründe interessieren. Man muß die Würde der Menschen achten. Wegen unserer Interessensdefizite in diesen Punkten haben wir abtreten müssen. In diesen Wochen hatte ich niemals das Gefühl, daß die Menschen mir persönlich gehässig begegneten. Sondern ich habe ihnen angesehen, was es mir auch leichter gemacht hat, daß sie mir mit absoluter Ehrlichkeit gegenübertraten. Selbst in einer solchen Formulierung wie «Wir glauben euch nicht» schwang ein Unterton mit: «Es wäre uns lieber, wir könnten euch glauben.»

Noch kurz vor den Rathausgesprächen am 26. Oktober erscheint unter der Überschrift «Wir brauchen Dialog, nicht Unruhe und Gebrüll» ein Kommentar im Neuen Deutschland, dort heißt es: «Sind die stundenlangen Demonstrationen und das Gebrüll die Umstände, unter denen man Dialoge führen kann?» Die Gesellschaft werde durch Demonstrationen «zusätzlich unter Spannung gesetzt». Wer hat dem ND diese Linie vorgegeben, die sich ja völlig asynchron zu Ihren Äußerungen am Roten Rathaus verhält?

Das stimmt, der Kommentar war ein Reflex der widerstreitenden Auffassungen in der Partei. Viele haben diese Demos sorgenvoll betrachtet.

Der Dialog war eigentlich noch gar nicht zustande gekommen oder blieb eine Einzelerscheinung wie bei den Rathausgesprächen in Berlin und Dresden. Im Grunde schmorten wir in dieser Zeit im eigenen Saft. Die Rathausgespräche waren in erster Linie ein Gespräch zwischen der SED, der Stadtverwaltung und den Bürgern. Sie waren auf meine Initiative zustande gekommen. Da konnte jeder mitreden, aber es gab noch keine richtige Anerkennung der oppositionellen Kräfte. Mit einem Satz gesagt: Der «Runde Tisch» existierte noch nicht. Der sollte sich in Berlin erst im Dezember aufgrund der Initiative der Kirche zusammenfinden. Der Kommentar des «Neuen Deutschland» war ein weiterer Ausdruck des Dilemmas, in das wir uns selbst begeben hatten. Wir wollten verändern und erneuern, die Erneuerung sollte die Partei betreffen und dann erst sollte die Gesellschaft drankommen. Doch die Gesellschaft hatte – bis auf die Tatsache, daß die repressiven Methoden nicht mehr vorhanden waren – nichts von der Veränderung gespürt. Sie pochte darauf, mitzureden, ihren Einfluß geltend zu machen.

In diesen Tagen stellte sich dann auch mehr und mehr heraus, daß mit dem Abgang von Honecker, Mittag und Herrmann die personelle Veränderung nicht umfassend genug gewesen war. Wie wurde darüber hinter den Kulissen diskutiert, wie kämpften die Alten Herren um ihre Positionen?

Auch Krenz war sich mehr und mehr im klaren darüber, daß entgegen seinen innersten Intentionen noch mehr Veränderungen notwendig waren. Wenn ich sage, gegen seine Intentionen, dann heißt das nichts anderes, als daß ich bei Krenz im Laufe der Zeit immer stärker feststellte, daß er die Tendenz hatte, die Wende mit geringstmöglichen Opfern zu vollziehen. Das hängt mit seinem Naturell zusammen. Er brauchte die Zustimmung. Die Kontroverse ist nicht sein Lebenselixier. Bei den Vorgängen nach dem Umsturz hatte er die Erfahrung gemacht, daß er die Politbüromitglieder alle hinter sich hatte. Die Dinge, die uns vorher Kopfschmerzen bereitet hatten, stellten sich vielleicht sogar als etwas übertrieben heraus. Ich bin der Ansicht, daß es bei vielen der Politbüromitglieder keine Entscheidung war, die sich aus einer intensiven Auseinandersetzung mit der Lage und mit den Personen ergab, sondern eher eine Äußerung der Disziplin. «Der König ist tot. Es lebe der König.» Krenz empfand auch eine Art Loyalität gegenüber jenen, die in der entscheidenden Sitzung für ihn gestimmt hatten.

Jede weitere Veränderung war zwangsläufig mit Komplikationen verbunden, mit unleidigen Debatten. Denn andererseits hatte er auch bestimmte Verpflichtungen gegenüber Leuten, mit denen er vorher in der konspirativen Phase zusammengearbeitet hatte. Dazu stießen noch die jüngeren Leute aus dem Bereich des Zentralrats. Zum Beispiel Herger, der Chef der Sicherheitsabteilung des Zentralkomitees, oder Willerding, der lange internationaler Sekretär des Zentralrats gewesen war und dem Krenz offensichtlich Avancen machte, den internationalen Bereich im Politbüro zu übernehmen. Mit dem Näherrücken der 10. ZK-Tagung, die entgegen der auf der 9. ZK-Tagung beschlossenen Absicht, die Debatte nur für kurze Zeit auszusetzen, erst für den 8. November anberaumt worden war, wurde das Thema Personalbereinigung immer dringender. Krenz warf diese Frage Ende Oktober auf.

Doch zunächst beschäftigte uns das Schicksal von Harry Tisch. Der FDBG-Vorsitzende hatte sich in eine ausweglose Situation manövriert. An dem Sturz von Honecker hatte er mitgewirkt: Nach der Erklärung des Politbüros, die die Konspiration einleitete, hatte er eine Art gewerkschaftliches Pendant in der Gewerkschaftszeitung «Tribüne» veröffentlicht, das zu breiter Diskussion betrieblicher Probleme aufrief. Er selbst war in Betriebe gegangen, u. a. in die Elbewerft Bolzenburg. Dort hatte er die Kollegen ermutigen wollen, die Interessen der Gewerkschaft unbefangen wahrzunehmen. Seine Empfehlungen wurden zu seiner Verblüffung von den Kollegen jedoch anders aufgenommen, als er vermutet hatte. Sie empfanden den Vorschlag als Vorwurf, daß sie ihre Rolle als Gewerkschaftler nicht so wahrgenommen hätten, wie das nötig gewesen wäre. Sie drehten den Spieß um und warfen ihm vor, daß er als Gewerkschaftsführer und Politbüromitglied zu wenig unternommen habe, die eigenständige Rolle der Gewerkschaften durchzusetzen. Tisch sah sich von Stund an immer schärferer Kritik an seiner Führungsarbeit ausgesetzt. Das nahm dann bis Ende Oktober Dimensionen an, die die Führungsgremien des FDGB dazu veranlaßten, über den Rücktritt von Tisch nachzudenken.

Er versuchte das Politbüro zu bewegen, ihn zu unterstützen. Da verkannte er die Lage gründlich. Wir mußten ihm klarmachen, daß von uns kein Beistand zu erwarten war. Wir könnten nichts unternehmen, um das Präsidium der Gewerkschaften oder gar den Bundesvorstand von ihrer Haltung abzubringen. Die Erneuerung schloß jegliche weitere Einflußnahme der SED auf Entscheidungen des FDGB aus. Daß Tisch das erste Opfer der Erneuerung wurde, war für ihn natürlich sehr enttäuschend, weil er bestimmte Verdienste bei dem Umsturz hatte.

Damit war von einer nicht vermuteten Seite indirekt die Kaderfrage auf die Tagesordnung gesetzt worden. Krenz, sichtlich gestärkt durch ein inzwischen stattgefundenes Gespräch mit Gorbatschow, benutzte die Gelegenheit, um die Frage aufzuwerfen, ob einige ältere Genossen, deren Gesundheitszustand das gebiete, nicht doch ihre Funktionen freiwillig niederlegen wollten. Das wurde von den Betroffenen nicht gerade begeistert aufgenommen. Die lautesten Einwände kamen von Sindermann, seine Äußerungen und die anderer, liefen zunächst darauf hinaus, sich nicht vor dem 12. Parteitag, der immer noch für den Mai 1990 vorgesehen war, zurückziehen zu wollen. Nach weiterem Drängen erklärten Hager und Axen aber auch Mielke ihren Rücktritt aus dem Politbüro. Ferner traten Mückenberger und Neumann zurück. Keine Anstalten machte Horst Sindermann. Ich machte mich durch mein Drängen wieder bei ihm unbeliebt. Erst als Stoph ihm Vorhaltungen machte, bequemte er sich auszusteigen. Allerdings geschah das, als das Politbüro geschlossen zurücktrat, also nicht am 3., sondern am 8. November.

Am Tag der Sitzung hatte ich noch mit dem 80jährigen Alfred Neumann gesprochen und ihm geraten zurückzutreten. Kurz vor der Sitzung war ich mit ihm in einem Berliner Betrieb gewesen. Neumann war mit seinen achtzig Jahren immer noch ein heller Kopf, nur hing er leider sehr patriarchalischen Vorstellungen an. In der Betriebsversammlung hat er die Kollegen wie Schuljungen behandelt und keinen besonders aufgeschlossenen Eindruck hinterlassen. Deshalb rief ich ihn an und sagte: «Hör mal, Ali, ich würde raten, zieh deine Politbüroposition zurück.» «Wieso, wieso? Ick fühl mir noch sehr jut. Zerbrich du dir mal nich meinen Kopp.» Er wollte es einfach nicht akzeptieren, der Dickschädel. Aber am nächsten Tag ist er mit den anderen vieren doch zurückgetreten. Neumann hatte meinen Respekt. Er war störrisch, doch er bewies Charakter. Für den war es überhaupt keine Frage, daß Honecker gehen mußte.

Mit diesen Entscheidungen war die erste personelle Hürde genommen. In den folgenden Tagen habe ich mit Krenz mehrmals darüber gesprochen, daß Modrow in eine entsprechende Position gehöre. Es hat vorher schon Überlegungen gegeben, ob er nicht Ökonomiesekretär werden könnte. Es wurde auch erwogen, ihm die Funktion des Ideologiesekretärs zu übertragen. Modrow, der davon hörte, winkte ab und teilte mit, daß er dann lieber den Sekretär für Landwirtschaft machen würde. Ich nehme an, daß er damit die Unangemessenheit solcher Vorschläge andeuten wollte. Ich selber war auch zu der Auffassung gelangt, daß es wichtig sei, Modrow eine andere Kompetenz einzuräumen, und schlug deshalb Krenz vor, ihn als Ministerpräsidenten ins Auge zu fassen. Nach kurzem Zögern war Krenz einverstanden.

Ich hatte zwischendurch mit Modrow zweimal telefoniert. Beim erstenmal habe ich ihm gesagt, daß ich der Auffassung sei, daß für ihn kein anderes Amt in Frage käme als das des Ministerpräsidenten und daß ich darüber mit Krenz sprechen würde. Das hat er augenscheinlich mit Genugtuung zur Kenntnis genommen. Beim zweiten Telefongespräch habe ich ihn davon unterrichtet, daß Krenz nun die Meinung teile. Er wurde dann von der SED als Ministerpräsident nominiert und von der Volkskammer gewählt.

Zur gleichen Zeit setzte sich die Vorstellung durch, daß das Politbüro geschlossen zurücktreten solle. Jeder, der ins Politbüro wollte, mußte sich der Abstimmung durch das ZK stellen. Dabei gab es Komplikationen. Inzwischen hatten sich in den Bezirken schon starke Protestbewegungen gegen einzelne Sekretäre entfaltet, die auch Mitglieder des Politbüros waren. Ihre Sekretariate entzogen ihnen das Vertrauen, während sie in Berlin für das Politbüro kandidierten. Das passierte auch Hans-Joachim Böhme aus Halle. Wir erfuhren während der Sitzung, daß dort eine starke Bewegung des Sekretariats gegen ihn im Gange sei. Damit war es sinnlos und für das Politbüro nur belastend, ihn zur Wahl zu stellen, egal ob er nun persönlich lauter war oder nicht. Wir können ja nicht jemanden aufnehmen, der schon das Mandat seiner eigenen Parteiorganisation verloren hatte. Das Politbüro stimmte für ihn, ich stimmte gegen ihn. Es war das erste Mal, daß es in einer ZK-Tagung bei Abstimmungen zu einer solchen Differenzierung kam. Aus den Reihen der Mitglieder des ZK gab es eine Gegenstimme, die von Hans Modrow. Plötzlich sah ich mich vom Politbüro mit scheelen Blicken betrachtet: Jetzt fängt der an, gegen einzelne Genossen so aufzutreten. Ich jedenfalls war auf Kontroverse eingestellt, als meine Hand dann im Präsidium hochging und alles glotzte: «Ist denn das die Möglichkeit?» Wenn man diesen Blick mit einem Unterton belegen wollte. Ich guckte auf meine Finger, aber sie zitterten nicht. Das war wieder ein Zentimeter Erneuerung. Wenn wir jetzt nicht mit dem alten Mist aufhören, dachte ich, dann landen wir sowieso im Straßengraben. Wir sind schließlich trotzdem dort gelandet.

Das war eine Entscheidung, die frei war von subjektiven Sympathieüberlegungen, sie ging von der Ratio aus. Die Lage erforderte es, so vorzugehen. Das war ähnlich wie die personellen Entscheidungen auf der 9. ZK-Tagung. Dadurch angespornt, vollzogen sich auch andere Abstimmungen differenziert. Eine Reihe der Vorgeschlagenen kam nicht mehr ins Politbüro. Darunter Krolikowski, Kleiber, die außer fünf oder sechs Älteren noch verblieben waren. Andere Kandidaten holten sich bis zu 60 Gegenstimmen. Davor war allerdings der Kern der neuen Führung bestätigt worden.

Über einige Kandidaten kursierten schon Gerüchte, in denen von Machtmißbrauch die Rede war. Wie wurde mit den Leuten intern umgegangen?

Ja, auf einigen der damaligen Politbüromitglieder, die erneut kandidierten, lag bereits der Schatten der Korruption. Es bestand die Gefahr, daß wir uns mit Leuten belasteten, die wenig später im Mittelpunkt von Skandalen stehen würden.

Unmittelbar vor der ZK-Sitzung habe ich so etwas am Beispiel Kleiber erlebt. Ich erhielt einen Brief, in dem Leute sich beschwerten, daß oben in Marzahn ein geheimnisvolles Haus gebaut würde, in das ein Sohn von Kleiber einziehen sollte. Den Brief erhielt ich zwei Tage vor der ZK-Tagung. Auf der ZK-Tagung, auf der Kleiber sich zur Wiederwahl stellen wollte, gab ich ihm den Brief und sagte: «Günther, sieh mal, was ich hier bekommen habe.» Er stellte sich trotz dieses Warnzeichens zur Wahl, ist dann aber abgelehnt worden. Wegen der Sache mit dem Haus wurden später staatsanwaltliche Untersuchungen eingeleitet. Seine Wahl hätte uns folglich schwer belastet.

Nehmen wir den nächsten Fall. Über den Erfurter Bezirksvorsitzenden und Kandidaten des Politbüros, Müller, erhielt Krenz einen Brief. Darin beschwerten sich Bürger, daß er eine pompöse Jagdhütte im Thüringer Wald habe, in den sogar extra eine Asphaltstraße gelegt worden sei. Krenz las das im Politbüro vor und sagte: «Gerd, stimmt das?» Der antwortete, das sei glatter Unfug. Jawohl, es gäbe eine Hütte, ein kleines schäbiges Ding, das schon lange dort stünde. Er würde doch nicht extra einen Weg durch den Wald dorthin schlagen lassen. Die Wege seien schon gebaut gewesen. Ein Jäger wisse doch schließlich, sagte er, wenn man eine solche Schneise durch den Wald schlage, werde dort nie wieder ein Viech aufkreuzen, weil die Wildfährten zerstört seien. Das Argument hat mich damals beeindruckt. Damit war der Fall erledigt. Tage später stellte sich durch eine Presseveröffentlichung heraus, daß das doch ein Prachtobjekt war, aufs beste eingerichtet, einschließlich Meißner Porzellan mit Jagdmotiven. Ein Objekt also von siebenhundert- oder achthunderttausend Mark, mit Staatsmitteln gebaut. So ungefähr lautete die Zwischenermittlung. Müller ist gottlob vom ZK nicht wiedergewählt worden. Aber daraus spricht doch, wie verfahren vieles war.

Ein zweiter wichtiger Punkt auf dieser ZK-Sitzung war der Parteitag. Die aus dem Politbüro Ausgeschiedenen, die ja immer noch Mitglieder des Zentralkomitees waren, diskutierten darüber, ob sie als Delegierte zu dem Parteitag gewählt werden würden. Es war Zeit, Tacheles zu reden: «Was stellt ihr euch eigentlich vor, Kurt?» apostrophierte ich Hager, «du weißt doch, wie die Stimmung ist. Du weißt doch, wie die Kulturschaffenden und Künstler eingestellt sind. Wie kannst zu erwarten, noch auf einer Delegiertenkonferenz zu erscheinen? Du entfachst doch nur feindselige Debatten. Ich frage mich auch, wie du selber das begründen willst.» Es war jedoch schwer, Verständnis dafür zu erzeugen. Erbitterung machte sich breit. Das war ein unerhört schwerer Schlag für sie. Wir diskutierten darüber noch in der Mittagspause und auch in einer Abendberatung mit den ersten Bezirkssekretären, die zum größten Teil schon neu gewählt worden waren. Die Genossen erzählten, wie kompliziert die Lage für sie sei. Die Mitglieder seien eingeschüchtert und träten täglich zu Hunderten aus. Wir fragten sie dann: Kann es eine Entlastung schaffen, wenn die alten Mitglieder des Politbüros auch ihre ZK-Mitgliedschaft niederlegen? Sie antworteten: «Das spielt schon überhaupt keine Rolle mehr.» In diesem Moment öffnete sich die Tür, und herein traten Hager und Axen, beide mit Gesichtern, die deutlich ihre Belastungen und inneren Kämpfe widerspiegelten, und sagten: «Genossen, wir bitten einen Augenblick um Gehör. Nach reiflicher Überlegung sind wir zu dem Entschluß gekommen, auch aus dem Zentralkomitee auszuscheiden.» Nun plötzlich tat es der ganzen Runde leid: «Hört auf! Bleibt drin! Das brauchen wir nicht. Das rettet die Chose schon nicht mehr. Es geht um andere Dinge.» Also haben sie ihren Antrag wieder zurückgezogen und blieben im Zentralkomitee. Ich, der sich grundsätzlich dagegen ausgesprochen hatte, blieb das scharfe Ekelpaket. Ein Argument, das ich zu hören bekam: «Dir wird es genauso gehen. Sie werden einen nach dem anderen abservieren.» Heute fühlen sich nicht wenige von denen, die so argumentiert haben, total bestätigt. «Das haben die nun davon gehabt. Jetzt sind sie selber über'n Jordan gegangen.» Doch das ändert nichts daran, daß dieser Schritt hätte vollzogen werden müssen.

Allmählich habe ich die Rolle des Böslings angenommen. Ich hatte keine Manschetten mehr, Dinge auszusprechen, die notwendig waren. Für mich war klar, daß wir diesen Weg gehen mußten. Das galt auch schon für die Entscheidung im Falle Honecker. Das wurde allmählich zu einer unausgesprochenen Arbeitsteilung zwischen Krenz und mir. Ich wußte, daß ihn seine Loyalität hemmte, doch ich habe ihm deutlich gesagt: «Wir müssen Schluß machen mit der Loyalität zur Vergangenheit. Loyalität nach hinten bedeutet, Illoyalität gegenüber den Menschen, die von uns eine andere Politik erwarten. Was ist uns wichtiger? Das ist die einfache Formel.» Das hat Egon innerlich auch akzeptiert, und er hat mir später auch gesagt: «Ich weiß, daß du der Härtere gewesen bist.»

Neben den Kaderfragen kam der Parteitag durch Forderungen ins Gespräch, die insbesondere von der Mitgliedschaft der Berliner Parteiorganisation erhoben wurden. Sie verlangten, den Parteitag nicht erst im Mai abzuhalten: Man müsse vorher eine Parteikonferenz veranstalten, um tiefergreifende Umwälzungen in der Führung zu vollziehen. Das schloß inzwischen längst nicht mehr nur das Politbüro, sondern auch schon das Zentralkomitee ein. Wir hatten noch Schwierigkeiten, uns auf diese Forderung einzustellen.

Am ersten Tag bin ich um die Mittagszeit vor das ZK-Gebäude gegangen, weil sich draußen einige tausend Parteimitglieder versammelt hatten. Ich verstand mich als das Frontschwein vom Dienst. Deshalb habe ich gesagt: Ich gehe hinaus und informiere die Genossen über den Verlauf der Wahl. Und alle waren zufrieden. Es gab mehr Beifall als Pfiffe. Ich fügte noch hinzu, daß wir uns mit der Frage der Parteikonferenz befassen, und ich sei sicher, daß die Entscheidung ihren Erwartungen entsprechen werde. Das hatte sie zu diesem Zeitpunkt noch zufriedengestellt. Am Abend gingen Krenz und ich zu der Dauer-Demo vor der ZK-Tür. Krenz hat dann Einschränkungen gemacht, was die Forderung nach der Parteikonferenz betraf. Doch davon war schon gar nicht mehr die Rede. Plötzlich lautete die Forderung: Außerordentlicher Parteitag. Damit hatte sich das Blatt gewendet.

Der Unterschied zwischen einer Parteikonferenz und einem außerordentlichen Parteitag bestand darin, daß bei einer Parteikonferenz statutenmäßig nur ein Teil des ZK ausgewechselt werden kann, während der Parteitag mehr Entscheidungsbefugnis hat. Der Parteitag wählt das gesamte Zentralkomitee neu. Dies wollte vor allem die Berliner Parteiorganisation erreichen. Daraus schlußfolgerten wir später, daß von Teilen der Berliner Parteiorganisation, vor allem von meinem Nachfolger Albrecht, eine besondere Intrige gesponnen worden sei. Er hatte in den Wendewochen eine wichtige Rolle in der Partei gespielt und war auch zu den Politbürositzungen eingeladen worden, um dort mit beratender Stimme teilzunehmen. Krenz traute ihm zu, daß er die Sache inszeniert habe, um sich weiter nach vorne zu schieben. Ich habe daran Zweifel. Verantwortlich war meiner Meinung nach die Stimmung, die zum Beispiel im Werk für Fernsehelektronik hochgekommen war. Dort war eine junge, clevere technische Intelligenz versammelt, die auch vorher schon eigene Vorstellungen entwickelt hatte. Das hatte ich schon auf der Versammlung kurz vor dem Sturz von Honecker gespürt. Diese Leute wiederum hatten Kontakt zur Humboldt-Uni. Es hat also in Berlin eine Verknüpfung zwischen wissenschaftlicher Intelligenz, technischer Intelligenz und Arbeitern gegeben. Wir hinkten in diesem Fall, wie auch in anderen Fragen, der Entwicklung hinterher.

Der wichtigste Punkt war doch die Frage des Reisegesetzes?

Das war tatsächlich ganz wichtig, weil dieses Gesetz das ganze Volk betraf. Ein oder zwei Tage bevor am 6. November das Reisegesetz veröffentlicht wurde, hatte ich eine eigentlich zufällige Begegnung mit Gysi in meinem Büro. Ich hörte, er sei irgendwo im Zentralkomitee, ich bat ihn zu mir, weil ich mit ihm klären wollte, wie es möglich sei, mit Bärbel Bohley in Kontakt zu treten. Als Gysi zu mir kam, war mir kurz zuvor der Entwurf des Reisegesetzes der Regierung hereingereicht worden. Das war eine Politbürovorlage. Das Reisegesetz war die erste greifbare Handlung für die Menschen, die diese Führung angeschoben hatte. Bei aller Konzeptionslosigkeit waren wir uns einig, daß in dieser Frage schnell etwas geschehen mußte. Nun muß ich gestehen, daß ich nicht so ein Experte war, um genau zu durchschauen, ob die Intention, die wir hatten, durch diesen Entwurf gewährleistet war. Wenn der Advokat schon da ist, sollte man diese Gelegenheit nutzen, dachte ich. Ich gab Gysi den Entwurf und fragte ihn, ob die Sache nun so hinkäme, wie wir uns das vorstellten. Gysi guckte die Vorlage kurz an und sagte schon nach ein paar Minuten sinngemäß, die Sache habe folgenden Haken: Wenn ihr den Leuten Pässe gebt, reicht das als Ausreisegenehmigung aus. Wir brauchen kein Ausreisevisum, wie im Gesetzentwurf vorgesehen. Wenn die Leute einen Paß haben, laßt sie ausreisen. Wenn der Paß entzogen ist, zum Beispiel aus strafrechtlichen Gründen, ist man ohnehin nicht reisepotent. Die Einreise in das betreffende Land ist ein Punkt, den andere zu entscheiden haben, nämlich die jeweiligen Länder. Damit hat die DDR dann nichts mehr zu tun. Das leuchtete ein. Ich rief Krenz an und erzählte ihm, daß ich gerade erlebt hätte, wie Gysi quasi mit einem Blick auf eine Schwäche dieses Reisegesetzes hingewiesen habe. Ich sagte ihm noch etwas scherzhaft, daß ich ihm Gysi als Rechtsbeistand empfehlen könne.

Trotz der festgestellten Unzulänglichkeiten wurde die Veröffentlichung des Entwurfes dann doch nicht mehr aufgeschoben, weil wir davon ausgingen, daß er ja ohnehin noch vier Wochen diskutiert werden sollte. Wir wollten schnell mit einer Geste herauskommen. «Laßt doch die Leute darüber diskutieren.» Also wurde der Entwurf des Reisegesetzes, der einen Auslandsaufenthalt von 30 Tagen pro Jahr nach einem Genehmigungsverfahren vorsah, bis Ende November öffentlich zur Diskussion gestellt. Das Resultat war, daß es nach der Veröffentlichung dieses Gesetzes allenthalben zu Protesten kam. Das DDR-Fernsehen sendete kritische Stellungnahmen von DDR-Bürgern zu diesem Entwurf, und am nächsten Tag wurde er vom Rechtsausschuß der DDR-Volkskammer als unzureichend abgelehnt. Dabei spielte auch die Finanzierung von Reisen eine Rolle. Die Bürger hätten bei ihrer Reise mit 15 DM in der Tasche gerade mal die Grenze überschreiten können. Diese Tatsache und die verklausulierten Einspruchsmöglichkeiten, die kafkaeske Situation, daß irgendein höherer Ministerieller die Ausreise verweigern konnte, waren nicht aus der Welt geschaffen. Wir hörten zum erstenmal, daß es daraufhin Streikdrohungen gab. Das ist natürlich für einen Kommunisten das Unakzeptabelste, was es geben kann. Es war vor allem peinlich, weil das, was wir unternommen hatten, ja dazu dienen sollte, mit dem Volk Übereinstimmung herbeizuführen. Zum anderen kamen – das ist das zweite Moment – aus Prag Hinweise, daß sich die Botschaft schon wieder fülle und die CSSR sich außerstande sähe, eine solche Entwicklung erneut zu tragen. Deshalb werde von tschechischer Seite erwogen, die Grenze zu schließen bzw. wurden wir aufgefordert, unsererseits die Grenzen zu schließen. Das war natürlich ein enormer Druck. Es war alles so widersinnig, weil unsere Absicht doch gerade darin bestand, Reisemöglichkeiten ohne jede Einschränkung zuzulassen. Nun hatten wir mit unserer guten Absicht eine so unerfreuliche Abfuhr erfahren, daß die Notwendigkeit immer deutlicher wurde, diese Absicht unverzüglich und eindeutig zu belegen.

Ich war über unsere eigene Unbedarftheit verärgert. Ich erinnerte mich natürlich an die Bemerkungen von Gysi und warf mir selbst vor, daß ich nicht stärker darauf gedrungen hatte, das Gesetz zu ändern. Wir hätten den Text genausogut zwei Tage später herausbringen können. Wir waren doch souverän, was den Zeitpunkt der Veröffentlichung anbelangte. Nun blieb nichts anderes übrig, als durch einen neuerlichen Auftrag an die Regierung eine Regelung zu treffen, die sofort in Kraft zu setzen wäre, gleichsam als Vorgriff auf das finale Gesetzeswerk, das im Dezember zur Verabschiedung durch die Volkskammer vorgesehen war. Meine Vorstellung war, daß sofort ein Ausreisen, ein Verlassen der DDR möglich sein müßte, direkt über die Grenze der DDR und nicht nur über diesen irrsinnigen Umweg via Prag. Gleichzeitig mußte das verbunden sein mit der Möglichkeit für jeden Bürger zu reisen. Sonst hätte dieser Vorgriff überhaupt keinen Sinn gehabt. Es wurde dann kurzfristig gehandelt. Am ersten Tag der 10. ZK-Tagung, am 8. November, also nur zwei Tage nach der ersten Veröffentlichung, lag dieser von der Regierung verabschiedete Entwurf für den Vorgriff bereits vor. Krenz erhielt ihn während der ZK-Tagung. Er hat die Regelung sofort dem ZK zur Abstimmung unterbreitet.

Zu dieser Zeit war ich nicht im Zentralkomitee. Ich mußte die Beratung ab und zu verlassen, um mit Journalisten zu sprechen.

In der Zeit trug Krenz die Sache vor. Nach Meinung von Teilnehmern, mit denen ich hinterher gesprochen habe, hat er die Vorlage mehr beiläufig vorgetragen. Vielleicht glaubte er, daß viele in diesem

Zentralkomitee alter Prägung sagen würden: «Was, jetzt machen die die Grenze auf? Das geht doch nicht.»

Als ich wieder in den Sitzungssaal kam, war es schon Zeit für die Pressekonferenz. Ich ging zu Krenz, um mich zu verabschieden. Er drückte mir das Regierungspapier über den Reisevorgriff in die Hand und meinte, das könnte ein Knüller werden.

Auf der Pressekonferenz haben wir zunächst über den Verlauf der ZK-Beratung berichtet. Wir, dazu gehörten noch einige andere, um deren Mitwirkung ich gebeten hatte. Ich wollte keine Solonummer, sondern wollte, daß dort auch Mitglieder des Zentralkomitees vertreten sind, um dieses Gremium aufzuwerten. Nach Abschluß der Information über die Tagung habe ich mitgeteilt, daß auf Veranlassung des Politbüros die Regierung einen Vorgriff auf das Reisegesetz entworfen habe. Ich hatte mir ein paar Notizen über die ZK-Tagung gemacht, die ich unbedingt berühren wollte. Zuunterst hatte ich die Vorlage plaziert, die im Ministerrat behandelt worden war. Während der Pressekonferenz geriet die Erklärung zwischen die Notizen. Als ich sie dann vorlesen wollte, blätterte ich nochmals durch, es kam jemand zu mir, begann mit mir zusammen zu suchen und zog das Papier hervor. So entstand der Eindruck, als hätte man mir erst in dieser Situation einen Zettel zugesteckt. Das hängt vielleicht mit der Verblüffung zusammen, die die Journalisten empfanden, als sie den sensationellen Inhalt erfuhren. Auch mein flinkes Verlesen schien ihnen so merkwürdig, daß sie glaubten, ich hätte in diesem Augenblick erst von dem Sachverhalt erfahren. Doch das stimmte nicht. Ich habe diese Formulierung in schnellem Tempo vorgelesen, weil ich vor der Öffentlichkeit nicht auch noch betonen wollte, daß die DDR auf dem letzten Loch pfeift.

Sie haben beim Verlesen der Nachricht einmal kurz gestockt. Sind Sie sich da der Wirkung der Erklärung bewußt geworden?

Ich konnte mir natürlich nicht vorstellen, daß am Abend und in der Nacht der Run auf die Mauer losgehen würde. Dazu reichte meine Phantasie nicht aus. Es gab eigentlich zwei Momente, die mit Stokkungen verbunden waren. Das erste betraf mich selbst, daß ich beim Lesen des Wortes Westberlin innerlich etwas zögerte, weil mir in diesem Augenblick durch den Kopf ging, ob überhaupt eine Abstimmung mit der Sowjetunion erfolgt sei. Schließlich waren das Fragen, die das Vier-Mächte-Abkommen betrafen. Wir haben immer mit großer Korrektheit darauf geachtet, daß von unserer Seite in bezug auf die Grenze zu Westberlin keine Eigenwilligkeiten entstehen. Das zweite Zögern betraf den Zeitpunkt des Inkrafttretens der Regelung. Auf eine entsprechende Frage hin sah ich noch einmal auf das Papier, und da stand: ab sofort. Und das war der Punkt, von dem Krenz in seinem Buch schreibt, da sei ein kleiner Irrtum mit einer großen Wirkung passiert. Das trifft so nicht zu. Krenz selber hatte mir das Papier übergeben, ohne ein Wort über eine Sperrfrist zu verlieren. Es wäre ja auch eine Absurdität in sich gewesen, daß er mir zur Mitteilung an die Weltpresse Informationen gibt und von mir erwartet, daß ich bei Verkündung eine Sperrfrist für dieses Papier verhänge. «Ich bitte Sie, diese Meldung bis morgen früh um 4 Uhr zurückzuhalten.» Das wäre wirklich ein Novum in der internationalen Pressegeschichte gewesen. In dem Augenblick, in dem ich sie verlas, war die Nachricht geboren und verbreitete sich. Niemand konnte die Kugel mehr zurückholen, die in diesem Augenblick den Lauf verlassen hatte.

Die Sache bekam dadurch einen dramatischen Akzent, weil in Berlin sofort Tausende von Menschen an der Grenze sein konnten. In der Republik liegen die Städte weiter weg von der Grenze. Die Berliner haben die Mitteilung ungläubig gehört und sich dann entschlossen, mal gucken zu gehen, ob das auch wirklich stimmt.

Jedenfalls ging der Run auf die Mauer dann los, und es stellte sich heraus, wie sehr wir das Bedürfnis der Menschen unterschätzt hatten. Ich hatte nicht mit dieser Wirkung gerechnet. Am späten Abend wurde ich angerufen und davon informiert, daß sich Tausende von Menschen an den Grenzübergängen einfänden. Daraufhin habe ich mich kurzerhand ins Auto gesetzt und bin nach Berlin gefahren, während Wandlitz schlief. In Berlin kam ich zur Wollandstraße und sah, wie die Autokolonne die Schönhauser-Allee überquerte. Dann bin ich zur Heinrich-Heine-Straße gefahren und sah, daß auch dort Tausende von Menschen standen. Ich fragte einen Grenzbevollmächtigten, wie sich der Ablauf gestalte. Ich hatte ja die absonderlichsten Vorstellungen. Ich dachte, die setzen mit 'ner Flanke über die Mauer, die DDR läuft aus. Doch der Grenzer sagte: «Nein, es läuft alles hervorragend. Die Menschen sind in phantastischer Stimmung, und was beruhigend ist, sie weisen ihren Personalausweis vor.» Als ich das mit dem Personalausweis hörte, war ich der Meinung, die DDR sei gerettet: Obwohl die Bürger sich frei bewegen können, fegen sie diese

Grenze nicht weg, sondern respektieren sie. Daraufhin wurden Sonderstellen an die Grenze verlagert, so daß man sich nicht nur bei den Kreisvolkspolizeiämtern den Stempel holen konnte, um rüberzugehen.

Am nächsten Tag war Katerstimmung im ZK. Irgendwann beim Frühstück kam das Gespräch auf die Maueröffnung. Und da gab es dann Reaktionen von Krenz und von Mielke wie: «Wie konnte das bloß zustande kommen?» Bis hin zu der Bemerkung: «Wer hat uns das eingebrockt?» Ich hörte mir das an und dachte: «Na, dann holt euch man die Antwort auf eure rhetorischen Fragen.» Es herrschte Verblüffung, und es wurde gerätselt. Das war natürlich grotesk, dann selbst die Grenzer wußten Bescheid, daß morgens etwas passieren sollte. Aber es hatte natürlich keiner am Abend mit einem solchen Ansturm gerechnet.

Die Maueröffnung war die einzige Maßnahme, die uns für kurze Zeit den nahezu ungeteilten Beifall der Mehrheit der Bevölkerung einbrachte. Manche Genossen waren damit allerdings nicht einverstanden. Sie fühlten sich düpiert, weil sie so lange diese Grenze und die Mauer verteidigen oder rechtfertigen mußten.

Tatsache aber ist, daß es uns einen Zugewinn an Renommee brachte. Krenz bedauert noch heute, daß wir uns nicht mit Momper am Potsdamer Platz getroffen haben, wie das der Oberbürgermeister von Ostberlin, Krack, gemacht hat. Krack hatte das vorher mit mir besprochen, und ich habe ihm zugeraten.

Die Menschen waren glücklich. Die verfluchte Einschränkung war weg. Damit war es uns zum erstenmal möglich, Tuchfühlung mit ihren Erwartungen aufzunehmen. Alles andere war ja weitaus komplizierter, die Wirtschaftsreform zum Beispiel. Diese Dinge hätten nicht so schlagartig gegriffen. Wir hätten uns selbst an die Kandare nehmen und frühzeitig in solche Richtungen weisen müssen, bis hin zur Akzeptanz politischer Pluralität. Daß mit der Maueröffnung das Ende der Republik seinen Anfang genommen hatte, ahnten wir nicht. Im Gegenteil, wir hatten einen Stabilisierungsprozeß erwartet, der sich zunächst ja auch einstellte. Endlich sind sie wie Bürger anderer zivilisierter Staaten in der Lage, dem Reise-Bedürfnis zu frönen. Die Menschen gingen rüber und kamen wieder zurück.

Es hat zwar Auswirkungen auf die Arbeitssituation gegeben. Einige von uns sind auch sofort nervös geworden und taten so, als sei plötzlich ein Chaos entstanden – angeblich sollen zeitweilig 20 Prozent der Arbeiter in den Betrieben gefehlt haben. In solchen Fällen muß man einfach die Nerven behalten. Nach knapp einer Woche hatte sich die Sache ohnehin wieder eingeschaukelt.

Doch das Gesamt-Konzept ging nicht auf, konnte nicht aufgehen, weil die Öffnung nicht flankiert war von anderen substantiellen Änderungen des sozialistischen Systems. Wiederum zeigten sich unsere prinzipiellen und strategischen Defizite. Aber gab es überhaupt strategische Lösungen für die Unzulänglichkeiten des Systems? Ich bin sicher, wir hätten – vielleicht erst etwas später – festgestellt, daß das System nicht reformierbar ist.

So dachten Sie damals aber noch nicht. Sie haben sich doch sicherlich um ein Programm bemüht?

Ja, während Krenz und Modrow ihre Grundsatzreferate ausarbeiteten, schöpfte ich aus Kontakten zur Humboldt-Universität.

Ich hatte einige Tage zuvor schon in der Universität gesprochen und mich dort ausdrücklich zu den wissenschaftlichen Ausarbeitungen, die die Reformen betrafen, bekannt. Also haben wir am Wochenende vor der ZK-Sitzung eine Reihe Wissenschaftler zu uns in die Bezirksleitung gebeten, darunter Professor Dieter Klein. Die Genossen haben dann in einem Gewaltritt den Entwurf eines Referates ausgearbeitet. Mit diesem Referat bin ich dann rüber zu Krenz. Der hat darauf nur antworten können, daß er total erschöpft sei. Er habe noch nicht einmal das durchgesehen, was seine Leute ihm vorbereitet haben. Es täte ihm furchtbar leid. Auch in diesem Fall habe ich mir den Vorwurf zu machen, daß ich mit dem Ding wieder zurückgetrabt bin. In der ZK-Sitzung habe ich dann Modrow dieses Papier gegeben. Er nahm es gern.

Nach der ZK-Sitzung war nicht mehr viel Zeit. Die erste Dekade des November war vorüber, und am 3. Dezember war es mit uns zu Ende. Wenn auch nicht mit der Erneuerung, der wir dienen wollten. Die Beschleunigung nach unten nahm immer mehr zu. Wir sahen uns verstärkt mit dem Vorwurf konfrontiert, die korrupten Elemente zu decken. Es erschienen Publikationen: über die Jagdgebiete, über die Luxusrefugien von Tisch und anderen. Alle Augenblicke kam eine solche Veröffentlichung hoch.

Die Diskussion um die Wahlfälschung spitzte sich zu. Die Debatten um die Vorgänge am 7. Oktober ließen uns keine Ruhe. Alles das zerrüttete die Partei. Die Stimmung der Bevölkerung gegen die SED nahm immer rabiatere Formen an. Die Genossen waren nicht mehr nur verunsichert, sondern weithin verängstigt. Sie verließen in Scharen die Partei. Die Wut und Enttäuschung vieler Mitglieder verschmolz mit dem Haß und der Ablehnung weiter Teile der Bevölkerung. Es verdichtete sich das Mißtrauen, daß die Krenztruppe die Korruption decke und damit die Partei weiter in Mißkredit bringe. Ich habe mich in den folgenden Politbürositzungen empört, daß wir nicht in der Lage sind, die Korruption selber aufzudecken.

Ich sah mich Angriffen ausgesetzt wegen der Rolle der Medien. Krenz ließ auf der 10. ZK-Tagung eine Philippika gegen die Medien los: Sie würden andauernd bewährte Kämpfer verunglimpfen, und er sei nicht bereit, das mitzumachen. Wenn das so weiterginge, könne man nicht länger auf ihn als Generalsekretär zählen. Ich konnte das als Attacke auf mich verstehen. Als ich ihn danach zur Rede stellte, war er betroffen. Ich sagte ihm, wir können nicht Freiheit für die Medien verkünden und ihnen dann Vorwürfe machen, wenn sie das ernst nehmen. Die Korruption ist so passiert. Das Aufdecken ist die notwendige Folgeerscheinung, und außerdem erweisen wir uns doch als unfähig, das selbst aufzudecken.

Die Enthüllungen machen uns natürlich das Leben schwer. Nur war ihnen nicht mit der Sicht von Frau Blaschke beizukommen, die nicht danach fragt: Woher kommen die Schweinereien, sondern sich statt dessen entrüstet: Wie kann man nur darüber reden? Ich muß zugeben, daß weder ich noch Krenz einen Gedanken daran verschwendet haben, daß Mielke seinem Sohn ein Haus bauen ließ oder Tisch eine Staatsjagd in Eitzen hatte. Wir hatten davon keinen Begriff. Das ist die Wahrheit. Wozu hätten sie uns das auch auf die Nase binden sollen? Dazu hätte uns der Mielke mit der gleichen Exaktheit, mit der er uns über die Entwicklung des «Neuen Forums» informiert hatte, Informationen über die Funktionäre zukommen lassen müssen, die Dreck am Stecken haben. Ich konnte jetzt nicht mehr, nachdem wir die Pressefreiheit im Aktionsprogramm verkündet hatten, bei den Zeitungen anrufen und Artikel verhindern.

Ich habe die Chefredakteure gefragt, ob sie uns nicht ein bißchen Bewegungsfreiheit lassen könnten? Jedem amerikanischen Präsidenten gewähre die Presse eine Schonzeit von hundert Tagen. Ich hab mich dabei fünfmal entschuldigt und versucht, nicht den Eindruck entstehen zu lassen, als wolle ich mich einmischen.

Ein Opfer dieser höflichen Bitte um Kooperation hat Ihre Art aber als sehr zudringlich empfunden: Karl-Heinz Arnold, der langjährige stellvertretende Chefredakteur der Berliner Zeitung, der dann persönlicher Mitarbeiter von Hans Modrow wurde und ein Buch über ihn geschrieben hat. Er berichtet über ein Telefonat mit Ihnen am 14. November, in dem Sie ihn wegen eines populistischen Interviews kritisiert hätten. Arnold schloß daraus, daß sie bei der alten Mediengängelei bleiben wollten.

Das Wort Populismus ist tatsächlich gefallen, aber ich fand Arnolds Interview mit Modrow in Teilen auch nicht sehr klug. Ich habe ihm das so gesagt. Mir danach Mediengängelei zu unterstellen, ist ebensowenig fair, als wollte man Arnold heute vorwerfen, er sei Mittags Leibschreiber gewesen, weil er die ökonomische Politik Mittags journalistisch und didaktisch in ganzen Artikelserien aufbereitet hat. Ich habe ihm als Tip mitgegeben, daß ich an seiner Stelle diese Art von überdrehtem Populismus künftig vermeiden würde. Dazu stehe ich nach wie vor. Gerade nachdem wir die Phase der Beweihräucherung überwunden hatten, fand ich Passagen dieses Interviews peinlich. Meiner Meinung nach hat er Modrow keinen guten Dienst erwiesen, als er ihn den «guten Menschen von Dresden» nannte. Aber vielleicht hatte er ja die Assoziation vom «guten Menschen aus Oggersheim» im Sinn. Übrigens habe ich Arnold an Modrow auf dessen Bitte als persönlichen Mitarbeiter vermittelt.

Ich muß in diesem Zusammenhang die Legende von Schabowski als Medienzar der Wendeführung deutlich entkräften. Ich habe diese Funktion, gegen die ich mich mit Händen und Füßen gesträubt hatte, und zwar aus jahrzehntelanger Erfahrung, nur als Liquidator übernommen. Das war meine Bedingung an Krenz. Als Liquidator der Strukturen, die bis dahin obwaltet hatten. Das hieß, keine Bevormundung der Presse mehr. Das galt auch für die Parteipresse. Eine meiner ersten Amtshandlungen war es, die Chefredakteure zu mir zu bitten und ihnen zu eröffnen, daß diese Art der Zusammenkünfte keinen Sinn mehr habe und sie ihre Sachen fortan alleine machen sollten. Ich bin in die Redaktionen gegangen. Ich war im «Neuen Deutschland» und habe die dortigen Redakteure gefragt: «Wollt ihr euren Chefredakteur behalten? Wenn nicht, dann reden wir darüber.» So wurde der Spiekermann Chefredakteur. Ich habe ferner Vorstellungen entwickelt, wie die Medienpolitik zukünftig gemacht werden soll. Diese sind Beschluß des Politbüros geworden. So habe ich versucht, meinen Part im Aktionsprogramm anzupacken.

Was wie ein Problem der Medien aussah, war unser Problem. Unsere Krankheit war, daß wir nicht als erste informiert und gehandelt haben, wenn es um Korruptionsvorfälle ging. Das war unser Dilemma, auch ein personelles Dilemma in der Parteikontrollkommission. Die Mitglieder waren zwar auch wütend darüber, daß dieser oder jener eine luxuriöse Datsche hatte, aber sie waren noch viel verzweifelter über die Morddrohungen, denen sie sich an ihren Arbeitsplätzen ausgesetzt sahen. Die Leute sagten: «Was, du Schweinehund bist von der SED? Wir schlagen dir die Fresse ein.» Das war die Wirkung. Sie waren nicht nur moralisch erschüttert, sondern es hatte sich ein zum Teil wirklich berechtigter Haß entwickelt. Ein Bezirkssekretär erzählte mir, daß er jeden Tag eine Ladung Scheiße vor die Tür gefahren bekomme. Wir waren schuld an dieser Entwicklung, weil wir uns dieser, im Vergleich zum Westen lächerlichen, Vorrechte in Wandlitz bedient hatten. In dieser Situation, in der sich Unzufriedenheit über vieles geäußert hat, schiebt sich natürlich die Korruption in den Vordergrund, weil es das Greifbare ist, an dem sich Haß und Ablehnung festmachen können.

War das denn ein Grund, das Privilegienrefugium Wandlitz zu verlassen?

Ich glaube, zu diesem Zeitpunkt waren wir schon gar nicht mehr in Wandlitz. Krenz und ich waren uns in einem kurzen Gespräch vor der Wende schon klar darüber geworden, daß wir aus Wandlitz ausziehen müßten, weil das als eine Abkapselung empfunden wurde. Ich bin vorübergehend in ein Gästehaus des Staatsrates übergesiedelt und Krenz in das Haus, in dem er heute noch wohnt. Das war eine Sache, die nicht auf Popularitätshascherei berechnet war. Wir haben nur einen überfälligen Schritt vollzogen.

Im Volkskammerausschuß «Untersuchung des Machtmißbrauchs» wurde Ihnen später vorgeworfen, daß Sie mit einem offiziellen Flugzeug mit Ihrer Familie im Sommer '89 nach China in Urlaub geflogen seien. Das Ganze hätte 45 000 Dollar gekostet.

Jede Reise dieser Art hat die Regierungsstaffel bewerkstelligt. Es war, für mich als ZK-Sekretär und Politbüromitglied überhaupt nicht anders möglich zu reisen als auf diesem Weg. Da fährt ein ganzer Troß mit, Sicherheitsleute und dergleichen. Man kann jetzt nachträglich alle aufhängen, die mit dem Flugzeug geflogen sind. Nur in anderen Ländern fliegt man auch mit dem Flugzeug. Ich war ja protokollarisch, auch wenn das ein übertriebener Blödsinn ist, soviel wert wie vier Minister, und dazu war ich noch ein Parteioberbonze.

Ich habe dazu eine Stellungnahme formuliert, in der ich die Gründe für diese Reise nenne. Ich habe geschrieben, daß es keine Privatreise war, sondern daß Honecker mich geschickt hatte, um zu sondieren, wie die Lage in China sei. Darüber hinaus hatte ich eine Einladung von der Chinesischen Partei für mich und meine Familie. Die Pekinger waren zuvor hier gewesen. Außerdem habe ich mich bemüht, die Kiste auch voll zu kriegen, wenn ich schon da runterfliege. Ich habe herumtelefoniert, um zu erfahren, wer gerade nach China muß oder ob wir etwas für die Botschaft mitnehmen könnten und so weiter. Die haben mir dann das ganze Ding voll Bier für unsere Mission gepackt. Damit wollte ich deutlich machen, daß ich nicht so ein Typ bin, dem es nichts ausmacht, allein in einer Riesenmaschine zu fliegen. Für den Rückflug habe ich mich wieder um entsprechende «Fracht» für die Maschine gekümmert.

Im Laufe des November schien Modrow immer mehr Macht zu bekommen. Hat er in seiner Funktion als Ministerpräsident am Politbüro vorbeiregiert?

Modrow hat von Anfang an deutlich gemacht, daß die Arbeit der Regierung so beschaffen ist, und auch in Zukunft so beschaffen sein wird, daß der Regierung vom Politbüro nicht hineingeredet wird. Doch Modrow hat die Macht nicht an sich gerissen. Das spezifische Gewicht des Generalsekretärs hatte sich von selbst verloren, die Führungsrolle der Partei selbst aufgehoben. Und sie mußte auch beseitigt werden. Der politische Schwerpunkt der Macht verlagerte sich also von dem Generalsekretär auf den Ministerpräsidenten. Ob Krenz dagegen war oder was Modrow dazu dachte, spielte kaum noch eine Rolle. Modrow hatte sogar noch darüber geklagt, daß man ihn nicht zum Generalsekretär gewählt habe, als schon längst evident geworden war, wer in Zukunft das Sagen haben würde. Als Regierungschef hätte Modrow die Möglichkeit gehabt, jeden Generalsekretär an die Wand zu spielen, aber das hat er gar nicht mal gemacht. Er hat sich vielmehr als ein getreuer Eckhard der Partei erwiesen.

Modrow hat zu dieser Zeit, als das Ansehen der SED fast total verwirtschaftet war, eine bestimmte Resonanz bei einem nicht geringen Teil der Bevölkerung gefunden. Die Leute hatten das Empfinden, bei diesem Drunter und Drüber ist Modrow noch derjenige, der für relative Ordnung zu sorgen vermag.

Modrow galt auch als Reformer. Er hatte schon geraume Zeit vor dem Oktober eine gute Presse in der Bundesrepublik. Er konnte für sich beanspruchen, daß er nicht Mitglied des alten Politbüros war. Außerdem konnte er sich darauf berufen, daß er nicht in Wandlitz gewohnt hatte, sondern in der berühmten Drei-Zimmer-Wohnung in Dresden.

Eine andere Figur spielte in den Novemberwochen auch eine Rolle in den Medien: Alexander Schalck-Golodkowski, der Devisenmakler der DDR. Welche Rolle hat er in der Zeit nach der Maueröffnung gespielt? Nachdem er zwischenzeitlich sogar als Wirtschaftsminister im Gespräch war, hieß es, er habe in der letzten Politbürositzung vor ihrem Abgang so unter Druck gestanden, daß er in Tränen ausgebrochen sei.

Das stimmt, doch dazu später. Um Schalck hat sich inzwischen ein Mythos gebildet. Einerseits halten alle seine Geschäfte für das Geheimste vom Geheimen, andererseits besteht die Vorstellung, daß jeder davon gewußt habe. Mittag war natürlich informiert, und Krenz hat, wie Schalck erklärt, davon auch gewußt. Vielleicht hat Krenz beabsichtigt, die Geheimhaltungsmasche des alten Generalsekretärs fortzusetzen, jedenfalls hat er mich, und selbst seine engsten Mitarbeiter, nie über die Dinge informiert, die er mit Schalck-Golodkowski besprochen hatte. Die Abkürzung Koko, die für kommerzielle Koordinierung steht, ist mir erst in den Wochen danach aus der Westpresse bekannt geworden.

Schalck-Golodkowski tauchte am Tag nach der Maueröffnung, an dem das ZK tagte, beim Mittagessen des Politbüros auf und trug ein Konzept vor, wie man nun mit der Bundesregierung in Verhandlung treten könne. Dafür war er Spezialist. Seine Pläne waren noch nicht bis ins Detail ausgefeilt, aber die große Linie stand, um ein Tauziehen mit dem Kanzleramtsminister veranstalten zu können. Dabei ging es auch um die Finanzierung der Reisemöglichkeiten für DDR-Bürger. Ich sagte ja bereits, daß 15 Mark für jeden DDR-Bürger, die wir hätten geben können, zum Leben zuwenig und zum Sterben zuviel gewesen wären. Von diesem Konzept ausgehend, ist dann weiter gearbeitet worden.

Unmittelbar danach wurde Schalck Staatssekretär der Regierung Modrow. Inzwischen kamen die Geschäfte der Koko langsam ans Licht. Nach einer Bildzeitungsveröffentlichung wurde er in der Volkskammer von CDU-Leuten angegriffen. Ich glaube, ihm wurde vorgeworfen, daß er Geld beiseite geschafft habe. Schalck war der Alleskleber für Mittags Wirtschaft. Die sozialistische Planwirtschaft hat gar nicht mehr existiert. Die Defizite hat Schalck mit irgendwelchen Warentermingeschäften ausgeglichen. Der hat aus Sandflöhen money gemacht. Der Mann hätte jederzeit ein großer Manager in einem bundesdeutschen Unternehmen sein können.

Ich fand ihn clever. Er war ein bißchen geheimnistuerisch, aber umgänglich. Nicht überheblich. Man könnte sich ja in der Position auch einen Typ vorstellen, der sagt: Ihr könnt mich mal. So war Schalck nicht, er war hilfsbereit. Wenn es in Berlin Schwierigkeiten gab, dann hat er prompt geholfen. Ich erinnere mich noch an einen Fall im Winter. Schnee war gefallen, aber die Stadt war unzulänglich geräumt. Also hau ich Krack, den Oberbürgermeister, an und sage: «Jetzt macht doch endlich die Straßen frei. Das muß doch zu machen sein! Erst die Hauptstraßen, da könnt ihr in Geschwaderordnung fahren, drei hintereinander, dann die wichtigsten Nebenstraßen, das kann doch kein Problem sein.» «Du», antwortete der, «das würde ich gerne machen, aber wir haben nicht ausreichend Pflüge.» Darauf bitte ich Krack, mit Schalck zu reden, und Schalck besorgte dann Pflüge. So schnell ging das. Schalck war kein überheblicher Pinsel, der sich für so etwas nicht interessierte. Er hatte immer ein Quantum an Hilfsbereitschaft zur Verfügung.

Meine Sünde bestand darin, nicht danach zu fragen, wo Schalck den Kies eigentlich hernahm und wo die in Magdeburg oder Karl-Marx-Stadt die Schneepflüge herbekamen. Ich fand damals nichts Anstößiges dabei, im Interesse der Stadt auch solche Quellen anzubohren.

In der letzten Politbürositzung im November hat Schalck eine Reihe abermals sachlicher Bemerkungen zum Verhandlungsstand mit der BRD gemacht, aber auch über seine persönliche Lage gesprochen. Er sah sich in Bedrängnis. Vorausgegangen waren die Angriffe in der Volkskammer und in den Medien. Darüber herrschte große Betretenheit im Machtzentrum. Alle, auch die, die nicht eingeweiht waren, ahnten, daß Gefahr für das gesamte Finanzgebaren der DDR mit seinen schwarzen Löchern im Verzug war. Was das im einzelnen bedeutete, konnten wir nicht absehen. Als Ergebnis der Volkskammersitzung wurde eine staatsanwaltschaftliche Untersuchung eingesetzt. Schalck berichtete, daß ihm komplizierte Dinge bevorstünden, weil die Staatsanwaltschaft sein Haus durchsuchen wolle und dabei Materialien entdeckt werden könnten. Nicht einmal in diesem Gremium sagte er, um welche Materialien es sich handelte. Der Mann war so an Geheimhaltung gewöhnt, daß er nur zu denen gewandt sprach, denen er sich anvertraut hatte. Er brach in Tränen aus und sagte, daß er Morddrohungen erhalte. Er habe große Angst um seine Frau und bat darum, daß von seiten des Politbüros irgend etwas getan werde, um ihn und seine Frau zu schützen.

Man sah, daß er in ganz finsterer Verfassung war und Hilfe suchte. Obwohl er seine verzwickte Situation so offen dargestellt hatte, ist er weiter Unterverhandlungsführer in den Kontakten zwischen der DDR und der BRD geblieben, bis er sich dann am 3. Dezember abgesetzt hat. Ich habe die Logik seiner Handlungsweise damals nicht verstanden. Erst als sich herausstellte, daß er auch eine hohe Stasi-Funktion hatte, wurde mir klar, daß er ein Interesse haben mußte, sich abzusetzen, weil er zuviel weiß.

In einem Interview hat Schalck behauptet, daß er mit Krenz sehr eng zusammengearbeitet habe. Davon haben Sie wirklich nichts gewußt?

Nein, ich erfuhr aus der Zeitung von den Sonderkonten, die Krenz gewissermaßen übernommen hatte. Ich bin eigentlich sicher, daß auch sonst niemand davon gewußt hat. Das hat mir natürlich zu denken gegeben. Hier sind Geheimpraktiken übernommen worden, die in ihrem Keim die gleiche verderbliche Tendenz aufwiesen, die schon zu der Entartung unter Honecker geführt hatte. Das ist ein Punkt, der mich nach vielen Monaten stutzig machte. Aber er könnte zu dem Gesamtbild eines sehr uneinheitlichen, widersprüchlichen und inkonsequenten Vorgehens passen, an dem wir letztlich kaputtgegangen sind. Was wir im Politbüro gebraucht hätten, war die Art von Offenheit, die bei den Rathausgesprächen geherrscht hatte. Mir schien sie damals vorhanden zu sein. Nun muß ich da wohl Abstriche machen. Doch ich kenne die Meinung von Krenz dazu nicht, und insofern sind dies Spekulationen.

An der Wende zum Dezember stellte sich die Partei mehr und mehr gegen Sie.

Das stimmt. Zur Erläuterung muß man in diesem Zusammenhang auch erwähnen, daß unser Ansehen durch den Verlauf der 10. Tagung des ZK weiter gelitten hatte. Zu Beginn dieser Tagung hatte sich das Politbüro neu konstituiert. Doch schon am nächsten Tag mußten einige frischgewählte Kandidaten bzw. Mitglieder des Politbüros aus den erwähnten Gründen wieder ihren Hut nehmen, weil sich herausgestellt hatte, daß sie das Vertrauen ihrer Bezirke verloren hatten. So konnte man kein Vertrauen schaffen. Eine weitere Unsicherheit offenbarte sich in der Einberufung eines außerordentlichen Parteitages. Die Tagung hatte die Einberufung einer Parteikonferenz beschlossen, obwohl sich inzwischen schon die Forderung nach einem Parteitag durchgesetzt hatte. Zwei Tage später mußte sich das ZK wiederum korrigieren und den Forderungen der Basis nachgeben.

Alles das hat bei der Mitgliedschaft den Eindruck verstärkt, daß diese Führung nicht in der Lage ist, den Kurs der Veränderung so konsequent voranzutreiben, wie es die Lage erfordert hätte. Unsere Zeit war abgelaufen, ohne daß wir das wahrhaben wollten. Mit dem Näherrücken des außerordentlichen Parteitages verstärkten sich zudem die Informationen darüber, daß die Wahlen im Mai auf zentrale Weisung hin gefälscht worden waren. Von diesem Vorwurf war Krenz, als oberster Wahlleiter der DDR, unmittelbar betroffen. Es lag der Verdacht nahe, auch wenn dies nicht zutraf, daß Krenz selbst Order gegeben habe, die Wahlergebnisse zu schönen. Er hat versucht, sich gegen die Vorwürfe zu rechtfertigen, doch er drang damit nicht durch. Der Bezirkssekretär von Potsdam war dann der erste aus

148

hohen Funktionärskreisen, der ihn zum Rücktritt aufforderte. Dies geschah schon gegen Ende der letzten Politbürositzung im November.

Wir waren resigniert. Wir kamen zu dem Schluß, daß unsere Verantwortung gegenüber der Mitgliedschaft uns wahrscheinlich keinen anderen Ausweg lassen würde, als die Konsequenzen zu ziehen. Auf der kommenden ZK-Tagung, am 3. Dezember, sind wir dann zurückgetreten. Zuvor hatten wir in einer Sitzung, zu der die Bezirkssekretäre eingeladen waren, die Situation noch einmal kurz erörtert. Einhellig war die Meinung, daß es für den Bestand der Partei notwendig sei, daß das Politbüro und das gesamte ZK zurückträten. Es gab keinen Widerspruch von unserer Seite. Wir haben uns nicht als Gegner empfunden, sondern als Mitglieder einer Partei, um deren Bestand wir besorgt waren. Es waren völlig andere Umstände als bei der Absetzung Honeckers. In unserem Fall bedurfte es keiner konspirativen Bemühungen. Wir achteten die Bezirkssekretäre und hatten großen Respekt vor den Sorgen und vor den unerhörten Belastungen, mit denen sie zu kämpfen hatten. Mit dieser Haltung sind wir ins Zentralkomitee gegangen. Wir haben dort noch unsere Stellungnahme formuliert und das ZK aufgefordert, mit uns zurückzutreten. Es kam zu einer kurzen, nicht eben dramatischen Debatte. Die alteingesessenen ZK-Mitglieder waren von den Entwicklungen der letzten Wochen einfach geschockt. Auch hier überwog das resignative Element. Ich bin dann wieder vor das ZK gegangen und habe mit dem Megaphon in der Hand die Liste der Zurückgetretenen verkündet.

Dann war alles aus. Obwohl sich das längst angedeutet hatte, war ich in dieser Situation wie betäubt. Bei dem, was sich da abspielte, hatte ich ein Gefühl von Entwürdigung. Plötzlich war ich ein Nichts, politisch ausgekantet. Erst jetzt wurde mir bewußt, ich war zur Unperson geworden. Das Bewußtsein der individuellen Lage traf uns mit voller Wucht. Wir waren noch immer bereit, unsere Kräfte den neuen Leuten in der Partei zur Verfügung zu stellen. Ich habe mir nicht einmal Gedanken gemacht, wie es mit mir weitergehen sollte. Wir waren alle viel zu sehr mit der Frage befaßt, wie diese Partei, die wir noch immer als unsere Partei betrachteten, ihre Krise überstehen könnte, damit die DDR als erneuertes sozialistisches Land weiterbestehen kann. Aber wir hatten unseren Zweck erfüllt. Uns brauchte niemand mehr.

Wir abgehalfterten Figuren, also Krenz und ich, sind noch in eine

Delegiertenkonferenz gegangen. Das war eine schwierige Kiste. Ich war bei den Berliner Bauarbeitern, die mich einem Verhör unterzogen über die Bedingungen in Wandlitz. Einer ist aufgestanden und hat mir vorgeworfen, ich hätte meine Kinder mit dem Auto zum Arzt bringen lassen. Ich erzählte denen, daß man dort gar nicht anders befördert werden konnte als mit dem Auto und daß es dafür einen Fuhrpark gab. Andere standen auf und sagten, man solle aufhören mit diesen Anschuldigungen. Ich habe ganz offen zugegeben, daß es eine Sauerei gewesen sei, daß in einer Zeit, in der sich die Versorgungslage immer mehr zuspitzte, der Käse aus Westberlin nach Wandlitz geschafft worden ist. Ich habe meine Uhr hochgehalten und gesagt: Seht, diese Uhr habe ich aus Wandlitz, das ist eine Seiko. Sie hat mich 550 Mark gekostet. Das haben sie zur Kenntnis genommen. Jemand, der anfangs ganz scharf gegen mich aufgetreten war, sagte mir hinterher, es sei die erste Begegnung mit mir gewesen, er sei beeindruckt davon, wie ich zu den Vorwürfen Stellung genommen hätte. Das würde er mir anrechnen.

Ich wurde mit annähernd 120 von 150 Stimmen als Delegierter zum Parteitag gewählt. Dort habe ich die Szenerie durch mein Wandeln in den Gängen bereichert und mußte jederzeit damit rechnen, daß sie mich zur Rechtfertigung aufs Podium zerren. Modrow hielt dort eine Rede, in der er sich über die «Verschwörerbande» vom 18. Oktober, Honecker und Krenz, ausließ. Er trug dies mit großer Erregung vor. Hier äußerte sich eine persönliche Verletztheit über ein nach seiner Meinung abgekartetes Spiel gegen ihn: Er hätte der Generalsekretär sein sollen. In einem Fernsehinterview hat er später erklärt, es hätte gar keinen Sturz von Honecker gegeben. Diejenigen, die sich etwas darauf zugute hielten, hätten dazu gar kein Recht, denn Stoph habe die Initiative ergriffen. Das zeigt nur seine Ahnungslosigkeit. Einige Mitglieder des zurückgetretenen Politbüros waren noch bis Januar Mitglieder der SED-PDS, wie sie sich zu dieser Zeit nannte. Im Januar taten wir unseren letzten Gang als Mitglieder. Auf einer Sitzung der Schiedskommission wurde beschlossen, uns aus der Partei auszustoßen.

Ich will Sie nicht langweilen, aber ich möchte Ihnen doch eine kleine Stelle aus einem Brief Engels' an Joseph Bloch vorlesen. Engels läßt sich im folgenden darüber aus, wie Geschichte gemacht wird, wie Geschichte entsteht, nämlich «stets aus den Konflikten vieler Einzelwillen», «wovon jeder wieder durch eine Fülle besonderer Lebensbedingungen zu dem gemacht wird, was er ist.» Und weiter: «Es sind also unzählige, einander durchkreuzende Kräfte. Eine unendliche Gruppe von Kräfteparallelogrammen, daraus eine Resultante, das geschichtliche Ergebnis, hervorgeht. Die selbst wieder als das Produkt einer als Ganzes bewußtlosen und willenlosen Macht angesehen werden kann. Denn was jeder einzelne will, wird von jedem anderen verhindert, und was herauskommt, ist etwas, was keiner gewollt hat.» Das ist eine exzellente Beschreibung über die Art, in der sich Gesellschaften entwickeln. So entwickelt sich unsere Gesellschaft bis heute. Würden Sie geglaubt haben, daß das von Marx oder Engels ist? Er hat dies gesagt, und auch anderes: «So verläuft die bisherige Geschichte nach Art eines Naturprozesses. . .» Die bisherige sagt er natürlich. Ich setze hinzu, daß die Sezierung des Leichnams nicht dazu führt, zu wissen, wie der Homunculus gemacht wird. Noch einmal Engels: «Es geschieht leider nur zu häufig, daß man glaubt, eine neue Theorie vollkommen verstanden zu haben und sie handhaben zu können, sobald man sich die Hauptsätze angeeignet hat und die nicht einmal richtig. Diesen Vorwurf kann ich manchem der neuen Marxisten nicht ersparen.» Marx wollte ja auch nie Marxist genannt werden. Ich will damit sagen: Diese Art des Kommandosozialismus, wie wir ihn betrieben haben, der Versuch, die Gesellschaft nach einem Ideenkonzept, also einem geistigen Schnittmusterbogen zu gestalten, ist zum Scheitern verurteilt.

Die Schuld

> *«Philosophen sind Gewalttäter,*
> *die keine Armee zur Verfügung*
> *haben und sich deshalb die Welt*
> *in der Weise unterwerfen, daß*
> *sie sie in ein System sperren»*
>
> Robert Musil

Was ist Ihnen aufgefallen an den Menschen der Bundesrepublik, denen Sie nach ihrer Absetzung begegnet sind?

Es sind viele einzelne Eindrücke, die ich hatte. Inzwischen habe ich eine Scheu zu generalisieren, weil wir vorher unzulässig generalisiert haben, so daß für mich die Entdeckung der individuellen Dimension etwas unerhört Beeindruckendes ist. Ich muß meine Klischeevorstellungen vom Menschen der westlichen Welt korrigieren. Ich hätte nicht gedacht, daß ich eine Vorstellung habe, die es nötig hat, so massiv korrigiert zu werden. Diese Korrektur liegt darin, daß die Menschen, oder viele von ihnen, obwohl sie diesem anderen System selbstverständlich verhaftet sind, doch eine unerhörte Neugier aufbringen, eine menschliche produktive Neugier für unser mißglücktes Unternehmen. Sie haben ein bohrendes Interesse zu erfahren, wie sich unsere Motivationen entwickelt haben. Sie verurteilen dieses System und haben es in vielen Fällen direkt gehaßt, wollen aber trotzdem wissen, welche menschlichen Antriebe uns Kommunisten dazu veranlaßt haben, solch ein System aufzubauen. Sie sind erstaunt über eine unerwartete Dimension der Dinge, weil auch sie die Empfänger einer vereinfachenden Propaganda gewesen sind. Es stellt sich heraus, daß bei aller Manipulation, denen Menschen immer, gewiß auch in der Demokratie, unterworfen sind, sie nicht genormt oder gar deformiert werden. Die Demokratie scheint die individuelle Neugier und den Wagemut zu fördern. Ich bin dabei auch auf viel Fairneß gestoßen. Keine Fairneß, die unsere Entwicklung und schon gar nicht unsere Entartungen gebilligt hätte, sondern Fairneß in dem Sinne, daß mir geholfen wurde, durch die Neugier und die kritische Fragestellung tiefer in meine eigenen Beweggründe zu schauen. Ich hatte Beistand in der Auseinandersetzung mit mir selbst, die man für den eigenen geistigen Fortbestand nötig hat, wenn man nicht in Selbstmitleid und Lethargie verfallen will.

Haben Sie sich nach den Ursachen gefragt, warum das System scheiterte?

Ich denke, es wäre schlimm, wenn mich diese Frage in den vergangenen Monaten nicht beherrscht und gequält hätte. Ich glaube, das, was wir getan haben, war kein Zufall. Irgendeine Ratio liegt allem Tun zugrunde. Der Mensch ist kaum imstande, zumindest wenn es sich um gesellschaftliche Prozesse handelt, den absoluten Unsinn zu proklamieren und ihm zu folgen. So hat auch unser Scheitern seinen Ursprung in der untergründigen Anlage der ursprünglichen kommunistischen Bewegung.

Es ist erstaunlich, daß die bürgerlich-feudale Gesellschaft im neunzehnten Jahrhundert soviel Pingeligkeit besessen hat, diese Sekte für so gefährlich zu nehmen. «Ein Gespenst geht um», schrieb Marx 1848. Die Kommunisten waren ein verfolgter Bund. Am Anfang stand konspiratives Handeln in geheimen Zirkeln. Die Illegalität zwang zu Reglements, zu Kommandoraison und Glaubensdisziplin: der eine darf den anderen nicht kennen, du mußt das ausführen, was der dir sagt usw. Und bei allem die unbedingte Treue zur kommunistischen Sache, was auch eine Bedingung für den Opfermut war. Dieser verschwörerischen Praxis folgten auch die russischen Marxisten. Ihnen saß ja die gefürchtete Zaristische Geheimpolizei, die Ochrana, im Nacken.

Die Partei verstand sich als Partei neuen Typus. Sie war nicht eine unter den vielen bürgerlichen Parteien, die um ein paar Sitze in der Regierung kämpfen, sondern eine Partei, die die Gesellschaft verändern will und deswegen eine Kaderpartei, eine Partei von Berufsrevolutionären, sein müßte. Nur deshalb waren die Bolschewiki imstande, als Minderheit, sozusagen archipelhaft, isoliert in Teilen Rußlands, den Umsturz zu vollziehen. Die Kommunisten haben sich dann mit eiserner Disziplin und revolutionärem Elan durchgesetzt. Das hat natürlich die ganzen Strukturen dieser Partei geprägt. Sie ist zum Vorbild für alle kommunistischen Parteien geworden. Und jeder Generalsekretär war ein nachgemachter Lenin.

Stalin hat die Elemente, die bei Lenin angelegt waren, dann total ausgeweitet. Schon vom Tode gezeichnet, wurde Lenin noch von ungeheuren Skrupeln geplagt und warnte die Partei vor Stalins Machthunger. Doch er war inkonsequent, hatte er doch nicht klipp und klar gesagt, wer sein Nachfolger werden sollte. In das Autoritätsvakuum nach Lenins Tod ist Stalin instinktsicher vorgestoßen. Er hat das düstere, verschwörerische Element aus der illegalen Periode der Partei zu einem System der Unmenschlichkeit ausgeweitet, das nicht nur auf der Partei, sondern auf der ganzen Sowjetgesellschaft wie ein Fluch lastete und darüber hinaus die internationale kommunistische Bewegung entscheidend geprägt hat.

War das von Lenin vorgegebene und von Stalin ausgebaute System für die DDR-Machthaber nicht einfach sinnvoll, um ihre eigene Macht zu sichern?

So ist darüber nicht gedacht worden. Solch eine Fragestellung läuft ja immer darauf hinaus, daß man aus Machterwägungen heraus in die Politik geht oder Kommunist wird. Honecker ist so nicht angetreten. Er hat die gleichen Erfahrungen in der Illegalität gemacht und sich in Strukturen bewegt, die zu dieser Sache gehören, weil die Sache so ist. Der Kommunismus ist nur im Kampf gegen einen unerbittlichen Feind, der jeden Fehler ausnutzt, durchsetzbar gewesen. Das bedingte sozusagen paramilitärische Strukturen. Auch eine Armee kann nicht demokratisch ins Feld ziehen. So war die Selbstvorstellung, und so sind die Analogien gewesen.

Ich möchte noch einmal auf die Machtfrage zurückkommen. Honecker wollte etwas verändern, dazu muß er ganz schlicht gesagt mächtig sein. Er war doch ein Machtmensch.

Natürlich war das eine Frage der Machtsicherung. Aber was ich vermeiden möchte, ist die Schlußfolgerung, daß die Machtfrage als ein Selbstzweck verstanden wird. Ich nehme ein extremes Beispiel: Im Fall von Somoza ist das reiner Machthunger. Ein Clan hat sich bereichert, und zwar rücksichtslos auf den eigenen Vorteil bedacht. Das würde ich als die primitive und brutale Form des Machtstrebens bezeichnen. So war das bei uns nicht. Für die Privilegien, die wir hatten, lohnte es sich nicht, sich kaputtzumachen. Da konnte man als Pensionär sorgenloser leben.

Die Machtfrage war zwar in der Tat eine ganz wichtige Frage; doch sie wurde nicht nur als persönliche Macht Erich Honeckers gesehen, sondern die Macht mußte gesichert werden, damit das sozialmessianische System nicht kaputt ging. Da es immer bedroht zu sein schien, wurde vieles von Honecker als Element der Machtfrage angesehen. Die Medienfrage war ein Teil der Machtfrage, weil über die Medien die Interpretation der Politik an die Bevölkerung erfolgte. Wer die Anleitung der Partei in Frage stellte, rührte an die Machtfrage. Wer die Ökonomie reformieren wollte, spielte mit der Macht. Wer die Armee von der Partei befreien wollte, stellte die Machtfrage. Wer den Demokratischen Zentralismus in Frage stellen wollte, stellte die Machtfrage. Das ist schon richtig: Die Machtfrage war die zentrale Frage des Sozialismus. Doch damit sind wir bei der merkwürdigen Perversion angelangt. Der Sinn und Zweck des Sozialismus, wurde gesagt, ist das Wohlsein des Volkes. Aber die zentrale Frage ist die Machtfrage. Damit man das tatsächliche oder vermeintliche Wohlsein des Volkes durchsetzen konnte, mußte das Volk parieren, was immer wir ihm auftrugen oder vorsetzten, denn wir waren die einzigen, die wußten, was gut war für das Volk.

Honecker hat also das System vorgeschoben, um seine persönliche Macht zu sichern?

Na, sicher, alles, was diese Macht störte, war nicht sozialismuskonform. In der konkreten Situation läuft es immer auf den persönlichen Machterhalt des Generalsekretärs hinaus. Aber die Generalsekretäre leben ja nicht ewig. Insofern muß es etwas anderes geben, worin die Macht fortlebt. Das ist die Macht der Partei, die bringt den Generalsekretär hervor.

Wenn Honecker die Macht der Partei oder die Macht der Sache so vorrangig gewesen wäre, dann hätte es ihm doch eigentlich nicht schwerfallen dürfen, mit siebzig zu sagen: Nun ist es genug. Ein anderer muß die Durchsetzung der Sache übernehmen.

Ja, das ist eines der vielen unbewältigten Probleme des Systems gewesen. Ich habe versucht zu beschreiben, daß es immer zur Fetischisierung oder zur Vergottung von bestimmten Personen führte, mit all dem Peinlichen, Widerwärtigen oder Schmerzlichen, womit die Trennung von diesen Vergotteten auf Zeit verbunden war. Das hängt aber nicht nur mit dem einzelnen zusammen, dem es schwerfällt, sich von der Macht zu lösen, wenn er einmal Macht gespürt, die Macht über andere genossen hat. Es ist schon richtig, was Heym sagt, daß Macht immer korrumpiert. Das Moment der Korruption ist schon eingetreten, wenn man sich die Macht ungern abnehmen läßt. Aber in unserem Fall, wo es keine Mechanismen und Regeln für eine geordnete Ablösung gab, wurde das immer zu einem systemerschütternden Vorgang. Wer wird der Richter für den Machtwechsel, wenn sich zwei Individuen gegenüberstehen und der eine sagt: «Du bist nicht mehr fähig», worauf der andere antwortet: «Woher nimmst du das Recht, das zu behaupten. Ich weiß, wo es lang geht, ich habe die Erfahrung.»

Es erscheint als ein personelles, ist aber im Grunde ein strukturelles Problem.

Ansonsten ist es das Problem eines jeden Politikers, auch in der westlichen Demokratie. Man versucht sich zu halten. Es ist ja angenehm, in der Macht zu leben. Doch dort setzen die demokratischen Korrektive ein, denen man unterworfen ist. Machtmißbrauch kommt auch in der Demokratie vor. Ich erinnere an den Fall Barschel, der ist nicht durch eine totalitäre Ideologie beeinflußt worden. Das bringt die Macht eben hervor. Nicht nur Macht im Sozialismus, sondern Macht überhaupt korrumpiert. Selbst wenn ich Macht nicht zu meinem persönlichen materiellen Vorteil ausübe und persönlich noch so bescheiden bin, in dem Augenblick, in dem ich mich weigere zurückzutreten, wenn es das Gebot der Vernunft verlangt, erweise ich mich als korrumpiert.

Auch Sie waren ein mächtiger Mensch. Es sei angenehm gewesen, in der Macht zu leben, haben Sie gesagt. Haben Sie unter Ihrem Machtverlust gelitten?

Ich habe meine Arbeit nicht unter dem Aspekt der Macht beurteilt und meine Arbeit nicht an dem Grad der Macht gemessen, die ich zur Verfügung hatte.

Hat Macht Sie nicht fasziniert?

Als ich Kandidat des Politbüros und Chefredakteur gewesen bin, muß ich gestehen, habe ich von Macht nicht viel gespürt. Man war ein besser dotierter Prügelknabe, weil das «ND» die sozialistische Sache trotz aller Schönfärberei nie ausreichend schön beschrieb, wie es sich der Generalsekretär vorstellte.

...aber Sie genossen das Ansehen...

Was nützt mir das Ansehen, es hat doch keiner vor mir den Hut gezogen. Als ich dann 1. Sekretär von Berlin wurde, habe ich in der Tat Macht gespürt. Das Phantastische an dieser Sache war, daß ich Macht einsetzen konnte, um Dinge in Bewegung zu bringen, die nützlich sind. Ich konnte formend in dieser Gesellschaft wirken. Ich habe versucht, die Schlupflöcher des bürokratischen Systems zu erkunden und nutzbar zu machen für andere. Ich selber habe davon keinen zusätzlichen Vorteil gehabt, außer daß ich Spaß an dieser Art der Kreativität hatte, in einem Felde, das eigentlich überhaupt keine Spielräume für gesellschaftliche Kreativität zu bieten schien. Das war meine Erfahrung mit der Macht. Natürlich habe ich die Achtung genossen, die meine Arbeit bewirkt hat. Vor der Berliner Parteiorganisation habe ich öfter gesagt, daß Parteiarbeit eine Art Seelsorgearbeit ist. Wir müssen uns als das Salz dieser Gesellschaft verstehen. Ich habe versucht, denen einzutrichtern, daß wir die beweglichen Leute sein müssen, das Öl im Getriebe. So habe ich mich verstanden. Das waren so meine Illusionen. Das unterschied mich von anderen Bezirkssekretären. Heute muß ich einsehen, daß ich mit diesen Vorstellungen und mit meinem Arbeitsstil Illusionen bei manchen geweckt habe, die das System nicht einlösen konnte. Meine Masche war die des Machers, ohne daß ich dabei groß über Macht reflektiert hätte. Ich habe meine Arbeit in Berlin auch angetreten in der Nachfolge eines Mannes, der vielleicht ein anderes Verhältnis zur Macht hatte. Er war bekannt als jemand, der bestimmte Symptome von Selbstherrlichkeit an den Tag gelegt hat. Das hat mich sicherlich beeinflußt.

Nein, unter dem Machtverlust habe ich nicht kritisch gelitten. Eine andere Frage ist, daß die persönlichen Lebensverhältnisse gewisse Umstellungen mit sich brachten. Damit habe ich auch keine sonderlichen Schwierigkeiten gehabt. Bis ich 1981 ins Politbüro kam, habe ich schließlich gelebt wie andere Bürger dieses Landes auch. Schwierigkeiten und Belastungen hat mir etwas anderes bereitet. Da ich meine Arbeit als Parteifunktionär nicht mit dem Vorsatz angetreten habe, mir persönliche Vorteile zu verschaffen, war ich entsetzt, in welche Nachbarschaft ich ungewollt durch den Genuß der Vorzüge gelangt war, die automatisch zu dieser Funktion gehörten. Es war nötig, mir dieser negativen Seiten meiner Funktion radikal schlüssig zu werden und zu begreifen, daß auch ich Schuld auf mich geladen habe. Die Menschen wollten von mir wissen, wie ich diese Schuld sehe. Das waren schwere Zeiten. Ich mußte mich öffentlich dafür verantworten, auf dem Parteitag und in Untersuchungsausschüssen.

Obwohl ich mich in Berlin im großen und ganzen ohne große Anfeindungen bewegen kann, passiert es mir doch häufiger, daß ich von Bürgern, die mich nicht persönlich kennen, die mich in die alte kriminalisierte Clique einordnen, angemacht und mit scheelen Blicken betrachtet werde. Aber das ist nur mal das Minimum an Quittung, mit der man zu leben hat als ein Mitträger einer Politik, die tief und negativ in das Leben vieler Menschen eingegriffen hat. Es darf nicht dazu führen, daß man sich durch Selbstbemitleidung in eine neue Unrechtsposition begibt.

Die Privilegien, die wir genossen haben, waren nach westlichen Maßstäben nicht beeindruckend. Man hört in Fernsehsendungen des DDR-Fernsehens, daß die Häuser in Wandlitz nicht einmal für irgendwelche kapitalen Verwendungszwecke geeignet sind. Sie entsprächen nicht westlichem Niveau. Schon könnte man für sich selbst den Schluß daraus ziehen: «Da haben wir es ja. Erst wurde groß gezetert, und jetzt stellt sich heraus, daß es gar nicht so schlimm war.» Das ist eine falsche Bezugsbasis. Die moralischen Maßstäbe für das, was angemessen ist, sind a) aus den Bedingungen der DDR zu entwickeln und b) an dem Anspruch zu messen, mit dem wir Kommunisten angetreten sind. Wir wollten alle ungerechtfertigten Unterschiede im sozialen Status der Menschen beseitigen. Doch kaum hatten wir die Macht in der Hand, schon waren wir dabei, uns einen Sonderstatus zu verschaffen, mit der Pseudorechtfertigung, daß wir für die vielen Sorgen, die wir uns um unsere Bürger machen, auch entsprechend honoriert werden müßten. Diese Unlauterkeit, die nicht zu rechtfertigende Doppelmoral, ist der Vorwurf, den wir uns zu machen haben. Ich hatte zuvor anders gelebt und habe dann mit einem gewissen Erstaunen diese Bevorrechtung erfahren. Aber ich habe sie schließlich stillschweigend akzeptiert, weil es angenehm war. Da hätte ich Protest einlegen müssen, dann wäre man vor sich selbst sauber geblieben. Das ist ein Punkt, bei dem ich unerbittlich mit mir ins Gericht gehen muß, wenn ich weiter in diesem Leben bestehen will.

Die Gleichbehandlung oder Gleichheit der Menschen hat für Sie also eine überragende Bedeutung?

Gleichheit ist keine Größe in der kommunistischen Ideologie, die voraussetzungslos akzeptiert werden könnte. Die kommunistische Formel der Gleichheitsutopie lautet: «Jeder nach seinen Fähigkeiten und jedem nach seinen Bedürfnissen.» Darin ist immer die Prämisse eingeschlossen, daß die Gesellschaft ein hohes Produktivitätsniveau hat, daß der Erwerb von materiellen Gütern unbegrenzt ist. Unabhängig davon, was der einzelne leistet. Bis zum Erreichen dieser Bedingung gilt jedoch das Leistungsprinzip. Privilegien sind eine Begleiterscheinung des Leistungsprinzips, auf die die Gesellschaft sich einigen wird, wenn sie erkennt, daß gewisse Privilegien ihrer Fortentwicklung zuträglich sind.

Dann könnte man fast sagen, daß die BRD kommunistischer ist als die DDR?

Der Kommunismus ist nicht zu trennen von den Eigentumsverhältnissen an Produktionsmitteln ...

... Die Frage ist dann, mit welchen Mechanismen Sie das Leistungsprinzip durchsetzen wollen? ...

... Wir haben versucht, neben materiellen Vorteilen auch moralische Stimuli einzusetzen, öffentliche Ehrungen gekoppelt mit Prämien. Dann haben wir mit dem linearen Leistungslohn experimentiert. Jedoch waren diese höheren Entgelte an Kriterien gebunden, die häufig nicht mit den Entwicklungserfordernissen der Gesellschaft übereinstimmten. Obwohl wir natürlich versucht haben, das, was sich in der kapitalistischen Konkurrenzgesellschaft automatisch durchsetzt, konstruiert nachzuvollziehen. Es hat sich aber als letztlich ineffektiv erwiesen.

Die zentrale Befehlswirtschaft ist, weil sie der bürokratischen Bestätigung jedes neuen Produktionsschrittes bedarf, eine äußerst schwerfällige Wirtschaft. Sie kann nicht flexibel auf die Bedürfnisse des Marktes und damit der Menschen reagieren, die sich unablässig ändern. Der einzelne kann noch so gut arbeiten, das nützt gar nichts, solange sein Unternehmen an den Bedürfnissen vorbeiproduziert. Wir waren, als wir uns zum Sturz Honeckers entschlossen, davon überzeugt, daß eine der Konsequenzen sein müßte, den Produzenten größere Entscheidungsbefugnisse zuzugestehen.

Die Eigentumsfrage allerdings haben wir nicht antasten wollen. Heute bin ich da anderer Meinung. Die Volkswirtschaft der DDR muß sich dem Produktivitätsniveau der BRD angleichen. Das ist im Rahmen des staatlichen Eigentums nicht zu leisten. Hier müssen neue Impulse greifen. So niederschmetternd das für jemanden ist, der geglaubt hat, mit dem Sozialismus sei eine höhere Form der gesellschaftlichen Produktivität zu erreichen. Dies kann nur durch unternehmerische Initiative geleistet werden.

*Haben Sie sich darüber Gedanken gemacht, welches System die Be-
dürfnisse des einzelnen besser berücksichtigt?*

Das Wollen des Individuums ist keine abstrakte und labormäßig fest-
zustellende Größe. Es ist immer von einer Unzahl von Einflüssen bestimmt, darunter sind auch «unsaubere» Einflüsse, die es dazu verlei-
ten, gegen seine Interessen Bedürfnisse zu artikulieren.

Die Tatsache, daß die Leute Zeitungen lesen, die nicht ihre Interessen artikulieren, ist offensichtlich keine Frage der Vernunft, denn
dann müßten sich die Menschen einem solchen Blatt eigentlich verweigern. Da spielen viele Faktoren mit. Deswegen kann es nicht verboten sein, eine Utopie zu entwickeln, die zwar das Gesamtinteresse
der Gesellschaft sieht, jedoch gleichzeitig in vielen Einzelfällen ihre
Bedürfnisse unberücksichtigt läßt.

Auch dieses real-sozialistische System hätte sich nicht so lange halten können, wenn die Menschen es in dieser heutigen Apodiktik und
Absolutheit abgelehnt hätten. Große Teile der Bevölkerung gingen
lange Zeit mit diesem System und seinen Verheißungen konform,
wünschten allenfalls Veränderungen.

*Und Sie und das Politbüro haben jahrelang für sich in Anspruch ge-
nommen zu wissen, was die Mehrheit der Menschen will.*

Ja, so war es. Oder noch deutlicher gesagt: Wir glaubten zu wissen,
was das Glück der Menschen ausmache. Wenn sie das nicht einsehen,
müssen wir sie zu ihrem Glück zwingen. Das war die fatale Prämisse,
die Anmaßung, die sich rächen mußte.

Waren Sie Mitglied einer Diktatur?

Ja, ich war Mitglied einer Diktatur. Ich will nicht ausweichen, aber
zunächst einmal war ich Anhänger der Diktatur des Proletariats.
Diese sozial verstandene Diktatur ist im Laufe der geschichtlichen
Entwicklungen dieser Idee und ihrer Praktizierung immer mehr zur
Diktatur einer Partei und innerhalb dieser Partei zu einer Diktatur
des Politbüros geworden. Das Politbüro hat, obwohl immer von in-
nerparteilicher Demokratie die Rede war, letztlich die inneren Vorgänge in der Partei, aber auch in der Gesellschaft total bestimmt.

Sie haben dadurch humanistische Werte in Mißkredit gebracht.

Mit Sicherheit. Darüber braucht man nicht zu theoretisieren. Das gilt insbesondere für die, denen diese Ideale auf den Leib geschneidert schienen, nämlich die arbeitenden Menschen. Die sind derzeit total bedient von der Erfahrung, die sie mit dem Sozialismus gemacht haben. Auch wenn manche meinen, daß diese Art des Sozialismus den Namen nicht verdient. Die Quintessenz ist klar: dieser Kommandosozialismus, der Versuch, die Gesellschaft umzustrukturieren nach einem Ideenkonzept, also nach einem geistigen Schnittmusterbogen, ist gescheitert, nachdem wir und andere Länder die Möglichkeit hatten, sie vierzig Jahre lang auszuprobieren, und nachdem es die Sowjetunion siebzig Jahre lang versucht hat. Überall hat es zu den gleichen Konsequenzen geführt. Die zutage getretenen Entartungen, die repressiven Seiten des Systems, haben zur Auflösung des Systems überhaupt geführt. Auch das ist eine Lehre, die uns durch das Leben vermittelt wurde. Jeder, der für ähnliche messianische Neigungen anfällig ist, muß sich das hinter die Ohren schreiben.

Macht es Sie betroffen, daß Sie diese humanistischen Werte dem «Kapitalismus» in die Hände gespielt haben?

Dafür haben wir nur uns selbst verantwortlich zu machen. Ich bin kein Mensch, der dazu neigt, sich in so einer Situation in Verzweiflung und Resignation zurückzuziehen. Die Lage wird die Linken nicht daran hindern, auch weiterhin für ihre Ideale einzustehen. Wir sehen das nicht zuletzt an der «Partei des Demokratischen Sozialismus». Sie will die Unzulänglichkeiten beseitigen helfen, in die das kapitalistische Umfeld die Menschen gerückt hat. Das Menschengeschlecht wird nie auf Utopien verzichten können. Utopien sind etwas Großartiges, das die Menschheit nach vorne bringen kann. Nur die gewaltsame und primitive Umsetzung ist das Gefährliche. Da kann sich eine humanistisch gemeinte Utopie in eine schreckliche Simplifikation und krasse Menschenfeindlichkeit verwandeln.

Im November haben Stephan Heym und Christa Wolf in einem «Aufruf für eine eigenständige DDR» vor dem Ausverkauf dieser sozialistischen Utopie gewarnt. Halten Sie das jetzt für problematisch?

Im November war ich Mitglied der Führung unter Krenz. Pauschal gesprochen, denn es gab ja gewisse Zäsuren in dieser Zeit, haben wir in dieser Zeit noch gehofft und geglaubt, daß aus dem, was wir taten und wollten, vielleicht eine bessere DDR entstehen könnte. Also ein sozialistischer Staat mit dem berühmten – nicht von uns, sondern bekanntlich von den tschechoslowakischen Kollegen erfundenen – «menschlichen Antlitz». Auch wenn wir Objekte scharfer, unnachsichtiger Kritik dieser politischen Kräfte waren, die den Aufruf veröffentlich haben, so hatten wir doch Ziele, die identisch waren mit dem, was Heym und Wolf veröffentlicht haben. Selbst wenn die Verfasser des Aufrufs uns als Trittbrettfahrer ansahen und nicht gerade freudig erregt waren, als wir uns dafür erklärt haben.

Die Verfasser haben überspitzt ausgedrückt gefordert, daß das Volk die Wahl habe zwischen Konsumrausch, also Videorekorder und Auto, auf der einen und der Aufrechterhaltung der sozialistischen Werte auf der anderen Seite?

Das steht so nicht in dem Aufruf. Sicher kann man ihn auf eine solche Konsequenz verengen, aber das würde ich nicht als lauter empfinden. Ihre Absicht war gewiß nicht, den berechtigten Konsumwünschen der Menschen eine Schranke zu setzen, sondern darin steckte mehr die Empfehlung, nicht nur diese Seite der Demokratie zu sehen, wenn man überhaupt Demokratie mit dem Wirtschaftssystem identifizieren kann, sondern an die humanistischen Werte der ursprünglichen sozialistischen Idee zu denken und sie nicht um eines Kurzzeitvorteils willen preiszugeben, der dann nicht nur zu einem Verlust an Humanität führt, sondern der auch mit unmittelbaren und erheblichen Einschränkungen des Individuums verbunden sein kann.

Aber auch hier muß man die Frage stellen: Wo ist denn nun die Grenze? Gerät man da nicht wieder in die Situation, um eines Ideals willen den Menschen Beschränkungen aufzuerlegen? Wer hat das Recht dazu? Wer maßt sich an, der Präzeptor in solchen Fragen zu sein? Und dann gibt es noch die ganz elementare Frage, die sicherlich auch einen humanen Aspekt hat: Wenn den Menschen so lange dieses Recht verweigert wurde, wenn dieses Recht zum casus belli der politischen Entwicklung geworden ist, zum Motor des Ansturms gegen die Grundfesten des alten Systems, warum sollte es dann nicht Rechtens, nicht gut, nicht demokratisch, nicht human sein, daß die Menschen dieses Recht wahrnehmen können? Man kann den Menschen das elementare Bedürfnis, Dinge zu erwerben, die ihnen bislang verschlossen waren, nicht verwehren. Es ging ja nicht einmal um Luxuswünsche. Es handelte sich um schlichte Dinge, über die selbst ein durchschnittlich bemittelter Proletarier in den kapitalistischen Gefilden verfügt. Das ist nicht zu verwerfen.

Wenn man Sie so reden hört, fällt es schwer, sich vorzustellen, wie Sie zuvor die Mauer rechtfertigen konnten. Die Menschen haben die Untaten des Systems jedoch noch nicht vergessen. Sie fordern, daß man die Verantwortlichen wie die aktiven Mittäter zur Rechenschaft zieht, zum Beispiel die Grenzsoldaten...

...Nun werden sämtliche Grenzer wieder in Unruhe gestürzt. In der öffentlichen Diskussion heißt es, daß man einen Grenzer nur dann nicht bestrafen kann, wenn er einen Gewissensnotstand zu seiner Entlastung anführen kann, das heißt, wenn ein Offizier ihm gedroht hat: «Wenn du nicht schießt, bist du dran.» Dieses Bild hat mit der Situation, in der die Grenzer steckten, nicht viel zu tun. Es wurde ja keiner erschossen, weil er selbst nicht geschossen hat. Schlimmstenfalls wurde einer eingelocht. Das ist so billig dahingequatscht, wenn ich mir vorstelle, was das in der Masse dieser jungen Köpfe auslöst, die bisher an der Grenze tätig waren und ihr Image gottlob dadurch verbessern konnten, daß sie sich bei und nach der Maueröffnung fair zu den Menschen verhalten haben. Es war nun einmal so: Die Grenzer waren Soldaten, eingezogene junge Burschen, denen vom System eingebleut worden ist, daß sie wachsam zu sein und zu schießen haben, wenn einer fliehen will, weil Republikflucht illegal war.

Mit Ihrer Argumentation legitimieren Sie Mitläufertum. Da drängt sich ein Vergleich zum Dritten Reich auf, wo auch Menschen behauptet haben, daß sie nur Befehle ausgeführt haben. Ist das nicht eine sehr bequeme Art, sich der Problematik zu entledigen?

Natürlich darf man nicht auf einen Menschen schießen. Man muß jedoch bedenken, daß es hier in der DDR einen Sittenkodex gab, der nicht so aufgebaut war, wie der eines Drogenkartells, sondern für viele Leute normal und richtig zu sein schien. Die Pervertierung bestand darin, daß es als ein Akt der Verteidigung galt, wenn auf Flüchtende geschossen wurde: Wer die Grenze verletzt, tut dem System unrecht. Nun versetzen Sie sich in die Lage eines achtzehnjährigen Grenzers, der reagieren muß, weil ein «Feind» des Systems oder gar ein «Agent» das Grenzregime verletzt. Man kann nur hoffen, daß er in die Luft schießt und hinterher behauptet, daß er ihn nicht gekriegt hat, man könnte ihm ja nichts nachweisen. Damit will ich nur andeuten, daß es mir mißfällt, von diesen Verhältnissen zu abstrahieren und das Problem einfach auf das Individuum zu verlagern.

Heißt das, daß jemand, der in einem System in bestimmter Weise gehandelt hat, nach Änderungen der moralischen Grundlage des Systems schon dadurch entschuldigt ist, daß er doch nur mit dem alten System konform gehandelt hat?

Es ist doch nicht unmoralisch, sich eine Gesellschaft vorzustellen, die durch Vergesellschaftung der Produktionsmittel all das auszuschalten versucht, was zu sozialen Belastungen großer Teile der Bevölkerung führt...

...Es ist nie unmoralisch, sich eine Gesellschaftsform vorzustellen, etwas anderes ist die Frage ihrer Realisierung. Wollen Sie andeuten, daß der Zweck die Mittel heiligt?

Die Fragestellung beinhaltet auch schon wieder eine Abstraktion. Der Zweck sollte und darf nie barbarische Mittel heiligen wie die eben besprochenen. Eine Gesellschaft, die ihre Bürger nur mit Schußwaffen vom Verlassen ihres Landes abhalten kann, disqualifiziert sich selbst. Doch es gibt vertretbare Mittel für einen guten Zweck. Nehmen wir beispielsweise die Drogendebatte in der Bundesrepublik. Wenn man erkennt, daß ein Tatbestand zu irreparablen Schäden für Menschen führt, dann ist die Gesellschaft auch verpflichtet, Beschränkungen zu verhängen, die zwar letztlich individuelle Rechte beeinträchtigen, aber in der Folge von Vorteil für die Menschen sind. Das ist ein Problem, mit dem Politik immer konfrontiert ist. Politik läßt sich definieren als die Herbeiführung des Konsenses über die Beschränkungen, die sich Menschen selbst auferlegen, um ein bestimmtes Maß an Freiheit und an erträglichen Bedingungen – nehmen wir nur die Gebote der Ökologie – für alle Individuen zu gewährleisten. Die absolute Freiheit ist ohnehin eine Fiktion.

Können wir noch einmal auf die tatsächlichen Repressalien zu sprechen kommen, die in der DDR herrschten?

Diese Repressalien sind ja gerade ein Resultat solcher Überlegungen. Es gibt eine Dynamik in solchen Denkvorgängen. Wenn man an der

Realisierung solcher Ideen beteiligt ist, ist man bereit, Kompromisse zu machen. An einem bestimmten Punkt können die angesammelten Kompromisse in eine negative Qualität umschlagen und die gute Idee in toto in Frage stellen. Das rechtzeitig zu erkennen ist schwierig. Auch bei mir hat diese Erkenntnis zu spät eingesetzt. Die schlichte menschliche Souveränität ist viel früher verletzt worden und hat dann auch die Volksbewegung in der DDR hervorgebracht. Erst der Druck, der durch diese Volksbewegung entstanden ist, hat diese Zweifel, die hier und da bei mir und manchem anderen aufgetreten sind, hervorgerufen und uns mehr und mehr bewußt werden lassen, daß das System falsch sein muß, wenn die, für die es gedacht ist, sich so sehr dagegen zur Wehr setzen. Solange wir mit Feindbildern operierten und von der Voraussetzung ausgingen, daß der Sozialismus für die Menschen soziale Sicherheit und andere Vorzüge anstrebt, schien die Einschränkung der Bewegungsfreiheit gerechtfertigt. Doch er konnte sich, so war unsere Vorstellung, als moralisch bessere Gesellschaft gegen den materiell überlegenen Gegner nur durchsetzen, indem er sich und die Menschen abschirmte. Auch die mit der Bewegungsfreiheit verbundene Freiheit der Ideologien wurde als ungemein schädlich angesehen. Das System war nicht widerstandsfähig genug, um Bewegungsfreiheit seiner Bürger zu vertragen. Das System war am wichtigsten. Das war unser Wurzeldogma, unsere Crux.

Gehörte es auch zur Moral dieses Systems, die Terroristen des materiell überlegenen Gegners zu beherbergen?

Das ist eine delikate Frage, bei der es zu vielen Mißverständnissen kommen kann. Deshalb zunächst vorweg: Ich bin kein Anhänger des Terrorismus. Auch der Marxismus-Leninismus lehnt ja den Terrorismus als Weg, die gesellschaftlichen Verhältnisse zu verändern, prinzipiell ab. Man kann nicht Repräsentanten eines Systems ermorden und glauben, dadurch das System zu ändern. Terroranschläge ändern überhaupt nichts, sondern dienen nur der Verschärfung der Situation. Sie bauen die demokratischen Möglichkeiten ab, dem System auf den Pelz zu rücken. So wird das in den Lehrbüchern des Marxismus-Leninismus direkt gebimst: Lenins Bruder war ein Terrorist. Lenin hat aus dem Beispiel seines Bruders gelernt, der eine Bombe auf den Zaren geworfen hat und danach hingerichtet worden ist, daß der Weg, den dieser frühe linke «Chaot» gegangen ist, nicht gangbar war. Jeder im Politbüro hätte das so heruntergerasselt, wenn man ihn dazu befragt hätte.

Jetzt zu den RAF-Terroristen. Ende der siebziger Jahre war ich in meiner Funktion als Chefredakteur bei Honecker, und das Gespräch kam auf die Terroristen, die sich gerade in Stammheim umgebracht hatten. Dieses Ereignis kommentierte er etwa mit der Bemerkung: «Na ja, das sind verirrte Idealisten.» Seine Ansicht war, daß dies Kinder des Bürgertums seien, die, von einem tiefen Haß und tiefer Unzufriedenheit über die sozialen Verhältnisse in der BRD und anderswo geprägt, zu einer untauglichen Methode gegriffen haben. Doch sie haben alles dafür riskiert. Honecker, so vermute ich, war beeindruckt davon, daß jemand heute noch bereit ist, um eines sozialen Zieles willen sein Leben zu riskieren und in der Illegalität zu leben. Möglicherweise habe ich das jetzt überinterpretiert. Aber Honecker ist kein extrovertierter Mensch. Er hat immer nur knappe Bemerkungen gemacht. Er war gewöhnlich trocken und hat nicht viel gesagt, was ein Teil seiner Persönlichkeit und Taktik war. Wenn er die Terroristen als Idealisten sah, ist es nicht auszuschließen, aber das ist eine reine Vermutung, daß er irgendwann zu Mielke gesagt hat: «Paß mal auf, wenn die eines Tages hier anklopfen, dann läßt du sie rein. Aber paß auf, daß die nicht von uns aus weiter operieren.»

Ich halte Terrorismus für falsch, verwerflich und verbrecherisch, und ich bin davon überzeugt, daß Honecker derselben Ansicht war, ohne diese Art der Kriminalität damals vielleicht mit normalen Verbrechen gleichzusetzen. Aber bei der Erregung, die zur Zeit herrscht, heißt das wahrscheinlich sofort: Der Schabowski ist für Terroristen. Man muß das einmal umkehren: Wenn z. B. Minister der DDR umgelegt worden wären und die BRD hätte einen der Mörder aufgenommen, hätten wir den Veitstanz gekriegt. Wenn man sich das vorstellt, muß meines Erachtens auch der verbohrteste Revoluzzer die Empörung und das verletzte Rechtsempfinden in der Bundesrepublik verstehen. Damals – das darf man nicht vergessen – dominierte noch immer die Psychologie des Kalten Krieges. Was die Terroristen bei Ihnen veranstalteten, war nicht unsere Sorge.

Vielleicht war auch eine Art Robin-Hood-Verklärung im Spiel, obwohl die Terroristen im Grunde Vergewaltiger unserer Theorie waren. Doch Honecker war eben eher Pragmatiker als Theoretiker.

Aber wir hätten die moralische Pflicht gehabt, das Eintreffen der Terroristen international zu annoncieren, um eine konsequente Terroristenbekämpfung zu unterstützen.

Was bedeutet Ihnen Demokratie? Haben Sie sich nicht auch, wenn auch auf andere Weise, ideologisch verrannt, indem Sie zum Beispiel die «bürgerliche» Demokratie prinzipiell ablehnten?

Ich bin dabei, über Ideologie nachzudenken. Es hat eine Zeit gegeben, in der ich mich gegen die Vereinfachung des Ideologiebegriffes in den westlichen Medien gewandt habe. Man rühmte sich, ideologiefrei und pragmatisch zu sein. Darauf haben wir dialektisch geantwortet, daß derjenige, der das so vertritt, schon wieder Ideologie produziert. Das halte ich auch heute nicht für verkehrt.

Ich bin nicht genügend philosophisch gebildet, um die Ideologiefrage schlüssig zu beantworten, aber ich denke, daß Ideologie eine Alltagserscheinung ist. Der Begriff hat eine Verengung in Richtung Weltanschauung erfahren. Man kann Menschen jedoch nicht nur auf eine Weltanschauung oder nur Rationales reduzieren. Man kann Marxist und trotzdem abergläubisch sein. Das Ideologievolumen eines Menschen setzt sich aus verschiedenen ineinander verstrickten Komponenten zusammen. Der Gegenbegriff zu Ideologie ist die enge, dogmatische Gesinnung. Daraus resultiert auch der Umstand, daß Menschen in Zeiten des Umbruchs Überzeugungen oder Gesinnungen ändern. Wenn Gesinnung und Ideologie kongruent wären, wäre das kaum vorstellbar. Aber neben dieser Weltanschauung haben im Hirn noch andere Vorstellungen existiert, die als Zweifelsschatten immer vorhanden waren. Darin liegt der Ansatz für Veränderungen und Umschwünge. Ich habe die Demokratie als einen prinzipiellen und nicht nur funktionellen Wert unterschätzt.

Die marxistisch-leninistische Vorstellung von Demokratie geht davon aus, daß Demokratie kein politischer und sozialer Eigenwert ist, sondern im Grunde, zugespitzt ausgedrückt, so etwas wie ein Stück Augenauswischerei, dazu bestimmt, die eigentlichen, durch die Besitzverhältnisse bestimmten Machtverhältnisse, die in der kapitalistischen Gesellschaft bestehen, zu tarnen. Demokratie ist etwas, das von den Erwägungen der Kapitalisten abhängig ist. Sie entscheiden, ob man ein bißchen mehr oder weniger Demokratie gewährt. Das System des Sozialismus ist demgegenüber das moralisch anspruchsvollere, das fähigere System, um der menschlichen Existenz – über Übergangszeiten der Beschränkung hinweg – Bedingungen zu schaffen, die wesentlich besser zu der Entfaltung der Menschen beitragen als die Demokratie des Kapitalismus. Daran habe ich sehr lange geglaubt, weil mir die Praxis der Demokratie fehlte.

Was wäre passiert, wenn sie als Zwanzigjähriger nicht auf kommunistischem Boden aufgewachsen wären?

Das ist mir durch den Kopf gegangen. Die Absurdität besteht immer darin, daß jemand, der Anhänger einer Idee ist, meint, daß diese Idee das einzig Wahre und ihm sozusagen auf den Leib geschneidert sei. Wäre er anderen Einflüssen ausgesetzt gewesen, hätte er möglicherweise eine andere Überzeugung gewonnen, die er dann vielleicht mit derselben Ausschließlichkeit verkündet hätte. Der denkende Mensch sucht immer nach Antworten auf die Fragen nach seiner eigenen gesellschaftlichen Position im Leben. Die kann er nur dem Trog entnehmen, den ihm die Gesellschaft in seinem Umfeld hinhält. Eine große Rolle spielt dabei, wie überzeugend diese Antworten wirken.

Neulich rief mich ein Schulfreund an, mit dem ich vor fast fünfzig Jahren zur Schule gegangen bin. Während der Schulzeit trennten sich unsere Wege. Ich kam in ein KLV-Lager, während er in Berlin blieb. Er war ein überzeugter Hitler-Junge. 1945 ging er freiwillig zum Volkssturm. Wir haben uns dagegen in dem Lager schon sehr distanziert zu den dem Untergang geweihten Nazis verhalten. Der militärische Drill war uns zuwider. Einer meiner Freunde entwickelte in der Zeit vage Vorstellungen von Demokratie in unserem Kreis, ein Begriff, der uns nicht viel sagte. Er schilderte uns, wie nach seiner Vorstellung Demokratie praktisch funktioniere. Das gefiel uns als Alternative zu dem Nazidrill. Ich war also durch einen Zufall durchaus offen für eine demokratische Entwicklung.

Unser Schulkamerad hingegen wurde durch den Zusammenbruch des Naziregimes, noch ganz jung, in eine tiefe innere Krise gestürzt. Er hatte seine Ideale verloren, ohne daß diese Ideale jemals richtig definiert gewesen wären. Er war jedenfalls so aus der Bahn geworfen, daß er als Junge in die Fremdenlegion ging. Dort hat er sich verblüffenderweise zum überzeugten Demokraten gewandelt: Entweder geht man kaputt in einem solchen Verein, oder man schafft sich eine

Überlebensreserve. Als er zurückkam, blieb er in gewisser Weise dem Milieu verhaftet und ging zur Polizei. Dabei fühlte er sich so in seinen demokratischen Bedürfnissen herausgefordert, daß er der Interessensvertreter der Polizisten wurde, obwohl die Polizei – ohne den Polizisten zu nahe treten zu wollen – doch nicht gerade der klassische Hort für die Entfaltung demokratischer Bedürfnisse ist. Doch er ist zu einem überzeugten Sozialdemokraten geworden, obwohl er aus einer ganz anderen Windrichtung dorthin geblasen worden war.

Ich kam zurück in das Berlin der sowjetischen Besatzungszone, in das große Aktionsfeld der Kommunisten, die mich beeinflußten. Meine ersten Kontakte, schon in der Schule, waren Kontakte zu Kommunisten. Einer meiner Schulkameraden, der damals schon Kommunist war, wurde später ein bekannter DDR-Schriftsteller. Ich sehe ihn ab und zu. Er war ein paar Jahre älter als ich und als Kommunist der erste Vorsitzende eines Schülerparlamentes. Die Aufgabe hat er beeindruckend gelöst.

Ich habe als Zuhörer an öffentlichen Diskussionen über den Marxismus-Leninismus teilgenommen, wo junge sowjetische Offiziere, die fließend deutsch sprachen, in freier Rede mit deutschen Intellektuellen über Lenins «Materialismus und Empiriokritizismus» sprachen. Auch das war eine Art Schlüsselerlebnis, weil die Antworten, die dort gegeben wurden, mich überzeugten. Die Praxis, Menschen mit einer Ideologie vertraut zu machen, war ja viel weiter entwickelt als im Westen. Dabei vergaß ich meine Demokratievorstellungen schnell, die sich auch nur kindhaft bei mir abgebildet hatten. Eine andere Frage rückte in den Vordergrund: Wie kann der Faschismus dauerhaft verhindert werden? Wie kann es verhindert werden, daß es noch einmal zu solch einem Krieg kommt? Worin liegen seine Ursachen? Die einzige geschlossene Antwort war: Der Krieg ist eine Ausgeburt der kapitalistischen Verhältnisse. Das führte bei mir zu der elementaren Einsicht, daß wir den Kapitalismus durch eine andere Gesellschaftsform ersetzen müssen.

War Ihnen die Geschlossenheit des Systems nicht verdächtig?

Nein. Das war gerade das Bestechende an dem Weltbild, daß es so geschlossen schien.

Es gab keinerlei Zweifel an der Idee?

Ich möchte nicht sagen, daß ich in dieser Zeit besonders von Selbstzweifeln geplagt war. Wer sucht, ist für Zweifel nicht sonderlich empfänglich, sondern reagiert mit Dankbarkeit auf Plausibilitäten. So war es jedenfalls bei mir.

Die Theorie stand auch nicht am Anfang. Es waren zunächst einfach sympathische Menschen da, die uns beeindruckten, weil sie mit ihrem Leben für ihre Ideale eingestanden hatten. Ich würde auch heute keinen Abstrich davon machen, daß dies lautere, aufrechte Menschen waren und nicht irgendwelche stumpfsinnigen Dogmatiker, Menschen, die den Lebenstest für die Sache bestanden hatten. Das spielt natürlich für junge Menschen mindestens eine solche Rolle wie das theoretische Knäckebrot. Es fügte sich alles zu einer selbstverständlichen Lehre, in der artikuliert wurde, was mich als Proletarierkind anzugehen hatte. Ich war ja nicht der Sohn eines Unternehmers, der vielleicht herkunftsbedingte Bedenken gehabt hätte.

Sie haben dieses System nie mehr grundsätzlich hinterfragt. Kann das auch daran liegen, daß Sie eine glatte und steile Karriere gemacht haben?

Das ist möglich, aber sicherlich nicht bewußt abgelaufen. Ich war nie der Typ, der bereit ist, aus karrieristischem Ehrgeiz über Leichen zu gehen. Aber es ist sicherlich so, daß einem Menschen, wenn er sich bestätigt sieht, kaum Zweifel aufkommen. In meinem Fall ging die Einsicht in das allgemeine Interesse mit meiner eigenen Entwicklung einher. Aber es gibt noch einen anderen Aspekt. Man bewahrt sich, wenn man nicht der Notwendigkeit unterworfen ist, auf Kosten der Unterdrückung von anderen aufzusteigen, eine gewisse Unbefangenheit. Ich hatte immer das Gefühl, wenn ich eine Verantwortung übertragen bekam, so deshalb, weil man der Meinung war, daß ich das kann.

Wenn wir Sie so hören, müssen wir uns trotzdem fragen, wie ein nicht repressiv veranlagter Mensch in diesem repressiven Staat eine solche Karriere machen konnte.

Das ist gar nicht so abwegig, weil auch ein repressives System immer das Bedürfnis hat, sich durch nichtrepressiven Schein zu empfehlen.

Nur so kann es sich auf Dauer behaupten. Nur mit Repressivität ist der Staat nicht zu machen. Selbst Honecker war bestrebt, populär zu sein. Es gibt den politischen Typus, der darauf pfeift und nur Befriedigung empfindet, wenn der Stiefel direkt im Nacken des unterdrückten Menschen knirscht. Von einer so schlichten und primitiven Beschaffenheit war dieses System nicht überall. Sicherlich sind bestimmte meiner Anlagen, wie eine gewisse Kommunikationsfähigkeit, aber auch die Loyalität zu bestimmten Werten unserer Idee jenen nützlich erschienen, die meine Position zugelassen haben. Ich habe das jetzt sehr objektiviert ausgedrückt. Ich kann mir nicht sicher sein, ob mein Aufstieg die Folge solcher Überlegungen gewesen ist. Aber auch dieses System konnte sich nicht an jeder Stelle nur Stur- und Quatschköpfe erlauben. Daraus resultiert allerdings auch ein großer Selbstvorwurf. Ich sage heute ganz deutlich, daß diese vernunftorientierten Züge meiner Arbeit im Grunde nur dazu beigetragen haben, die prinzipiell untauglichen Seiten des Systems für Teile der Menschen zeitweilig zu verdecken und mir selbst die Illusion zu vermitteln, daß dieses System reformierbar sei.

Waren Sie ein Opportunist?

Ich habe diese Politik viele Jahre wirklich aus Überzeugung mitgetragen. Ich sah lange nicht ab, daß das System an seine Grenzen geraten würde, mit den Konsequenzen für die Menschen, denen wir das System oktroyiert hatten. Muß ich mich einen Opportunisten nennen? Opportunist zu sein, heißt im Grunde, die Unzulänglichkeiten einer Sache zu durchschauen, für die man sich dann zum zeitweiligen eigenen Vorteil engagiert, bereit, wieder abzuspringen, wenn die Sache, die einen ein Stück weit befördert hat, zu scheitern droht. Als ich die Unzulänglichkeiten des Systems begriff und mir die ihr innewohnende Gesetzmäßigkeit zur menschlichen Deformation gerade derjenigen an der Spitze dieses Systems klar wurde, bin ich zu dem Schluß gekommen, daß man es ändern müsse. Ich habe auch die Risiken gesehen, die diese Änderungen für die, die sie betreiben, mit sich bringen könnten. Ich würde dies nicht als eine opportunistische Position bezeichnen. Wenn ich die Aufzeichnungen von Rudolf Herrnstadt lese, der 1953 zusammen mit Zaisser von Ulbricht gemaßregelt wurde, verblüfft und erschüttert mich die Parallelität der Vorgänge, weil es im Ansatz die gleichen Fehler waren, die wir begangen haben und zu beheben versuchten. Damals waren es die Politbüromitglieder Zaisser und Herrnstadt, die aus voller sozialistischer Überzeugung so handelten und nicht bestrebt waren, kapitalistische Verhältnisse zu schaffen. Doch war zu dieser Zeit der Stalinismus auch ohne Stalin noch sehr lebendig. Sie haben die Quittung dafür bekommen. Wir waren 1989 möglicherweise durchaus ähnlichen Risiken ausgesetzt wie damals Zaisser und Herrnstadt. Auch deshalb bin ich nicht bereit zu sagen, daß uns opportunistische Beweggründe angetrieben hätten.

Es gibt aber auch den kleinen häßlichen Opportunismus, der sich mit den Unzulänglichkeiten innerhalb des Systems arrangiert. So eine Situation muß doch geherrscht haben, als Sie Chefredakteur des ND waren?

Ich habe in dieser Zeit manches akzeptiert und vertreten, mit dem ich nicht einverstanden war. Hin und wieder habe ich mich auch gegen bestimmte Absurditäten gewehrt. Ich erinnere nur an die 40 Honekkerbilder im «ND». Solche Kröten zu schlucken ist natürlich auch Opportunismus. Aber das war ein Spleen Honeckers, durch den der Marxismus-Leninismus nicht in Frage gestellt wurde. Es waren eher idiotische Übertreibungen, die das System im Laufe der Zeit schon abstoßen würde, so glaubte ich. Ich hatte das Bewußtsein, einen unguten Kompromiß zu machen, aber keine Zweifel am Dogma. Das Schlimme war ja gar nicht mal der Umstand, daß da 40 Bilder abgedruckt wurden, sondern, daß die Medien in einem ungeheuren Maße die Problemlosigkeit dieser Gesellschaft vortäuschten. Problembewußtsein aber hätte zum Zweifel an der Ideologie führen können. Ich vertrat mit der Zeitung die Politik der Partei, die ich guthieß. Die Zeitung war gemacht nach Prinzipien der Pressearbeit, die aus der Ideologie hergeleitet waren. Ich erinnere nur an die Worte von Lenin: Der Journalist hat kollektiver Organisator, Agitator und Propagandist zu sein. Das war ein grundlegend anderes Verständnis von Medien, als es in einer demokratischen Gesellschaft existiert. Die Medien waren Bannerträger einer Weltanschauung. Das war der Punkt, der diese Medienarbeit fragwürdig machte.

Heute muß ich die Gesamtsumme meines Handeln in ein Verhältnis zu den Umständen setzen, in denen ich gehandelt habe, die ich durch mein Handeln mitgeschaffen und gerechtfertigt habe. Und da muß ich sagen: wenn die Prämissen falsch sind, kann ich mich heute, nachdem ich die Möglichkeiten habe, in vollen Umfang einzusehen, nicht darauf hinausreden, daß ich innerhalb des Systems in zu enger unkritischer Tuchfühlung mit dessen Prämissen gewirkt habe. Indem ich das System zu kritisieren beginne und seine Schwächen deutlich vor mir ausspreche, drücke ich zugleich aus, daß ich Verantwortung trage und Schuld habe, die um so größer ist, je höher die Verantwortung, die ich in dem System hatte, und je mehr meine Tätigkeit ausstrahlen konnte.

In welchem Punkt bedrückt Sie die Schuld am meisten?

Natürlich bedrückt am meisten, daß ich ein verantwortlicher Vertreter eines Systems war, unter dem Menschen gelitten haben, daß Repressionen gegen einzelne Menschen gerichtet waren, die wegen ihrer oppositionellen Haltung verfolgt wurden. Ihre Einstellung war im Prinzip die richtige. Meine Einstellung war die falsche. Wir waren nicht demokratiefähig, sondern haben versucht, mangels besserer Argumente uns der anderen Meinung mittels direkter Gewalt zu entledigen. Ich meine hier das System. Ich selbst habe und hätte es im individuellen Fall nie dazu kommen lassen. Ich hätte dann mit demjenigen gesprochen und ihn gewarnt, und ihm geraten, sich ruhig zu verhalten. Doch man sieht schon, es läuft alles auf den faulen Kompromiß heraus. In der Sache bedeutet das nichts anderes, als daß ich ein Repräsentant eines Systems war, das sich unmenschlicher Mittel bediente, dessen Ausmaß mir durch die jetzt zutage getretenen Enthüllungen bekannt geworden ist.

Waren Sie auch ein Opfer des Systems?

Diese Frage ist nicht zugelassen. Schon der wirklichen Opfer wegen. Was ist denn das System? Sind das nur irgendwelche geistigen Konstruktionen? Ein Stück Papier? War auch ich ein Opfer, gefangen in den Auswirkungen dieser geistigen Konstruktionen? Ich kann diesen Fluchtweg nicht antreten. Wir haben das System ja verkörpert und mitgetragen. Wenn sich jemand zu einem System bekennt, muß er alle Konsequenzen, auch die unangenehmer Art, tragen, die sich damit verknüpfen.

Ich bin nur in dem Sinne Objekt, daß das, was passiert ist und was ich mit zu verantworten habe, nicht Ausdruck von persönlichen Vorsätzen war, den Menschen etwas Schlechtes anzutun. Es war nicht mein Vorsatz, sondern das Unrecht steckte im fehlerhaften Ansatz des Systems und in der menschlich zu verurteilenden Urkonstruktion, die von einem Typus wie Stalin stammt, der dieses System mit seinem eigenen geistigen Habitus inspiriert hat. Es ist das System des Mißtrauens und der Verachtung bestimmter individueller Bedürfnisse des Menschen. Es ist ein System, das den Menschen perverserweise zu seinem Glück zwingen will, selbst um den Preis der Existenz dieses Menschen. Das haben wir in dieser Eindeutigkeit nicht gesehen und wahrhaben wollen. Ich glaubte, mir sagen zu können, daß ich das Beste für die Menschen wolle und sie achte. Ich versuchte, ihnen zu helfen. Wenn sie ein Anliegen hatten, sollten sie bei mir ein offenes Ohr finden. Aber die Grenze dafür war das System. So sahen die Kompromisse aus, die man unwillkürlich mit dem System schloß. Heute erscheint dies als Kompromiß, doch damals schien es eine Identität zwischen meiner Sichtweise und dem System zu geben. Selbst wenn man aus dem System ausbrechen wollte, blieb man ein Glied des Systems und wurde von ihm eingeholt. Während ich mit einem Menschen vernünftig redete, habe ich im Grunde mitbewirkt, daß das System an anderer Stelle zur gleichen Zeit einen Mann auf den Kopf geschlagen hat. Das ist die verhängnisvolle Logik des Systems gewesen.

Ist diese Erkenntnis schmerzlich für Sie?

Ja und nein. Diese Verantwortung anzuerkennen kann ich nicht mit der Kategorie schmerzlich und nicht schmerzlich bewerten. Wenn ich zu der Auffassung gelange, daß es unweigerlich so ist, daß wir diese Prüfung vor der Geschichte nicht bestanden haben, sondern der Kapitalismus und seine taugliche Flexibilität, dann muß ich mich zu dieser Schlußfolgerung bekennen. Schmerzlich ist sie nur insofern, als daraus für viele arbeitende Menschen, mit denen ich mich nach wie vor verbunden fühle, soziale Härten resultieren.

Trauen Sie der kapitalistischen BRD zu, diese Probleme human zu lösen?

Es gibt keine Alternative. Außerdem ist «*die*» kapitalistische BRD eine Abstraktion. Ich würde jedoch sagen, daß der soziale Instinkt, der die Entwicklung in der DDR mit beeinflußt hat, auch in der BRD eine größere Rolle spielen sollte. Aber ich sage das mit Vorsicht, weil ich erst dabei bin, mich in die Erfordernisse der Marktwirtschaft hineinzudenken. Aber was nützt der soziale Instinkt, wenn dabei alle Möglichkeiten überzogen werden? Unsere «sozialen Errungenschaften» waren eine Art uneingelöster Wechsel, der die Wirtschaft letztlich ruiniert hat. Man muß hier unterscheiden zwischen dem moralischen und emotionalen Anspruch, der seine Berechtigung hat, und den tatsächlichen Möglichkeiten, die die Ökonomie hat, um solche Ansprüche zu befriedigen. Da der Unternehmer nicht von sich aus sozial denkt, sondern ökonomisch, worin seine soziale Leistung und Kompetenz besteht, wird es für die Gesellschaft unerläßlich sein, daß ein linkes Korrektiv wirksam ist. Damit ist das politische System der Bundesrepublik ausgestattet. Also ökonomische Potenz und demokratische Strukturen der Gesellschaft lassen mich hoffen. Aber die «Lösung» wird Zeit brauchen.

Die primitive Verteufelung des Unternehmertums als die ideologische Kehrseite der Planwirtschaft hat sich ohnehin als schädlich erwiesen. Zur gesellschaftlichen Intelligenz zählt auch das Unternehmertum. Der gehören nicht nur Künstler und Schriftsteller an, sondern dazu gehören auch Menschen, die in der Lage sind, großräumig Produktionsprozesse im Einklang mit den Gesetzen der Ökonomie zu organisieren. Und zwar so solide, daß die sozialen Anforderungen, die die Gesellschaft an sie richtet, befriedigt werden können. Früher ist für uns ein Unternehmer, wenn man mit einem zu tun hatte, so etwas wie ein Reptil im Maßanzug gewesen, das mitunter erstaunlicherweise sympathische Umgangsformen hatte, bei dem wir aber stets bereit und bemüht waren, das Untier hinter der freundlichen Fassade zu erkennen. Das ist auch so eine Absurdität, von der man sich verabschieden sollte.

Einen Punkt sollte allerdings auch das prosperierende kapitalistische System nicht verdrängen. Die momentanen Verhältnisse in der Bundesrepublik, die von einer unerhörten ökonomischen Leistungskraft, verbunden mit einem hohen sozialen Standard für die Menschen, gekennzeichnet sind, ermöglichen das gesellschaftliche Austarieren der Interessen auf eine optimale Weise. Das muß kein Dauerzustand sein. Wie langlebig diese Stabilität ist, weiß niemand. Das Gefühl für die zeitliche Limitiertheit darf im Triumph nicht verlorengehen. Insofern ist das linke Potential nicht nur erforderlich, um die derzeitigen Verhältnisse günstig für die arbeitenden Menschen zu gestalten, sondern auch notwendig als Reserve für den Zeitpunkt, wenn diese Verhältnisse ins Wanken geraten. Wir wollen nicht vergessen, daß dieser effiziente Kapitalismus nur deshalb zu solchen Leistungen imstande ist, weil er letztlich mit dem niedrigen sozialen Status kalkulieren kann, der das Leben von drei Vierteln der Menschheit dieses Erdballs kennzeichnet. Bei diesen wird man die Dinge nicht so sehen wie manche gescheiterten Sozialisten. Für Millionen in der Dritten Welt ist der Untergang des realexistierenden Sozialismus nur eine Episode in der großen sozialen Auseinandersetzung, von der unsere Welt nach wie vor nicht verschont bleiben wird.

Wenn Sie nun in die Zukunft schauen, wagen Sie es, sich im politischen Spektrum einzuordnen?

Zunächst bin ich darauf aus, mir eine Urteilsfreiheit zu schaffen. Ich verspüre keine Neigung, schon wieder in ein bestimmtes Schubfach einsortiert zu werden.

Anhang

«Parteirechenschaftsbericht»

Das folgende - bisher nicht veröffentlichte – Dokument entstand auf
Aufforderung des Arbeitsausschusses, der nach der Auflösung des
Politbüros und des Zentralkomitees die Parteigeschäfte vorübergehend führte. Der Ausschuß verlangte vom ehemaligen ZK einen Re-
chenschaftsbericht. Da dieses – bereits in Auflösung begriffene – Gremium dazu nicht mehr in der Lage war, übernahm eine Gruppe von
Genossen der letzten Führung, darunter Egon Krenz und Günter
Schabowski, die Aufgabe. Der Bericht wurde als kleine Broschüre
auf dem letzten Parteitag der SED am 8. Dezember verteilt, jedoch
vom Parteivorstand als unzureichend zurückgewiesen.

Zu Ursachen für die Krise in der SED und in der Gesellschaft

Dieser Bericht wurde von einigen Genossen fertiggestellt, die bis zum Rücktritt des Zentralkomitees am 3. Dezember 1989 Funktionen als Mitglieder des
Politbüros bzw. als Sekretäre des ZK bekleideten.

Zu berücksichtigen ist, daß das auf dem XI. Parteitag gewählte Zentralkomitee zur Zeit seines Rücktritts in politischer Hinsicht nicht einheitlich war.
Unter seinen Mitgliedern befanden sich sowohl Befürworter und Verfechter
einer Erneuerung der Partei und ihrer politischen Programmatik wie Genossen, die sich ablehnend oder passiv verhielten bzw. einfach mit Unverständnis
und Bestürzung die Entwicklung betrachteten. Einige ehemalige Mitglieder
des Politbüros bzw. des Zentralkomitees befinden sich in Haft.

Im Namen des alten Zentralkomitees über die entstandene Lage Rechenschaft abzulegen war aus diesen Gründen nicht möglich.

Die Delegierten des Parteitages werden gebeten, diesen Bericht als einen Beitrag zu werten, der gewisse Einsichten und Einblicke vermitteln kann.

I.

Die ganze Partei ist heute von den Auswirkungen der Krise betroffen. Alle Genossen werden von der Öffentlichkeit dafür verantwortlich gemacht. Um so nachdrücklicher muß festgestellt werden, daß es keine Kollektivschuld der Parteimitglieder gibt. Es ist eine unbestreitbare Tatsache, daß die Mehrheit der Genossen und der Werktätigen Jahre und Jahrzehnte mit ihrer ehrlichen, opferreichen und klugen Arbeit eine neue Gesellschaft aufgebaut hat, die trotz vieler Unzulänglichkeiten auch beachtenswerte Errungenschaften aufweist. Es ist bitter für sie, daß dieses gemeinsame Werk in Frage gestellt ist. Um so mehr empfinden die Mitglieder des alten Politbüros, die zu den Mitverfassern dieses Berichtes gehören, die Notwendigkeit und das Bedürfnis, sich bei den Mitgliedern der SED und bei allen Bürgern der DDR für die entstandene Lage zu entschuldigen.

Politbüro und Sekretariat, die vom 9. bis zum 12. Plenum die Führung der Partei übertragen bekommen hatten, müssen sich – soweit ihre Mitglieder aus der alten Führung hervorgegangen sind – zu Recht fragen lassen, welche konkrete Verantwortung sie für die Krise tragen, warum sie ihr nicht oder nicht rechtzeitig und entschieden entgegengewirkt haben. Diese Fragen erfordern Antwort auch von jenen Genossen, die – allerdings erst unter dem massiven Druck der demokratischen Volksbewegung – die Ablösung von Erich Honekker, Günter Mittag und Joachim Herrmann betrieben haben und in der Folge den Rücktritt weiterer, durch die alte Politik besonders belasteter Mitglieder des Politbüros durchsetzten. Die zutiefst berechtigten Emotionen, Scham und Empörung der Parteimitglieder richten das Augenmerk verstärkt auf die schweren kriminellen und moralischen Verfehlungen bestimmter Mitglieder der früheren Führung.

Aus heutiger Sicht müssen wir feststellen, daß durch den XI. Parteitag der SED (1986) die Möglichkeit einer Zäsur vertan wurde, durch Abkehr von einem verfehlten Kurs zur Neubestimmung einer Politik zu gelangen, die wirklich an den Interessen der Menschen und an der Sicherung der Existenz der DDR orientiert war. Der Weg dazu war international durch den XXVII. Parteitag der KPdSU gebahnt.

Auf dem 10. Plenum wurde hervorgehoben, daß der Ansatz für den XI. Parteitag der SED nicht auf einer realen Einschätzung der Lage beruhte.

Aus den Erkenntnissen, die uns jetzige Analysen vermitteln, wird deutlich, daß damals bei der Formulierung ökonomischer Aufgaben nicht von der Realität, sondern von Wunschvorstellungen ausgegangen wurde. Gesetzmäßige Prozesse der Entwicklung des Sozialismus, die sich in der Sowjetunion abgezeichnet hatten, wurden nur oberflächlich, nicht in ihrer Allgemeingültigkeit erfaßt. Weil die Umgestaltung in der Sowjetunion die Praxis und Ergebnisse des Kommandosozialismus grundlegend in Frage stellte, wurde mit demonstrativer Besserwisserei und mit Selbstüberschätzung auf die nationalen Möglichkeiten der DDR reagiert. Während nach außen in offiziellen Reden und Dokumenten der Bruderbund mit der Sowjetunion beschworen wurde, ließ man unterschwellig die Verdächtigungen wuchern, daß es sich um «Revisionismus» und um «Preisgabe von Prinzipien» handele.

Eine Reihe neuartiger Prozesse in der Entwicklung der Produktivkräfte, weltwirtschaftliche und weltpolitische Trends wurden in ihrer vollen Bedeutung für grundlegende zukunftsbestimmende Entscheidungen nicht umfassend genug erkannt. Negative Erscheinungen, die aus den ungelösten Entwicklungsproblemen und auch zunehmend aus subjektiv bedingten Fehleinschätzungen resultierten, hatten sich auf vielen Gebieten ausgebreitet: in der Wirtschaft, in der Informationspolitik und in den Medien, in der Sicherheitspolitik, im Kultur- und Geistesleben, in der Volksbildung, in der Arbeit staatlicher Organe, gesellschaftlicher Organisationen und nicht zuletzt in unserer Partei.

Anstatt auf dem XI. Parteitag Lösungen von Problemen zu beraten, wurden allgemeine Losungen in Umlauf gebracht. Stereotyp wurde wiederholt, in Ordnung zu bringen, was noch nicht in Ordnung ist. Anstatt Probleme sofort und direkt anzusprechen, ließ man sich von der Hoffnung treiben, sie eines Tages bei günstigeren Konstellationen wieder in den Griff zu bekommen. Anstatt unsere Genossen und alle Bürger ins Vertrauen zu ziehen und sie so für eine engagierte Mitarbeit zur Lösung zu gewinnen, wurde versucht, ihnen ein DDR-Bild zu suggerieren, das immer weniger den Alltagserfahrungen der Menschen entsprach. Konflikte wurden verdrängt und notwendige Antworten oft durch Administration und Gängelei ersetzt.

Die vorhandenen Formen der Demokratie blieben hinter den breiter werdenden Interessen der Bürger zur Mitsprache zurück. Die politische Reife der Bürger und ihre Bereitschaft, sich mit ihrer unverwechselbaren und selbstbewußten Individualität in die Gesellschaftsgestaltung einzubringen, wurden unterschätzt und teilweise als Ausdruck ideologischer Diversion abqualifiziert. Auf diesem Boden wuchsen bürokratisches Verhalten und Herzlosigkeit im Umgang mit Bürgern. Die Mißachtung der Individualität und Kompetenz in der beruflichen und gesellschaftlichen Tätigkeit führte nicht selten zur Ignoranz gegenüber geistigem Volksvermögen und ließ Schöpfertum verkümmern.

Zweifellos können objektive Umstände nicht die subjektive juristische oder moralische Verantwortung für begangene Verbrechen und Vergehen aufheben. Dennoch genügt es nicht, das Ausmaß und die Auswirkungen der subjektiven Schuld ehemaliger führender Mitglieder der Partei festzustellen. Ein elementares Interesse der sich erneuernden Partei muß darin bestehen, feste Garantien zu schaffen, daß sich so etwas nie wiederholen kann. Es geht um die Antwort darauf, wie es überhaupt dazu kommen konnte, daß für einzelne ein derartiger Machtmißbrauch möglich wurde.

II.

Diese Erscheinungen wurzeln nach unserer Überzeugung in einer geschichtlich entstandenen falschen Konzeption vom Sozialismus, von der marxistisch-leninistischen Partei und ihrer Rolle in der Gesellschaft. Es handelt sich um die stalinistische Deformation des Sozialismus. Sie ist politisch vor allem durch die unkontrollierte, autarke Herrschaft der führenden Partei gekennzeichnet, durch die Loslösung der Partei von ihrem eigentlichen Ziel, dem Volke zu dienen. Die führende Rolle der Partei wurde zum Machtanspruch, zum Diktat über die Gesellschaft, ausgeübt von ihren Spitzenfunktionären.

Im Selbstverständnis der SED galt die Partei als der Vollstrecker der gesellschaftlichen Gesetze. Das verband sich mit der Auffassung, daß ihr eine größere Erkenntnis- und Entscheidungskompetenz zufällt als allen anderen. Daraus erwuchs Voluntarismus in den Entscheidungen der Parteiführung, das bestimmte ihren Führungsstil, ihren Anspruch unfehlbar zu sein, das politische System, die Wirtschaft und die Kultur letztendlich allein zu leiten und zu organisieren. So kam es zur Verflechtung von Partei- und Staatsapparat und ihrem parallelen Aufbau.

Eine hierarchisch organisierte Parteiführung wurde zum allein bestimmenden Zentrum. Sie hatte das Monopol der Information wie auch der Organisation. Die Kommunikation zwischen Parteiführung und Parteiorganisation verlief einseitig von oben nach unten, wurde zur Einbahnstraße. Rückkopplung war nicht erwünscht. Berichte von unten nach oben wurden frisiert, wissenschaftliche Meinungsforschung wurde für unnötig befunden und abgeschafft. Die Grundorganisationen waren von der zentralen Willensbildung ausgeschlossen. Ihre Funktion reduzierte sich darauf, die Massen für eine von oben vorgegebene Linie zu mobilisieren. Die innerparteiliche Demokratie wurde in zunehmendem Maße durch ein selbstherrliches, sich der Kontrolle durch das Zentralkomitee entziehendes Politbüro eingeengt und untergraben.

Das so wichtige Prinzip der Einheit und Reinheit der Partei wurde mißbraucht, um Treue und Ergebenheit gegenüber einer Person bzw. einer kleinen Gruppe von Personen zu fordern. Korrekturmöglichkeiten, wie die zeitliche Begrenzung von Funktionen und die Festlegung einer Altersgrenze, fehlten ebenso wie öffentliche Kontrolle. So kam es zu Erscheinungen von Machtmißbrauch, Bereicherung und Willkür, also zu partei- und staatschädigendem Verhalten.

Es ist eine Tragik unserer Parteigeschichte, daß auch Genossen nicht die Kraft fanden, sich der Korruption zu entziehen oder gar zu widersetzen, die als antifaschistische Widerstandskämpfer bewiesen hatten, daß sie die Sache des Sozialismus selbst über ihr Leben stellten.

In den letzten Jahren trat der Widerspruch in der Partei zwischen Führung und Basis immer stärker zutage. In vielen Grundorganisationen wurde nachdrücklich an den politischen und ökonomischen Fehlentwicklungen Kritik geübt und auf Änderung gedrängt. Die Führung nahm diese Signale nicht ernst. Sie wurden von ihr nicht zum Anlaß genommen, um die Linie der Partei grundlegend neu zu bestimmen. Neben der Verweigerung, aus der Umgestaltung in der Sowjetunion Schlußfolgerungen zu ziehen, liegt hier ein anderes großes Versäumnis des Politbüros und des Zentralkomitees vor, das einen realistischen Grundansatz für den XI. Parteitag verhinderte.

Die Bewertung der widersprüchlichen Entwicklung in unserer Gesellschaft lenkt den Blick auf Ursachen für die gegenwärtige Lage, die schon seit Jahrzehnten wirken. In der Sowjetunion war unter Stalin ein autokratisches, zentralistisches und bürokratisches System der politischen, ökonomischen und gesellschaftlichen Administration entstanden. Das wurde bis weit in die Nachkriegszeit nicht als ein Abgehen von den Idealen des Roten Oktober erkannt. In der Sowjetunion war zuerst die Errichtung einer sozialistischen Gesellschaft in Angriff genommen worden. Ein anderer Weg als der sowjetische war also nicht bekannt. Sicher ging unsere Partei an viele Fragen des sozialistischen Aufbaus dennoch anders heran als die KPdSU, was durch viele geschichtliche Fakten belegt ist. Aber all das hat nicht verhindert, daß die SED mit dem Übergang zum Sozialismus in der DDR immer mehr an der damaligen stalinistischen Politik orientiert wurde.

Im Zuge dieser Politik wurden demokratische Entwicklungstendenzen und Ansätze in Partei und Gesellschaft aufgehalten. Unser bis zu Marx und Engels zurückreichendes Erbe der aus der Vereinigung von KPD und SPD hervorgegangenen SED wurde eingeengt und verfälscht.

Die Politik unserer Partei in den Jahren der antifaschistisch-demokratischen Umwälzung und noch stärker nach der Bildung der DDR stand unter dem Druck des sich verschärfenden kalten Krieges, der Spaltungspolitik der BRD, deren Regierung alle Angebote der DDR zu Verhandlungen, selbst über die Bildung einer Konföderation, brüsk zurückwies, wie unter dem Druck der Drohungen und Aktionen zur Liquidierung unserer Republik.

Das schwere Erbe zu überwinden, das Hitlerfaschismus und zweiter Weltkrieg hinterlassen hatten, erforderte eine straffe zentrale Leitung, begünstigte aber auch die Etablierung des administrativen Kommandosystems in der DDR.

Dennoch besaßen die Triebkräfte und schöpferischen Potenzen des Sozialismus über einen längeren Zeitraum das Übergewicht gegenüber den negativen Zügen. Die hemmenden, die demokratische Initiative und die Entwicklung des sozialistischen Bewußtseins der Volksmassen einschränkenden Wirkungen des Kommandosystems traten erst im Verlauf des Aufbaus des Sozialismus in Erscheinung, so daß sie lange Zeit nicht wahrgenommen oder als Hemmnis erkannt wurden. Vorschläge, dieses System zu überwinden, wurden weder geprüft noch diskutiert, sondern rigoros als konterrevolutionär abgetan.

Zwar hat es im Gefolge des XX. Parteitages der KPdSU auch in unserer Partei eine aufwühlende Diskussion gegeben und eine Desillusionierung über Stalin und seine Methoden, aber keine Bewältigung dieses trüben Kapitels in der Geschichte der internationalen Arbeiterbewegung. Es wurde nicht gründlich genug nach den tieferen Ursachen und weitwirkenden Faktoren des Personenkults geforscht. Unter Berufung auf die Härte des Klassenkampfes auf dem Höhepunkt des kalten Krieges wurde die Frage nach den eigentlichen Ursachen stalinistischer Politik in der DDR wie auch in den anderen sozialistischen Ländern nicht gestellt. Genossen, die darauf drängten und die Diskussion begannen, wurden mundtot gemacht, ausgeschlossen oder sogar zu Haftstrafen verurteilt. Das war ein schwerer Fehler.

Das politische System der DDR erstarrte immer mehr. Schritt für Schritt wurden das Volk und die Volksvertretungen ihrer Souveränität beraubt. Die Volksvertretungen in den Städten und Gemeinden gerieten immer mehr in Widerspruch mit dem tatsächlichen Leben in ihrem Territorium. Regierung und Räte waren nicht Vollzugsorgane der Volksvertretungen, sondern umgekehrt, obwohl sich nicht wenige Volksvertretungen dagegen wandten. Wahlen ließen zwar die Auswahl und Prüfung von Kandidaten zu, der Wahlgang selbst wurde zu einem bedeutungslosen Zettelfalten. So kam es zu den unrealistischen Abstimmungsergebnissen um die 99 Prozent.

Jede «Fehlerdiskussion» war in unserer Partei verpönt. Sie wurde stets als Kapitulantentum und Nachgeben verketzert. Die Folge davon war, daß es über Jahrzehnte auf allen Ebenen der Partei zum geflügelten Wort wurde, «die Probleme im Vorwärtsschreiten» zu lösen. Das hat die eigentlichen Ursachen für Fehler immer wieder im Verborgenen gelassen. Folglich konnten sie nicht beseitigt und keine Garantie für ihre Nichtwiederholung geschaffen werden.

Damit setzte die Führung unserer Partei den Leninschen Grundsatz außer

Kraft, wonach das «Verhalten einer politischen Partei zu ihren Fehlern... eines der wichtigsten und sichersten Kriterien für den Ernst einer Partei und für tatsächliche Erfüllung ihrer Pflichten gegenüber ihrer Klasse und den werktätigen Massen» ist.

Die marxistisch-leninistische Revolutionstheorie wurde einseitig ausgelegt, angewandt und entstellt. Unter sozialistischer Revolution wurde – obwohl dem einige Historiker und Philosophen widersprachen – nur die Eroberung der politischen Macht durch die Arbeiterklasse und die Errichtung des sozialistischen Eigentums verstanden. Das humanistische Ziel der Befreiung des Menschen und der Demokratisierung der Gesellschaft wurde vernachlässigt.

Besonders seit dem XI. Parteitag verstärkten sich die negativen Tendenzen. Der Widerspruch zwischen der Führung der Partei und der Mitgliedschaft spitzte sich zu. Kritik an der Führung wurde durch disziplinarische Maßnahmen unterdrückt. Kritiker wurden als «Nörgler und Meckerer» diffamiert, bestraft und oft auch ausgeschlossen. Es vollzog sich unter den Werktätigen ein tiefgreifender Meinungsumschwung zu ungunsten der Partei. Das politische System geriet in Gegensatz zu den längst herangereiften objektiven Erfordernissen, zu den Interessen, Bedürfnissen und Ansprüchen der Menschen. Das führte zu schärfer werdenden politischen und ideologischen Konflikten und artikulierte sich schließlich in einer mächtigen demokratischen Volksbewegung für einen besseren, erneuerten, demokratischen Sozialismus.

Die politische Deformierung hatte auch einen wesentlichen ökonomischen Hintergrund. Akzeptanz einer Politik der Umgestaltung hätte zwangsläufig die Offenlegung einer im Grunde genommen gescheiterten Wirtschaftspolitik zur Folge gehabt. Noch vor dem XI. Parteitag waren für die Mehrzahl der Werktätigen krasse Disproportionen in der Volkswirtschaft spürbar geworden. Sie waren im wesentlichen dadurch verursacht, daß ausgehend von den Beschlüssen des VIII. Parteitages immer mehr Mittel für die individuelle und gesellschaftliche Konsumtion eingesetzt wurden. Die dadurch zurückgehende produktive Akkumulation führte über die Jahre zu erheblichen Verschleißerscheinungen in der Volkswirtschaft und der Infrastruktur. Zugleich war diese Praxis von einer Zunahme der Auslandsverschuldung begleitet.

Die auf dem VIII. Parteitag formulierte Linie war darauf angelegt, durch umfassende Sozialleistungen für die Werktätigen eine höhere Produktivität zu stimulieren. Diese von vereinfachten Vorstellungen über die Wechselbeziehungen in der ökonomischen Politik bestimmten Auffassungen konnten nicht zum Erfolg führen. Da die sozialpolitischen Maßnahmen nicht durch eigene volkswirtschaftliche Leistungen zu erwirtschaften waren, kam es in der Folge zu immer mehr subjektivistischen Erscheinungen in der Investitionspolitik.

Das sozialpolitische Programm wurde von verschiedenen ökonomischen Programmen begleitet (Chemiefaserprogramm, Robotertechnik, CAD/CAM, Mikroelektronik, PKW-Programm u. a.). Diese Programme waren nicht das Ergebnis gründlicher ökonomischer Berechnungen und Vorbereitungen. Nicht die ökonomische Vernunft, sondern die Erwartung spektakulärer Ergebnisse standen dabei Pate.

Diese Entwicklung begann sich rapide zu verschärfen, als Günter Mittag 1976 wieder in den Parteiapparat als Sekretär für die Wirtschaftspolitik zurückkehrte. Um sich beim Generalsekretär unentbehrlich zu machen, tat er alles, um die ganze Volkswirtschaft dem Prestige und den Wunschvorstellungen Erich Honeckers unterzuordnen. Dabei wuchs ihm eine beispiellose Machtfülle zu. In wesentlichen Fragen der Ökonomie wurde die Kollektivität des Politbüros immer mehr eingeschränkt. Anstelle von Beschlüssen des Politbüros traten in nicht wenigen Fällen Briefe von Günter Mittag an Erich Honecker. Wenn sie mit dem Wort «Einverstanden» versehen waren, wurden sie als Weisung in Gang gesetzt. Durch die Bildung von speziellen Kommissionen oder Arbeitsgruppen (z. B. Wirtschaftskommission, Zahlungsbilanzgruppe) wurden sowohl das Politbüro wie die Regierung von wichtigen Entscheidungen immer mehr abgekoppelt.

Negativ wirkte sich aus, daß faktisch ein zweiter Außenhandel eingeführt wurde, der Günter Mittag unterstellt war, keiner Kontrolle unterlag und neben den volkswirtschaftlichen Bilanzen existierte. Durch solche Entscheidungen wurde die sozialistische Planwirtschaft erheblich eingeschränkt. Kaum, daß Pläne aufgestellt waren, wurden sie bereits wieder korrigiert bzw. «präzisiert». Operativität und Hektik traten an die Stelle systematischer Arbeit. Unablässig erfolgten Eingriffe in Bilanzen, Fondskürzungen wurden ohne gründliche Prüfung und Berücksichtigung der objektiven Möglichkeiten vorgenommen. Das Resultat war, daß sich in den 80er Jahren die Disproportionen in der Volkswirtschaft zuspitzten. Ohne Zweifel tragen Erich Honecker und Günter Mittag für diese Lage die Hauptschuld und Verantwortung. Insbesondere das blinde Vertrauen Erich Honeckers zu Günter Mittag, sein oberflächliches, aus der Unkenntnis ökonomischer Erfordernisse erwachsendes Verhalten zur Wirtschaftspolitik haben diese Lage herbeigeführt. Bei Günter Mittag gehörte die absolute Unduldsamkeit gegenüber anderen Meinungen zum Arbeitsstil. Genossen wurden unter fadenscheinigen Gründen abgesetzt, versetzt oder öffentlich gedemütigt. Viele verantwortungsbewußt arbeitende Genossen im Parteiapparat und in der Regierung wurden unter Druck gesetzt, in Gewissenskonflikte gebracht oder aus ihren Funktionen entfernt. Charakteristisch für diesen ökonomischen Voluntarismus ist auch, daß konstruktive kritische Wissenschaftler ausgeschaltet und ihnen unter dem Vorwand des Geheimnisschutzes keine statistischen Angaben zur Verfügung gestellt wurden.

Die Bücher kosten nur noch
ein Fünftel ihres früheren Preises…

... schrieb der Bischof von Aleria 1467 an Papst Paul II. Das war Gutenberg zu verdanken.

Heute, 500 Jahre später, kosten Taschenbücher nur etwa ein Fünftel bis ein Zehntel des Preises, der für gebundene Ausgaben zu zahlen ist. Das ist der Rotationsmaschine zu verdanken und zu einem Teil auch – der Werbung: Der Werbung für das Taschenbuch und der Werbung im Taschenbuch, wie zum Beispiel dieser Anzeige, die Ihre Aufmerksamkeit auf eine vorteilhafte Sparform lenken möchte.

Das alte Politbüro trägt auch die Verantwortung dafür, daß Presse, Rundfunk und Fernsehen der DDR immer weniger der Leninschen Forderung gerecht wurden, kritischer Anwalt der Werktätigen und gerade dadurch auch Organisator der sozialistischen Umwälzung zu sein. Der Verfall dieser Rolle der DDR-Medien ist direkt und vom Wesen her mit dem administrativen Charakter des Systems verknüpft. Wie sich die politische und ökonomische Macht- und Entscheidungsbefugnis allmählich auf einige Personen der Führung verengte, in dem Maße übten diese auch ein Informationsdiktat aus.

Alles, was mit dem von ihnen befolgten Kurs nicht völlig übereinstimmte, war für die Medien tabuisiert. Direkt mit Veröffentlichungsverbot belegt waren z. B. jegliche Aktivitäten demokratischer Kräfte, die Kritik an den negativen Auswirkungen des administrativen Sozialismus in der DDR übten. Andererseits wurde durch eine Praxis von versteckten Drohungen und von Maßregelungen bewirkt, daß die Journalisten zur Selbstzensur genötigt waren. Diese «Schere im Kopf» gestattete es Erich Honecker, sich gegenüber westlichen Politikern und Journalisten – formal im Einklang, tatsächlich jedoch im Widerspruch zur Befindlichkeit der DDR-Journalisten – darauf zu berufen, daß es in der DDR keine Zensur gäbe.

Zur Ehre der Journalisten sei gesagt, daß nicht sie diese Entwicklung verschuldet haben. Von nicht wenigen ist immer wieder versucht worden, zu Ehrlichkeit und Realitätsbewußtheit durchzustoßen. Aber wenn sie gravierende gesellschaftliche Probleme offen zur Sprache bringen wollten, stießen sie auf die Verbotstafeln der Abteilung Agitation.

Wenn der öffentliche Druck zu groß zu werden schien, wurde ein oder zwei Tage nach Ereignissen, die der Führung nicht ins Konzept paßten, dem ADN darüber eine kleine Meldung mit negativer Bewertung zum Verbreiten übergeben. Typisch dafür war die Praxis, die gegenüber den Demonstranten geübt wurde, die sich an der traditionellen Berliner Januarkundgebung 1988 mit der bekannten Losung von Rosa Luxemburg beteiligen wollten.

Verhindert wurden alle konstruktiven Veröffentlichungen über die Umgestaltungsprozesse in der Sowjetunion, wie auch die Wiedergabe entsprechender Materialien aus sowjetischen Zeitungen. So wurde der «Sputnik» durch eine persönliche Entscheidung Erich Honeckers von der PZV-Liste abgesetzt und damit faktisch verboten.

Besonders schwerwiegend waren die Folgen dieser Medienpolitik im Zusammenhang mit der Berichterstattung über die Volkswirtschaft. Die für die wachsenden ökonomischen Schwierigkeiten und ihre Auswirkungen auf die Werktätigen verantwortlich waren, versuchten, die unbequemen Tatsachen mit schönfärberischen und problemamputierten Medien zuzudecken.

Die bezweckte Täuschung der Menschen wandte sich gegen ihre Urheber. Immer krasser wurde der Kontrast zwischen der «heilen Welt», dem idyllischen Bild von der Eintracht zwischen Volk und Führung einerseits in den Spalten der Zeitungen, in den Sendungen des Fernsehens, des Rundfunks und den Erfahrungen der Werktätigen andererseits, die sich in der Produktion mit nicht gedeckten Plänen, mit Zulieferkalamitäten, aber auch mit zunehmenden Problemen in ihrem Alltag herumzuschlagen hatten. Dieser Widerspruch rief zunächst Skepsis, Ablehnung, zunehmend Ärger und schließlich heftige Empörung hervor. So wurde im Spiegel der Medien die Ignoranz der alten Führung gegenüber den Erfordernissen der Lage für viele Menschen erst offenbar. Die demokratische Volksbewegung wurde dadurch stimuliert. Sie hat schließlich dem unerträglichen Widerspruch zwischen Schein und Wirklichkeit ein Ende gesetzt.

Joachim Herrmann, der nach Erich Honecker vor allem die Deformation der Medien zu verantworten hat, war ein willfähriger Ausführer der Anweisungen des Generalsekretärs. Täglich nahm er in einer Besprechung mit Erich Honecker dessen Vorstellungen über die Gestaltung des Neuen Deutschland und der Aktuellen Kamera entgegen. Dabei wurde über Inhalt, Form und Placierung von Meldungen, aber auch über Schlagzeilen und Fotos entschieden. Kommentare wurden angewiesen und redigiert. Die anderen Medien erhielten, davon abgeleitet, entsprechende Weisungen.

Der Aberwitz dieser Gängelei ging so weit, daß die Leitung des Fernsehens z. B. scharf kritisiert wurde, weil die Ausleuchtung von Protokollszenen in der Aktuellen Kamera unzureichend war. Nachrichten über der Führung nicht genehme Tatbestände wurde ungeachtet dessen, daß die Bevölkerung ohnedies darüber durch das Fernsehen der BRD informiert war, verschwiegen. Massive Eingriffe wurden in künstlerische Produktionen und publizistische Sendungen des Fernsehens vorgenommen. Der Kreativität der Journalisten waren Fesseln angelegt, wodurch die inhaltliche und formale Uniformität der Medien beschleunigt wurde. Das Presseamt der Regierung war der verlängerte Arm der Abteilung Agitation. Über das Amt wurden die Zeitungen der anderen politischen Parteien und Organisationen ähnlich gegängelt wie die Parteipresse.

III.

Die Widersprüche zwischen der propagierten Scheinwelt und dem Leben traten immer schärfer hervor. Unzufriedenheit, Unsicherheit und Unruhe breiteten sich aus. Neue demokratische Bewegungen entstanden. Demonstrationen nahmen zu. Ihre Teilnehmer vereinten sich im Protest gegen die

Politik der herrschenden Partei- und Staatsführung. Sie setzten sich in ihrer Mehrheit für die gesellschaftliche Erneuerung ein.

Hunderttausende andere Bürger, die den Glauben an die Veränderbarkeit der gesellschaftlichen Zustände verloren hatten und für sich keine Lebensperspektive mehr in der DDR sahen, verließen das Land. Sie hinterließen große Lücken in der Gesellschaft und in der Volkswirtschaft. Mit ihrem Weggang war viel menschliches Leid verbunden, aber das «Neue Deutschland» weinte ihnen in einem von Erich Honecker selbst redigierten Kommentar «keine Träne nach».

Mit den Botschaftsbesetzungen in Budapest, Prag und später auch Warschau und der daraus resultierenden Massenflucht war die Existenz der entstandenen Widersprüche endgültig ins volle Bewußtsein der nationalen und internationalen Öffentlichkeit gerückt. Vor aller Augen wurde sichtbar, wie wenig die von der Parteiführung unter Erich Honecker noch immer verfochtene These von der politisch stabilen und ökonomisch dynamischen Entwicklung in der DDR den Tatsachen des Lebens standhalten konnte.

Die Führung zog jedoch noch immer nicht die notwendigen Schlußfolgerungen aus der politischen Krise im Lande. Die entstandene Lage wurde in erster Linie auf äußere Ursachen zurückgeführt, das heißt den NATO-Plänen und den Westmedien allein angelastet. Die von humanistischer Verantwortung für die Bürger und das Land bestimmten Bemühungen der Kirche wurden mißachtet.

Generell muß eingeschätzt werden, daß die gesamte Parteiführung – einschließlich derer, die später die Wende in der Führung der Partei vollzogen – nicht auf den offenen Ausbruch der Konflikte und noch weniger auf die neuen Fragen der Gesellschaft vorbereitet waren. Sosehr einzelne Mitglieder und Kandidaten des Politbüros und auch Mitglieder des ZK für sich in Anspruch nehmen können, in einzelnen Bereichen gewisse Alternativvorstellungen entwickelt und in die Diskussion eingebracht zu haben, so offen muß auch eingestanden werden, daß niemand in der Lage war, aus den alten Denkschemata grundsätzlich auszubrechen.

Mit jedem Ansatz zur Kritik an der Führung des damaligen Generalsekretärs dem Verdacht ausgesetzt, die Gesamtpolitik der Partei anzugreifen und die Autorität Erich Honeckers untergraben zu wollen, brachte niemand den Mut auf, aus seinem inneren Widerspruch gegenüber dem zunehmenden absoluten Herrschaftsanspruch Erich Honeckers und Günter Mittags die persönlichen Konsequenzen zu ziehen und aus der Parteiführung auszuscheiden.

Die mit der Politik des VIII. Parteitages eingetretenen Anfangserfolge und Ergebnisse für die Bevölkerung hatten zu einer Dominanz der Genossen Honecker und Mittag und des Medienverantwortlichen Joachim Herrmann geführt. Die Schuldfrage jedoch allein mit diesen Namen zu verbinden, würde der Wahrheit nicht gerecht. Tatsache ist, daß die Mitglieder des Politbüros und des Zentralkomitees in ihrer Gesamtheit gegen das damals geltende Parteistatut verstießen.

Durch die Dominanz einzelner Genossen und die Inkonsequenz der anderen war das Politbüro seit längerem kein kollektives Führungsorgan mehr. Kritik wurde durch vorherige Absprache von Vorlagen mit dem Generalsekretär beinah ausgeschlossen, und Selbstkritik fand nur statt, um die unfehlbare Autorität des Generalsekretärs zu bestätigen. Die Folge dieses Zustandes waren zunehmende subjektivistische Entscheidungen, falsche Lageeinschätzungen und Ignoranz gegenüber den Realitäten.

Erich Honecker, der durch seinen aktiven antifaschistischen Widerstand und seine Zuchthausstrafen unter dem Faschismus weit über die Grenzen der DDR hinaus hohes Ansehen besaß und sich große Verdienste beim Durchbrechen der diplomatischen Blockade gegenüber der DDR und für den europäischen Entspannungsprozeß erworben hatte, war in der Zeit der politischen Sprachlosigkeit in der Sowjetunion unter Generalsekretär Tschernenko zu einer einflußreichen internationalen Autorität geworden, von der wichtige Impulse für die internationale Politik ausgingen. Mit der Wahl Michail Gorbatschows zum Generalsekretär der KPdSU ging die Initiative der sozialistischen Außenpolitik wieder an die Sowjetunion über. Auch daraus entstanden offensichtlich schwer nachzuvollziehende persönliche Konflikte Erich Honeckers, aus denen sich spontane Fehlentscheidungen entwickelten, die unserer Partei und unserem Land Schaden zufügten. Bei frühzeitiger Aufgeschlossenheit gegenüber der Perestroika in der Sowjetunion hätte die SED die Chance wahrnehmen können, sich an die Spitze der notwendigen Erneuerung der Gesellschaft zu stellen. Von der Führung wurde jedoch an den falschen Prämissen festgehalten, obwohl längst andere Erkenntnisse das Denken und Handeln der Menschen zu bestimmen begannen.

Aus falsch verstandener Parteidisziplin, die als oberster Grundsatz politischer Führungsverantwortung gehandhabt wurde, wurde jahrelang die sogenannte Einheit und Geschlossenheit über jeden möglichen persönlichen Widerspruch gestellt, anstatt den scharfen politischen Streit herauszufordern und bereit zu sein, eine konstruktive Fraktion gegen die verfehlte Politik zu bilden.

Alles das führte dazu, daß auf ernsthafte Signale aus der Partei und der gesamten Gesellschaft ungenügend reagiert wurde, eine analytische und konzeptionelle Arbeit des Politbüros über die Situation im Lande nicht stattfand. Der Versuch, die krankheitsbedingte Abwesenheit Erich Honeckers im August 1989 zu einer grundsätzlichen Auseinandersetzung zu nutzen, wurde durch Günter Mittag, der im Auftrag des Generalsekretärs amtierte, sabotiert, indem als notwendig erkannte Schlußfolgerungen – so eine unverzügliche Beratung mit den 1. Sekretären der SED-Bezirksleitungen – unterbunden wurden.

Der Konflikt zwischen der Parteiführung und der Parteibasis, zwischen der Staatsführung und den Bürgern spitzte sich um den 40. Jahrestag der DDR weiter zu. Während Erich Honecker als Staatsoberhaupt und Generalsekretär größten Wert darauf legte, mit den Feierlichkeiten zum 40. Jahrestag der DDR der Welt eine heile DDR-Gesellschaft zu präsentieren, gingen immer mehr Menschen, vor allem auch junge Leute, aus Protest gegen das Verharren der Führung auf die Straße.

Das starrsinnige Verhalten des Generalsekretärs und die damit für das Land und die Bürger verbundenen Gefahren veranlaßten Egon Krenz mit Siegfried Lorenz, Günter Schabowski, Wolfgang Herger und einer Reihe weiterer Mitglieder des Zentralkomitees, die Initiative zu ergreifen und die Erklärung des Politbüros vom 11. Oktober 1989 zu erzwingen. Obwohl diese Erklärung Kompromißcharakter trug und noch unvollkommen auf die politische Lage reagierte, setzte sie erste Zeichen für eine Abkehr von der Linie des Generalsekretärs. Sie wurde im Politbüro erst nach zweitägigen scharfen Auseinandersetzungen gegen eine anfängliche Mehrheit durchgesetzt. Ein weiterer Kernpunkt der Auseinandersetzung im Politbüro war die Schlußfolgerung, politische Konflikte im Lande ausschließlich mit politischen Mitteln zu lösen.

Da Generalsekretär Honecker aus dieser Debatte noch immer nicht die richtigen Schlußfolgerungen zu ziehen bereit war und weiterhin latent die Gefahr bestand, aus einer falschen Lagebeurteilung lebensgefährdende Entscheidungen zu treffen, wurde schließlich in einer weiteren Sitzung des Politbüros die Absetzung von Erich Honecker, Joachim Herrmann und Günter Mittag und die Wahl von Egon Krenz zum Generalsekretär der Partei vorgeschlagen. Mit der Wahl von Egon Krenz zum Generalsekretär auf der 9. Tagung des ZK der SED war eine Voraussetzung gegeben, bürgerkriegsähnliche blutige Auseinandersetzungen zu verhindern.

Der aus der alten Führung vollzogene Wechsel war nur ein Wechsel an der Spitze der Partei. Er konnte nicht die erforderlichen Voraussetzungen schaffen, um die von der Partei unter dem Eindruck der Massendemonstrationen und des Protestes der Parteibasis eingeleitete Wende in der Führung mit der notwendigen Breite und Tiefe weiterzuführen. Weil es dem neuformierten Politbüro an geistig-konzeptionellem Vorlauf fehlte, war die Führung der Partei auch unter den sich schnell verändernden Bedingungen nicht imstande, der Erneuerung die notwendigen eigenen Impulse zu geben. Sie wurde jeden Tag vom Druck der Volksmassen in ihrem Erkenntnisprozeß vorangetrieben und kam nicht aus dem Nachtrab heraus. Zum Zeitpunkt des Wechsels war der Führung das ganze Ausmaß der Deformationen in der DDR und in der Partei durch den praktizierten stalinistisch-administrativen Sozialismus noch nicht bewußt.

Nach der 9. Tagung des Zentralkomitees standen der Generalsekretär und das Politbüro vor der Aufgabe, die Ursachen für die fehlerhafte Entwicklung, die zur politischen Krise in der Partei und in der Gesellschaft geführt hatte, konsequent aufzudecken, die nächsten politischen Schritte deutlich zu markieren und in Vorbereitung des Parteitages eine öffentliche Diskussion über den programmatischen Inhalt eines demokratischen Sozialismus in Gang zu setzen.

Zu den ersten Schritten gehörten: die Herstellung einer größeren Offenheit in der Gesellschaft, erste Maßnahmen zur Trennung von Partei und Staat, Koalitionsgespräche über die Bildung einer neuen Regierung. Von weittragender Bedeutung war die Entscheidung zu Reisefragen. Der Charakter der Beziehungen zwischen der SED und den Medien wurde geändert. An die Stelle der früheren Befehlsstrukturen trat ein gegenseitiges konsultatives Verhältnis.

Insgesamt wurden jedoch in der zur Verfügung stehenden kurzen Zeit die anstehenden Aufgaben nicht gelöst. Eine Ursache liegt darin begründet, daß die personellen Veränderungen auf der 9. ZK-Tagung inkonsequent erfolgten, das alte Politbüro im wesentlichen in seiner Zusammensetzung weiter bestand und mehrheitlich nicht willens und fähig war, die Wende radikal weiter zu vollziehen.

Aus heutiger Sicht war es ein Fehler, daß auf der 9. Tagung des ZK die Aussprache über die Situation im Lande und in der Partei auf die 10. Tagung vertagt wurde. Heute wissen wir, daß dies dem Erneuerungsprozeß in der Partei geschadet hat und die Handlungsfähigkeit der Führung stark beeinträchtigte. Dadurch blieben erste konzeptionelle Ansätze im Aktionsprogramm des 10. Plenums hinter den Anforderungen zurück. Die Entscheidung für den außerordentlichen Parteitag wurde nur zögernd und unter starkem Druck der Parteibasis getroffen. Zu den neuen gesellschaftlichen Kräften wurden unzureichend konstruktive Positionen gefunden und anstehende Entscheidungen immer wieder vertagt.

Ihre Aufgaben haben das Politbüro und die vom 10. ZK-Plenum beauftragte Zentrale Parteikontrollkommission bei der konsequenten Aufdeckung des ganzen Ausmaßes von Machtmißbrauch, Korruption und Privilegienwirtschaft von ehemaligen Mitgliedern des Politbüros und weiteren verantwortlichen Funktionären der Partei nicht erfüllt. Obwohl in der Öffentlichkeit anhaltend und weithin Zweifel daran geäußert werden, können die Mitglieder des seit der 10. Tagung tätigen Politbüros nur erklären: das ganze kriminelle Ausmaß der Korruption stellte sich auch für sie erst nach und nach in vollem Umfang heraus. Halbherzigkeit, Inkonsequenz und «scheibchenweise Offenlegung» – vor allem durch Presseveröffentlichungen – haben zu Recht den scharfen Protest der Genossen hervorgerufen.

Das Politbüro mußte auf der 12. Tagung des Zentralkomitees die Feststellung treffen, daß es sich den Anforderungen des Erneuerungsprozesses nicht gewachsen zeigte und ernsthafte Versäumnisse zuließ. Auf dieser Tagung traten das Politbüro und das gesamte Zentralkomitee zurück.

Der Arbeitsausschuß übernahm die weitere Vorbereitung des außerordentlichen Parteitages.

Kurzbiographien führender Politbüromitglieder

Im folgenden werden die wichtigsten der im Buch erwähnten Politbüromitglieder in Kurzbiographien vorgestellt.

AXEN, HERMANN

Mitglied des Politbüros, Sekretär des ZK für internationale Verbindungen. Geboren am 6. 3. 1916 in Leipzig als Sohn eines KPD-Funktionärs. Realgymnasium. 1932 Mitglied des Kommunistischen Jugendverbandes. 1935 zu drei Jahren Zuchthaus verurteilt. Laut östlicher Schilderung 1938 Emigration nach Frankreich. 1940–1942 im KZ Vernet, dann Auschwitz und Buchenwald. Laut westlicher Schilderung 1939 Haftentlassung in die Sowjetunion. Mitbegründer der FDJ. Seit 1950 ZK-Mitglied und ZK-Sekretär für Agitation. 1956–1966 Chefredakteur des «Neuen Deutschland». 1963 Kandidat, 1970 Mitglied des Politbüros. Seit 1966 Sekretär für Internationale Verbindungen.

BÖHME, DR. HANS-JOACHIM

Mitglied des Politbüros, 1. Sekretär der SED-Bezirksleitung Halle.
Geboren am 29. 12. 1929 in Bernburg (Saale). Mittelschule. 1945 SPD. 1946 SED. Arbeit an der Parteibasis in FDJ- und SED-Kreisleitungen. 1955–1958 Studium zum Diplom-Gesellschaftswissenschaftler. Steigt im Bezirkssekretariat Halle bis zum 1. Sekretär auf (1981). Im April 1981 Mitglied des ZK. 1986 Mitglied des Politbüros.

EBERLEIN, WERNER

Mitglied des Politbüros. 1. Sekretär der SED-Bezirksleitung Magdeburg. Geboren am 9. 11. 1919 in Berlin als Sohn des kommunistischen Spitzenfunktionärs Hugo Eberlein (in der Sowjetunion verschollen). 1934 Emigration mit den Eltern in die Sowjetunion. Elektrikerlehre. 1948 Rückkehr nach Deutschland. Journalist, zeitweise im «Neuen Deutschland». Von 1960–1981 hauptamtlicher Mitarbeiter des ZK der SED. Seit 1981 Mitglied des ZK. Seit 1983 Sekretär der Bezirksleitung Magdeburg. 1985 Kandidat, 1986 Mitglied des Politbüros.

HAGER, KURT

Mitglied des Politbüros. ZK-Sekretär für Kultur und Wissenschaft.

Geboren am 24.7.1912 in Bietigheim (Enz) als Sohn eines Dieners. Oberrealschule. 1929 Kommunistischer Jugendverband. Journalist. 1930 KPD. 1933–1936 Antifaschistische Tätigkeit. Emigration. Teilnehmer am Spanischen Bürgerkrieg (Direktor von Radio Madrid) und Journalist in England. 1946–1948 stellvertretender Leiter des «Vorwärts». Ab 1949 Leiter der Abteilung Propaganda im ZK. 1952 Leiter der Wissenschaftsabteilung. Zudem Professor für Philosophie an der Humboldt-Universität. Seit 1954 Mitglied des ZK. 1955 ZK-Sekretär für Kultur und Wissenschaft. 1958 Kandidat, 1963 Mitglied des Politbüros.

HERRMANN, JOACHIM

Mitglied des Politbüros. Sekretär des ZK für Agitation und Propaganda.

Geboren am 29.10.928 in Berlin als Sohn eines Arbeiters. Mittelschule. Verschiedene journalistische Tätigkeiten. 1954 nach Besuch der Konsomol-Hochschule Zusammenarbeit mit dem Chef der FDJ, Honecker, als Chefredakteur des FDJ-Zentralorgans «Junge Welt». 1960 Mitarbeiter im ZK. 1962 Chefredakteur «Berliner Zeitung». 1965–1971 Staatssekretär für gesamtdeutsche Fragen. 1971 Chefredakteur «Neues Deutschland». 1973 Kandidat. 1978 Sekretär für Agitation im ZK und Mitglied des Politbüros.

HERRNSTADT, RUDOLF

Geboren am 18.3.1903 in Gleiwitz als Sohn eines Rechtsanwaltes. Gestorben am 28.8.1966 in Halle.

Gymnasium. 1924 KPD. Journalist. 1933 in Moskau Referent des geheimen Nachrichtendienstes der Roten Armee. Sowjetischer Staatsbürger. 1943 Mitbegründer des Nationalkomitees «Freies Deutschland». 1945 Chefredakteur der «Berliner Zeitung». 1949 Chefredakteur «Neues Deutschland». 1950–1953 Mitglied des ZK und Kandidat des Politbüros. Am 26.7.1953 wegen «parteifeindlicher Fraktionsbildung» seiner Funktionen enthoben. Ein halbes Jahr später wurde er aus der SED ausgeschlossen. Seit 1954 war Herrnstadt Mitarbeiter im Deutschen Zentralarchiv.

HONECKER, ERICH

Generalsekretär der SED. Vorsitzender des Staatsrates der DDR.

Geboren am 25.8.1912 in Neunkirchen (Saar) als Sohn eines Bergarbeiters. Dachdeckerlehre in Wiebelskirchen. 1922 kommunistische Kinderbewegung. 1926 kommunistischer Jugendverband. 1929 KPD. 1935 Mitglied des ZK-des Jugendverbandes. Verhaftet. 1937 zu zehn Jahren Zuchthaus verurteilt. 1945 aus dem Zuchthaus Brandenburg befreit. 1946

1. Vorsitzender der FDJ. Seit 1946 Mitglied des Parteivorstandes (später ZK). 1950 Kandidat, 1958 Mitglied des Politbüros. Von 1958 Sekretär des ZK für Sicherheit. 1961 organisierte er den Mauerbau. Im Mai 1971 stürzte er Ulbricht und wurde Generalsekretär. 1976 Staatsratsvorsitzender.

Jarowinsky, Dr. Werner

Mitglied des Politbüros. ZK-Sekretär für Handel, Versorgung und Kirchen.
Geboren 24.4.1927 in Leningrad als Sohn eines deutschen Arbeiters. Volksschule, Lehre zum Industriekaufmann. 1945/46 KPD/SED. 1948 Studium. Promotion. Leiter eines Forschungsinstituts beim Ministerium für Handel und Versorgung. 1959–1963 stellvertretender Minister. 1963 Mitglied des ZK, Sekretär für Handel, Versorgung und Kirchen. Kandidat des Politbüros, 1984 Mitglied.

Kessler, Heinz

Mitglied des Politbüros. Armeegeneral, Minister für Nationale Verteidigung.
Geboren am 26.1.1920 in Lauban (Schlesien) als Sohn einer kommunistischen Arbeiterfamilie. Volksschule. 1926–1933 Roter Jugendpionier. Schlosserlehre. Kriegsdienst. 1941 an der Ostfront zur Roten Armee übergelaufen. Mitbegründer des Nationalkomitees «Freies Deutschland». 1945 KPD. 1946 Mitglied des Parteivorstandes bzw. ZK-Mitglied. 1950–1956 Karriere in der zivilen und kasernierten Volkspolizei. 1957–1985 stellv. Minister für Nationale Verteidigung. 1985 Minister. 1986 Politbüromitglied.

Kleiber, Günther

Mitglied des Politbüros. Stellvertretender Ministerpräsident. Ständiger Vertreter der DDR im RGW.
Geboren am 16.9.1931 in Eula als Sohn eines Arbeiters. Volksschule. 1946 FDJ. Elektrikerlehre. 1949 SED. Studium zum Dipl. Ing. Danach wissenschaftlicher Assistent. Aufstieg in der Sparte Elektrotechnik. 1966–1971 Staatssekretär für Datenverarbeitung beim Ministerrat. 1967 Mitglied des ZK und Kandidat des Politbüros, 1984 Mitglied. Seit 1971 stellv. Ministerpräsident. 1973–1986 Minister für Maschinenbau. 1986 Vertreter im RGW.

Krenz, Egon

Mitglied des Politbüros. ZK-Sekretär für Sicherheit, Jugend und Sport.
Geboren am 19.3.1937 als Sohn eines Schneiders. Grundschule. 1953 FDJ. 1955 SED. Lehrerausbildung, jedoch keine Ausübung des Berufes. Statt dessen Aufstieg in der FDJ. 1973 ZK-Mitglied. 1974 1. Sekretär des

Zentralrates der FDJ. Seit 1976 Kandidat, seit 1983 Mitglied des Politbüros und Sekretär für Sicherheit, Jugend und Sport. Seit 1981 Mitglied des Staatsrates.

KROLIKOWSKI, WERNER

Mitglied des Politbüros. 1. Stellvertreter des Vorsitzenden des Ministerrates.

Geboren am 12.3.1928 in Oels (Schlesien) als Sohn eines Arbeiters. Volksschule. 1942 Lehre. 1945 Arbeiter, SED. 1946–1950 Abteilungsleiter des Rats des Kreises Malchin. Dann Parteikarriere. 1. Sekretär verschiedener Kreisleitungen. 1960–1973 1. Sekretär der SED-Bezirksleitung Dresden. 1963 Mitglied des ZK. Nach dem Machtwechsel 1971 Mitglied des Politbüros. 1973–1976 ZK-Sekretär für Wirtschaft. 1976 Abstieg zum stellv. Vorsitzenden des Ministerrates.

LANGE, INGEBORG (GEB. ROSCH)

Kandidatin des Politbüros. ZK-Sekretärin für Frauen.

Geboren am 24.7.1927 in Leipzig als Kind einer Arbeiterfamilie. Grundschule. Schneiderlehre. 1945 KPD. 1946 SED. 1946–1951 hauptamtliche FDJ-Funktionärin. Nach einem Fernstudium 1961 Leiterin der Abteilung Frauen im ZK. 1964 ZK-Mitglied. 1973 Kandidatin des Politbüros.

LORENZ, SIEGFRIED

Mitglied des Politbüros. 1. Sekretär der SED-Bezirksleitung Karl-Marx-Stadt (Chemnitz).

Geboren am 26.11.1930 in Annaberg als Sohn eines Färbers. Volksschule. Mechanikerlehre. 1945 SPD. 1946 SED. Studium und FDJ-Karriere. 1954 Sekretär, 1961 1. Sekretär der FDJ-Bezirksleitung Berlin. 1966–1976 Leiter der Abteilung Jugend im ZK. Seit 1971 ZK-Mitglied. 1976 1. Sekretär der Bezirksleitung Karl-Marx-Stadt. 1985 Kandidat des Politbüros, 1986 Mitglied.

MIELKE, ERICH

Mitglied des Politbüros, Minister für Staatssicherheit.

Geboren am 28.12.1907 in Berlin als Sohn eines Stellmachers. Volksschule. Gymnasium (ohne Abschluß). In den zwanziger Jahren verschiedene Funktionen im Parteiapparat der KPD. 1931 an der Ermordung zweier Polizisten beteiligt. Verurteilt in Abwesenheit. Mielke entkam in die Sowjetunion und studierte an der Leninschule. Teilnahme am Spanischen Bürgerkrieg. Während des 2. Weltkrieges in der Sowjetunion. Nach seiner Rückkehr nach Deutschland organisierte er zusammen mit Werner Zaisser die politische Polizei. 1950 Staatssekretär im Ministerium für Staatssicherheit und Mitglied des ZK. Seit 1957 Minister. 1971 wurde er durch Honekker Kandidat des Politbüros, 1976 Mitglied.

MITTAG, GÜNTER

Mitglied des Politbüros, ZK-Sekretär für Wirtschaft.

Geboren am 8.10.1926 in Stettin als Kind einer Arbeiterfamilie. Mittelschule. 1943 Luftwaffenhelfer. 1946 SED. Karriere in der IG Eisenbahn und im ZK. Nach der Promotion 1958 Sekretär der Wirtschaftskommission im Politbüro. 1963 Kandidat und 1966 Mitglied des Politbüros. Er war der Architekt der «Neuen Ökonomischen Politik» (NÖS) Walter Ulbrichts, von 1962–1973 Sekretär für Wirtschaft, seit 1976 der nahezu unumschränkte Herrscher der DDR-Ökonomie.

MODROW, HANS

1. Sekretär der SED-Bezirksleitung Dresden.

Geboren am 27.1.1928 in Jasenitz als Sohn eines Arbeiters. Volksschule. Schlosserlehre. Kriegsdienst und Gefangenschaft. 1949 SED. Nach einem Studium an der Konsomol-Hochschule wurde er 1. Sekretär der FDJ-Bezirksleitung Berlin. Verschiedene Agitprop- und Sekretärsfunktionen in Kreisleitungen. 1973 1. Sekretär der Bezirksleitung Dresden. November 1989 Politbüromitglied. Ehrenvorsitzender der PDS.

NAUMANN, KONRAD

Geboren am 25.11.1928 als Sohn eines Angestellten. Mittel- und Aufbauschule. 1945 KPD. 1946 SED. Arbeiter. Dann Karriere in der FDJ unter Honecker. 1952–1967 Mitglied des Zentralrates der FDJ. 1967–1971 2. Sekretär, seit 1971 1. Sekretär der SED-Bezirksleitung Berlin. 1973 Kandidat, 1976 Mitglied des Politbüros. 1985 wurde er «aus gesundheitlichen Gründen» seiner Ämter enthoben. Seitdem arbeitet er in einem Potsdamer Archiv.

NEUMANN, ALFRED

Mitglied des Politbüros. 1. stellv. Vorsitzender des Ministerrates.

Geboren am 15.12.1909 in Berlin als Sohn eines Arbeiters. 1929 KPD. Ende 1934 Emigration in die Sowjetunion, dann Spanischer Bürgerkrieg. 1939–1940 in französischen Internierungslagern. 1942 in Deutschland verhaftet und zu acht Jahren Zuchthaus verurteilt. Er kam nach Brandenburg, wo auch Honecker einsaß. Nach dem Krieg zunächst Kreissekretär, dann 1951 stellv. Bürgermeister, 1953–1957 1. Bezirkssekretär von Berlin. Neumann wurde 1954 ZK-Mitglied und Kandidat des Politbüros. 1958 Mitglied. In der Ära Ulbricht galt er als dessen möglicher Nachfolger. 1957 ZK-Sekretär. 1961 Minister und Vorsitzender des Volkswirtschaftsrates. Seit 1968 als stellv. Vorsitzender des Ministerrates mit der volkswirtschaftlichen Gesamtrechnung befaßt.

SCHABOWSKI, GÜNTER

Mitglied des Politbüros. ZK-Sekretär ohne besonderen Aufgabenbereich, 1. Sekretär der SED-Bezirksleitung Berlin.
Geboren 4. 1. 1929 im mecklenburgischen Anklam. Abitur. 1950 FDJ. 1952 SED. Von 1945–1967 in Gewerkschaftszeitungen tätig, zuletzt ab 1953 stellv. Chefredakteur der «Tribüne». 1967–1968 Studium in Moskau. Seit 1968 stellv. Chefredakteur, seit 1978 Chefredakteur des «Neuen Deutschland». Seit 1985 Bezirkschef von Berlin. Schabowski wurde 1981 Kandidat und 1985 Mitglied des Politbüros.

SINDERMANN, HORST

Mitglied des Politbüros. Präsident der Volkskammer.
Geboren am 5. 9. 1915 in Dresden als Sohn eines Buchdruckers. Realgymnasium. 1929 Kommunistischer Jugendverband. 1934–1945 inhaftiert, u. a. im Zuchthaus Waldheim, ZK Sachsenhausen und Mauthausen. 1947 1. Sekretär der SED in Chemnitz und Leipzig. 1950–1953 Chefredakteur der «Freiheit» in Halle. Von 1953–1963 Leiter der Abteilung Agitprop im ZK. 1963 1. Bezirkssekretär in Halle, Kandidat des Politbüros, 1967 Mitglied. 1971–1973 1. stellvertretender Vorsitzender des Ministerrates. 1973–1976 Vorsitzender des Ministerrates. Seit 1976 Präsident der Volkskammer und stellvertretender Vorsitzender des Staatsrates. Sindermann starb im Frühjahr 1990.

STOPH, WILLI

Mitglied des Politbüros. Vorsitzender des Ministerrates der DDR.
Geboren am 9. 7. 1914 in Berlin als Sohn eines Maurers. Volksschule. Maurerlehre. 1931 KPD. Militärdienst und Soldat im 2. Weltkrieg. 1945 Leiter der Abteilung Baustoffindustrie. 1950 ZK-Mitglied und Sekretär. 1951–1952 Leiter des Büros für Wirtschaftsfragen beim Ministerpräsidenten. 1952–1955 Innenminister und Mitglied des Politbüros. 1956 Verteidigungsminister. Im Juli 1960 wird er mit der Koordinierung der Beschlüsse des ZK und des Ministerrates betraut. 1964–1973 Vorsitzender des Ministerrates. 1970 traf er in Kassel Willy Brandt (sog. «Willi/Willy»-Begegnung). 1973-1976 Vorsitzender des Staatsrates. Seit 1976 erneut Vorsitzender des Ministerrates.

TISCH, HARRY

Mitglied des Politbüros. Vorsitzender des FDGB.
Geboren am 28. 3. 1927 in Heinrichswalde als Sohn eines Arbeiters. Volks-

schule. Bauschlosser. 1945 KPD. 1946 SED. 1948–1953 hauptamtlicher Gewerkschaftsfunktionär, Vorsitzender der IG-Metall in Mecklenburg. Nach Besuch der Parteihochschule Sekretär für Wirtschaft in Rostock. Dort von 1961 bis 1975 1. Bezirkssekretär. 1971 Kandidat des Politbüros. 1975 wird er in den Bundesvorstand des FDGB kooptiert und zum Vorsitzenden gewählt. Kurz darauf Politbüromitglied.

Blickpunkt DDR

AKTUELL
rororo

C 2384/3

Michael Heine/Hansjörg Herr/
Andreas Westphal/Ulrich Busch/
Rudolf Mondelaers (Hg.)
«Die Zukunft der DDR-Wirtschaft»
sachbuch 8728

Hubertus Knabe (Hg.)
Aufbruch in eine andere DDR
Reformer und Oppositionelle zur
Zukunft ihres Landes
aktuell 12607

Jonas Maron/Rainer Schedlinski
Innenansichten DDR
Letzte Bilder
sachbuch 8533 (August '90)

Michael Naumann (Hg.)
«Die Geschichte ist offen»
DDR 1990: Hoffnung auf eine
neue Republik
aktuell 12814

Charles Schüddekopf (Hg.)
«Wir sind das Volk!»
Flugschriften, Aufrufe und Texte einer
deutschen Revolution
sachbuch 8741

Blickpunkt DDR

AKTUELL rororo SACHBUCH rororo

C 2384/3 a

Herausgegeben von
Ingke Brodersen
Begründet von
Freimut Duve

C 2311/7 a

12249   12384

Herausgegeben von
Ingke Brodersen
Begründet von
Freimut Duve

C 2311/6

Václav Havel

Essay

**Versuch, in
der Wahrheit
zu leben**

12622

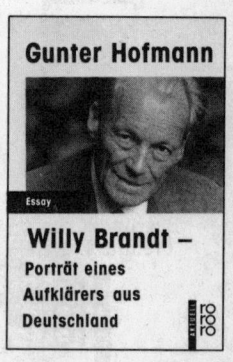

Gunter Hofmann

Essay

Willy Brandt —
Porträt eines
Aufklärers aus
Deutschland

12503